Intra

Lehrgang für Latein ab Klasse 5 oder 6

Texte und Übungen II | NRW

von
Ursula Blank-Sangmeister
Gabriele Hille-Coates
Silke Hubig
Inge Mosebach-Kaufmann
Hubert Müller

Mit Zeichnungen von Susanne Schewe

Vandenhoeck & Ruprecht

ISBN 978-3-525-71825-4

Redaktion: Jutta Schweigert, Göttingen

Layout, Gestaltung, Satz und Litho: SchwabScantechnik, Göttingen
Druck und Bindung: Quensen Druck + Verlag, Hildesheim/Lamspringe

Gedruckt auf chlorfrei gebleichtem Papier

Zeittafel 7

Römische Geschichte

Lektion 26 **Dē Caesare et Vercingetorīge** 10
Aus dem Brief eines Legionssoldaten 11
Dem.pron.; ille; hic; Neutr. Pl. d. Adj. u. Pron; PPA attr. u. pc
Ein Mann verändert das Gesicht der Welt 16

Lektion 27 **Dē Augustō prīncipe** 19
ipse; iste; Ortsangaben bei Städtenamen und kleinen Inseln: »Wohin?«, »Woher?«, »Wo?«; Inf. NZ Akt./Inf. Fut. Akt.
Augustus und die pāx Augusta 24

Lektion 28 **In Germāniā** 27
u-Dekl.; aliquī, aliquis; abl. quāl.
Eine Niederlage von großer Tragweite 32

Lektion 29 **Dē incendiō urbis Rōmae** 34
domus; abl. abs. VZ
Nero 40

Lektion 30 **P. Aelius Brocchus praefectus Sp. Aeliō Brocchō frātrī salūtem dīcit** 42
Flōrus poēta Hadriānō Caesarī 44
Hadriānus Caesar Flōrō poētae 44
abl. abs. GZ; abl. abs. ohne Subst.; nominaler abl. abs.
Britannien – Provinz jenseits des Meeres 48

Lektion 31 **Dē ēruptiōne Vesuviī** 50
Leben in einer römischen Stadt 56

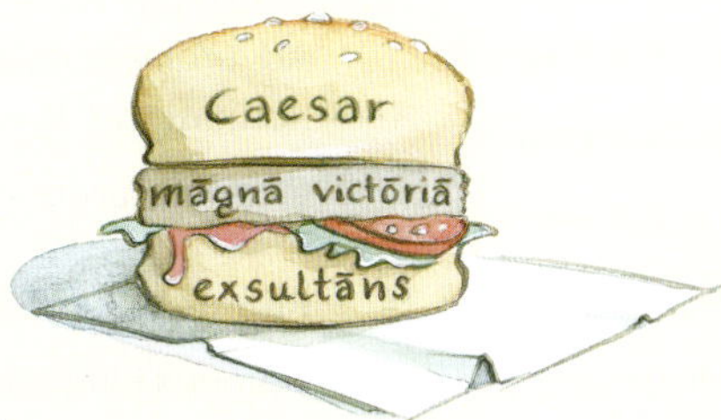

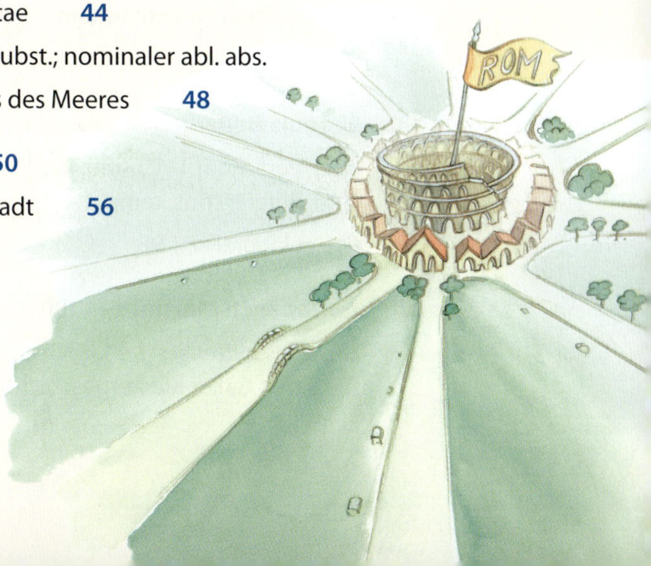

Römer und Christen

Lektion 32 **Pater noster** 60

Dē officiīs vīlicī 61
What shall we do …? 62
Ein Studentenlied 62

Konj. Präs./Konj. I GZ; coni. opt., iuss., dēlīb./dubit., adhort.

Ībis in crucem 66

Lektion 33 **Aus einem Brief Ciceros an seinen Bruder Quīntus** 68

Aus einem Brief des jüngeren Plinius 69
Aus einem Brief des Paulus an Philemon 69

Konj. Präs./Konj. I GZ im Gliedsatz: Finale Objektsätze/Wunschsätze; finale Adverbialsätze/Final- oder Zwecksätze; Konsekutivsätze; Gliedsätze im Konjunktiv (Übersicht 1)

Cīvis Rōmānus sum 74

Lektion 34 **Plīnius Trāiānō imperātōrī** 76

Trāiānus Plīniō Secundō 78

Konj. Impf./Konj. II GZ; Konj. Impf./Konj. II GZ im Gliedsatz; ind. Fragesätze; cum causāle; Gliedsätze im Konjunktiv (Übersicht 2)

Eine neue Lehre sorgt für Unruhe 82

Lektion 35 **Dē Chrīstiānīs** 84

Adj. Mischdekl. 2 (kons. Dekl.); cum (Übersicht);
Konj. Plpf./Konj. II VZ; Konj. Plpf./Konj. II VZ als Irrealis der Vergangenheit;
Gliedsätze im Konj. (Übersicht 3);
»Kästchen-Methode«; »Einrück-Methode«;
Anapher; Ellipse; Rhetorische Frage; Antithese; Klimax; Hendiadyoin;
Kombination von Stilmitteln

Was ist die Wahrheit? – Der Dialog Octāvius 90

Lektion 36 **Ē rēgulā Benedictī** 92

Konj. Perf./Konj. I VZ; Konj. Perf./Konj. I VZ im Gliedsatz;
vern. Befehl; cōns. temp. 1

Ōrā et labōrā! 98

Lektion 37 **Ē vītā sānctī Mārtīnī** 100

Finsteres Mittelalter? –
Die Sankt Galler Klostergeschichten 106

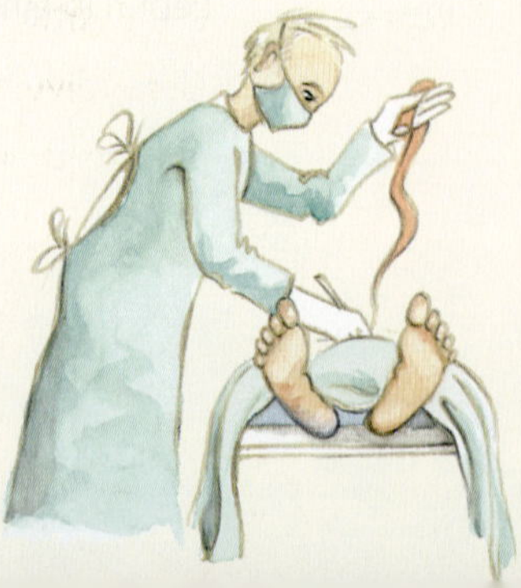

Kulturelle Errungenschaften

Lektion 38 **Dē homine sānō** 110

Ex epistulā Senecae 111

īdem; Deponentien; Semideponentien; fierī;
Chiasmus; Parallelismus

Gegen jedes Leiden ist ein Kraut gewachsen!? 116

Lektion 39 **Tödliche Rasur** 118

velle; nōlle; mālle;
nci; gen. part.

Was Recht ist, muss Recht bleiben 124

Lektion 40 **Plīnius Maximō suō salūtem dīcit** 126

Cicero über die Griechen 128

Bildung d. Adv.; quisque;
Futur 2

Hūmānitās 132

Lektion 41 **Ē Senecae litterīs** 135

Regelmäßige u. unregelmäßige Steigerung d. Adj. u. Adv.;
abl. comp.

Geht man so mit seiner Mutter um? 140

Lektion 42 **Die Einflüsse des Klimas** 142

Gerundium;
Personifikation

Colere, colō, coluī, CULTUS 148

Lektion 43 **Aus der Verteidigungsrede des Sokrates** 150

Gerundivum als Attr.; Gerundivum im Abl. als aB;
Gerundivum als Prädikativum; dopp. Akk.

Ich weiß, dass ich nichts weiß 156

Lektion 44 **Dē iūstitiā** 158

Gerundivum als PN; dat. auct.; gen. quāl.

Ō vītae philosophia dux! 164

Lektion 45 **Dē mōribus** 166

Es ist nicht immer leicht, eine Frau zu sein … 172

Latein nach der Antike

Lektion 46 **Dē Karolō Māgnō** 176
Pronominaladj. (Zsf.); uterque; Indef.pron. (Zsf.);
Grund- u. Ordnungszahlen; verba dēfectīva
Ein Weihnachtsfest mit weltpolitischen Folgen 182

Lektion 47 **Ex epistulā Abaelardī ad amīcum datā** 184
Konditionalsätze; cōns. temp. 2
Lēctiō – Quaestiō – Disputātiō 190

Lektion 48 **Dē amātōriā epistulā** 192
Dē philautiā 193
quisquam; quīvis;
konj. Relativsätze
Mönchlein, Mönchlein, du gehst einen schweren Gang 198

Lektion 49 **Aus einem Brief des Kolumbus an den Schatzmeister des spanischen Königs Ferdinand II.** 200
Ein historischer Bericht 202
oratio obliqua; ind. Rede im Deutschen
Das Reich, in dem die Sonne nicht untergeht 206

Lektion 50 **Kümmern sich die Götter um die Menschen?** 208
Warum Latein? 212

Alphabetisches Verzeichnis der Vokabeln lateinisch-deutsch 214

Verzeichnis der Eigennamen 233

Bildnachweis 240

Zeittafel

Wichtige Ereignisse der römischen Geschichte		Lateinische Schriftsteller	
um 750 v. Chr.	Gründung Roms		
509 v. Chr.	Vertreibung der Könige, Brutus Konsul		
264–241 v. Chr.	1. Punischer Krieg		
218–201 v. Chr.	2. Punischer Krieg		
149–146 v. Chr.	3. Punischer Krieg		
133 v. Chr.	Tib. Sempr. Gracchus erschlagen	106–43 v. Chr. 100–44 v. Chr.	Cicero Caesar
82–79 v. Chr.	Diktatur Sullas (Proskriptionen)	87/84–54 v. Chr. 86–35 v. Chr.	Catull Sallust
60 v. Chr.	Sog. 1. Triumvirat (Pompeius, Crassus, Caesar)	70–19 v. Chr. 65–8 v. Chr.	Vergil Horaz
58–51 v. Chr.	Gallische Kriege	59 v. Chr.–17 n. Chr.	Livius
48 v. Chr.	Ermordung des Pompeius	1. Jh. v. Chr.	Columella
44 v. Chr.	Ermordung Caesars		
43 v. Chr.	Ermordung Ciceros	43 v. Chr.–17/18 n. Chr.	Ovid
43 v. Chr.	Sog. 2. Triumvirat (Antonius, Lepidus, Octavian)		
31 v. Chr.	Schlacht bei Actium		
27 v. Chr.–14 n. Chr.	Prinzipat des Augustus	um 4 v. Chr.–65 n. Chr.	Seneca
9 n. Chr.	Varusschlacht		
70 n. Chr.	Zerstörung Jerusalems	um 40–um 102 n. Chr.	Martial
79 n. Chr.	Vesuvausbruch	um 55–um 120 n. Chr.	Tacitus
		61/62–um 113 n. Chr.	Plinius
		um 70–? n. Chr.	Sueton
		160 (?)–nach 220 n. Chr.	Tertullian
		um 200 n. Chr.	Minucius Felix
313 n. Chr.	Mailänder Toleranzedikt (Konstantinische Wende)		
325 n. Chr.	Konzil von Nizäa		
		um 480–547 (?) n. Chr.	Benedikt von Nursia
800 n. Chr.	Kaiserkrönung Karls d. Gr. und Trennung in West- und Ostrom		

Römische Geschichte

Lektion 26

Teil 1

Dē Caesare et Vercingetorīge

Arvernī, ōrum *m. Pl.:* Arvener *(gallische Völkerschaft)*

Alesia, ae *f.: Stadt in Gallien*

ipse *Nom. Sg. m.:* selbst

Caesar prōcōnsul Rōmānus,
Vercingetorīx dux Arvernōrum erat.
Ille Galliam expūgnāre,
hic patriam suam dēfendere cupiēbat.
Virtūs et illīus et huius admīrābilis erat.
Tandem Alesia, urbs Arvernōrum,
ā legiōnibus Rōmānīs obsessa est.

Illud bellum Alesiae valdē difficile erat,
quod urbs in monte sita capī nōn poterat.
Praetereā Arvernī et aliī Gallī saepe ex urbe veniēbant
et Rōmānōs locō dēpellere temptābant.
Et illōs et hōs fortiter pūgnāvisse nōtum est.
Tandem illī frūmentō interclūsī
famē sitīque victī sunt.
Vercingetorīx ipse Caesarī sē dēdidit.

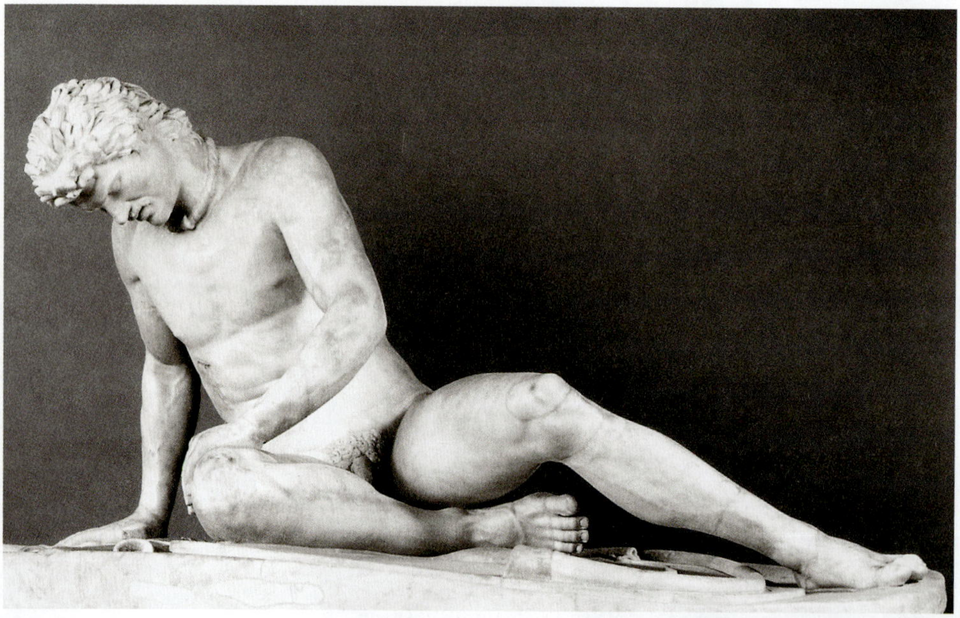

Der »Sterbende Gallier«. Den Gallier erkennt man am vorne offenen Halsring, am struppigen, mit einer Kalkschwemme getränkten Haar und am langen Schnurrbart. Kapitolinische Museen Rom. Gipsabguss, Archäologisches Institut der Universität Göttingen.

Teil 2

Aus dem Brief eines Legionssoldaten

Alesia, ae *f.: Stadt in Gallien*
Mandūbiī, ōrum *Pl. m.:* Mandubier *(gallische Völkerschaft)*

Dēnique Alesia, urbs Mandubiōrum, capta est,
Vercingetorīx, dux Gallōrum, victus est.
Caesar autem māgnā victōriā exsultāns
sē valdē līberālem praebuit:
Mīlitēs fortissimōs māgnīs praemiīs honōribusque
affēcit.
Hōc modō animōs illōrum sibi conciliāvit
et ab illīs in caelum tollitur.

hīberna, ōrum *n. Pl.:* Winterlager

Nunc tandem in hībernīs requiēscentēs
līberī ā labōribus sumus.
Sed quam diū nōbīs requiēscere licēbit?
Caesar certē numquam pūgnāre dēsinet.
Ille enim, avāritiā ambitiōneque immoderātā
commōtus,
dolōrum nostrōrum parum memor est.

gregārius, a, um: einfach

Caesar ab omnibus māgnā vōce celebrātur,
sed quid tandem fēcit?
Nōnne nōs, mīlitēs gregāriī, maximōs labōrēs subīre
dēbēbāmus?
Nōnne nōs sarcīnās gravēs portantēs
per montēs et campōs pedibus ībāmūs?
Ducem oppida obsīdī iubentem populus Rōmānus
celebrat,
illōrum autem, quī labōrēs obsidiōnis subeunt,
memor nōn est.

obruere, ō: überschütten

Nōnne nōs mūrōs hostium oppūgnantēs
saepe fame sitīque vexābāmur?
Nōs mūnītiōnēs turrēsque exstruentēs
hostēs tēlīs obruēbant,
sed etiam illīs, quī castra ab hostibus invādentibus
defendēbant,
semper mors ante oculōs erat.
Semper vīta pūgnantium
summō in perīculō est!

Ō, quandō fīnis hārum caedium crūdēlium aderit?
Quantō Caesar mihi est odiō!

quod dī prohibeant!: was die Götter verhüten mögen!
scītō: wisse! du sollst wissen
Aemilia, ae *f.*: *Eigenname*

Sī – quod dī prohibeant! – in patriam redīre mihi nōn licēbit,
scītō tamen, mea Aemilia, uxor mea, haec:
Tē semper amō, amāvī, amābō. Valē.

Omnia mea mēcum portō.

āmēns, āmentis: von Sinnen

Amantēs āmentēs.

Aus der Bibel (Mt 13,13)
Videntēs nōn vident, et audientēs nōn audiunt.

1

Für Textspürnasen

Zu Teil 1

1. Lies Teil 1 laut und ordne alle dir bekannten Wörter, die zum Sachfeld »Krieg« gehören, in ihrer Grundform in einer Mindmap an. Ordne später die Wörter, die du beim Übersetzen neu kennenlernst, in diese Mindmap ein.

Zu Teil 2

2. Welche Erwartungen an den Inhalt des Textes ergeben sich für dich aus der Überschrift? »Scanne« den Text auf Wörter, die deine Erwartungen bestätigen. Benutze dabei auch die Vokabelliste.

2

Für Textexperten

Zu Teil 1

1. Entnehmt dem Text Informationen über Caesar und Vercingetorix und zitiert sie lateinisch.
2. Zitiert lateinisch, wie der Kampf um Alesia verlief.
3. Vor der entscheidenden Schlacht vor den Toren von Alesia halten Caesar und Vercingetorix Reden, um ihre Soldaten anzufeuern. Schreibt diese Reden (auf Deutsch oder Lateinisch) und haltet sie vor der Klasse. Unterstreicht durch eure Sprechweise, eure Mimik und Gestik, was ihr ausdrücken wollt.

4. Vercingetorix ist in römischer Haft und unterhält sich mit einem Mitgefangenen über den Verlauf der Kämpfe vor Alesia, seine Hoffnungen, seine Sorgen, den Ausgang und seine jetzigen Gedanken und Gefühle. Schreibe das Gespräch (auf Deutsch) auf.

Zu Teil 2

5. Zitiere aus dem lateinischen Text, was der Legionssoldat über Caesar einerseits und über die einfachen Soldaten andererseits sagt.
6. Untersuche die Fragen, die im Brief vorkommen: Was möchte der Schreiber durch die Frageform bewirken?
7. Vergleiche den Text mit dem Gedicht »Fragen eines lesenden Arbeiters« von Bertolt Brecht. Was haben die Texte gemeinsam, was unterscheidet sie voneinander?

3 Warm-up und Formenvolleyball

Schreibe alle Formen von ille, illa, illud und von hic, haec, hoc, die im Text vorkommen, in dein Heft. Gib an, für welches Wort diese Pronomina jeweils stehen bzw. auf welches Wort sie sich beziehen. Analysiere sie nach Kasus, Numerus und Genus.

Beispiel: Teil 1, Z. 3: Ille: steht für Caesar. Nominativ Singular maskulinum.

4 Mäusefraß

Diesmal hatte es die Maus auf Partizipien der Gleichzeitigkeit und Vorzeitigkeit abgesehen. Schreibe die Sätze ab, setze von den Verben in Klammern die passenden Partizipien ein (die Beziehungswörter sind unterstrichen) und übersetze.

a) Gallī oppidum ~ prō patriā pūgnābant. dēfendere
b) Mīles castra hostium ~ māgnā vōce clāmat. invādere
c) Labōrēs mīlitum mūnītiōnēs ~ māgnī sunt. exstruere
d) Oculīs meīs ducem hostium ~ vīdī. sē dēdere
e) Māter mortem fīliī ā mīlite Rōmānō ~ lūgēbat. necāre
f) Nōbīs sarcīnās gravēs ~ auxiliō opus est. portāre
g) Īra Gallī prō lībertāte patriae ~ permāgna erat. pūgnāre
h) Rōmānōs oppidum nostrum ~ ferre nōn iam possum. obsīdere
i) Tandem amīcī auxilium ~ adsunt. ferre
j) Mīles ante oculōs hostium ~ mūrum ascendit. stupēre
k) Rōmānī līberōs Gallōrum ~ sēcum dēdūxērunt. vincere
l) Vidēsne mīlitēs per campōs ~? īre

5 McPartizip

1. Schreibe aus Teil 2 des Lektionstextes alle anderen participia coniūncta mit den dazugehörigen Wörtern in dein Heft.
   Unterstreiche jeweils das Partizip und sein Beziehungswort.
2. Welchem »Burger« fehlt die obere Brötchenhälfte?
3. Welcher »Burger« hat keinen Belag?
4. Welcher »Burger« besteht aus einer trockenen unteren Brötchenhälfte?

6 Zwei werden eins im Nu: Der Zauberer bist du!

1. Bilde jeweils aus den beiden Sätzen einen Satz mit einem Partizip.
2. Übersetze die entstandenen Sätze.
3. Gib das Zeitverhältnis zwischen Partizip und Prädikat und die semantische Funktion des Partizips an.

Beispiel:
Herculēs māgnā virtūte pūgnāvit. Prīmō Hydram nōn superāvit. – Herculēs māgnā virtūte pūgnāns prīmō Hydram nōn superāvit. – Obwohl Herkules mit großer Tapferkeit kämpfte, besiegte er die Hydra zuerst nicht.
pūgnāns: gleichzeitig, konzessiv.

Crēta, ae *f.: Insel im Mittelmeer*

a) Taurus īnsulam Crētam vexābat. Hominēs ā taurō terrēbantur.

mittere, mittō, mīsī, missum

b) Herculēs ab Eurystheō missus erat. Herculēs taurum cēpit.

c) Taurus captus erat. Herculēs taurum Eurystheō rēgī apportāvit.

Thēseus, Thēseī *m.: Held aus Athen*

d) Eurystheus taurum timuit. Eurystheus sē occultāvit.

e) Taurus līber dīmissus erat. Fāma fert taurum ā Thēseō necātum esse.

7 Geflügelte Worte

Übersetze.

a) Omnia vincit amor.
b) Nōn multa, sed multum!
c) Nōn omnia possumus omnēs.
d) Omnia aliēna sunt, tempus tantum nostrum est.
e) inter alia

tantum: nur

8 Verstecktes Latein

1. Mit welchen lateinischen Vokabeln sind folgende Wörter verwandt?
2. Erkläre, was die Wörter bedeuten.

a) Defensive b) Invasion c) Situation d) Ambition
e) Kaiser f) Obsession g) Quantität

*9 Rache ist süß … – oder nicht?

Übersetze ins Deutsche.

Tiberius: »Salve, Valeria!«
Valeria: »Salve, Tiberi. Hodie valde fessa sum. O me miseram! Dormire non potui. Vicini enim ad multam noctem cum amicis cenantes, vinum bibentes, clamorem tollentes me vexabant. Ante alios unus e vicinis et hospes quidam mihi odio sunt: Hic cibos magna voce laudabat, ille autem etiam cantabat. Denique exsultantes et clamantes per vias cucurrerunt. Multa ferre possum, sed nunc vicinos occidere cupio.«
Tiberius: »O Valeria, te sapientem praebens pacem fac cum vicinis!«
Valeria: »Iam diu vexata numquam pacem cum iis faciam. Sed res bona mihi in mentem venit: Hodie ad cenam te invito, Tiberi!
Hoc modo me liberalem praebens vicinos vexabo. Quid dicis? Fortasse anserem a me paratum magna voce laudabis, fortasse etiam cantans et exsultans per vias curres ...«
Tiberius: »Eheu ...«

currere, curro, cucurri, cursum
fac: mach
eheu: **ach!**

Überlege dir eine besonders schöne Übersetzung für »res bona mihi in mentem venit« (Z. 13).

Ein Mann verändert das Gesicht der Welt

Die Zeit der Bürgerkriege

Gaius Iulius Caesar wurde am 13. Juli 100 v. Chr. als Sohn einer verarmten Adelsfamilie geboren. Es war die Zeit der Bürgerkriege. Vor allem zwei Gruppierungen bekämpften sich, die *optimātēs* (die »Besten«), die nach den Unruhen um Tiberius Gracchus die alte Senatsherrschaft wieder erstehen lassen wollten, und die *populārēs* (die »Volksnahen«), deren Ziel die – allerdings nicht ganz uneigennützige – Verlagerung der politischen Entscheidungsmacht in die Volksversammlung (*comitia*) war.

Caesars politischer Aufstieg

Im Alter von knapp 20 Jahren erhielt Caesar für seinen militärischen Einsatz eine hohe Auszeichnung, die *corōna cīvica* (Bürgerkrone). Nach seiner Rückkehr 77 trat er in Rom zunächst als Gerichtsredner auf. Doch 69 begann mit der Wahl zum *Quästor*, der ersten Stufe des *cursus honōrum* (Ämterlaufbahn) – Caesar war für die Finanzverwaltung der Provinz Spanien zuständig –, sein einmaliger politischer und militärischer Aufstieg. Es folgte 65 das Amt des *Ädils*, in dem er Verantwortung für die Organisation der Gladiatorenkämpfe trug. 63 berief man ihn zum *pontifex maximus* (Vorsitzender des Priesterkollegiums); in diesem Amt nahm er 46 seine tief greifende Kalenderreform vor. 62 wurde er *Prätor* und war nun in Rom für die innerstädtische Rechtsprechung zuständig. Sein Wahlkampf hatte freilich Unsummen verschlungen, sodass er nur dank einer Bürgschaft des reichen Crassus den Nachstellungen seiner Gläubiger entging. Er konnte 62 die Statthalterschaft der Provinz Spanien übernehmen und dabei abermals seine militärischen Qualitäten unter Beweis stellen.

Im Jahre 60 wurde er zum *Konsul* für das Jahr 59 gewählt. Das Konsulat war das ranghöchste Amt in Rom. Aber da er es mit seinem Kollegen Calpurnius Bibulus teilen musste, schloss Caesar zur Durchsetzung seiner Ziele ein Dreierbündnis (sog. Triumvirat) mit Crassus, der den größten Teil seiner Schulden übernahm, und mit dem überaus populären Feldherrn Pompeius. Nichts sollte in der Politik unternommen werden, was einem der drei missfiele.

Der gallische Krieg

Nach seinem Konsulat wurde Caesar Statthalter der Provinz *Gallia cisalpīna,* der heutigen Provence. Er machte sich dort eine Situation zunutze, von der er hoffte, dass sie seinen politischen Plänen dienen werde. Der gallische Stamm der Helvetier wollte nämlich seinen Wohnsitz an die Atlantikküste verlegen und brauchte die Erlaubnis, Caesars Provinz zu durchqueren; Caesar verweigerte dies, angeblich aus Sicherheitsgründen. Als die Helvetier trotzdem versuchten, die Grenzen der Provinz zu überschreiten, war für Caesar der Zeitpunkt gekommen, zum »Schutz« der Bundesgenossen militärisch einzugreifen. So begann der gallische Krieg, in dessen Verlauf Caesar ganz Gallien der römischen Herrschaft unterwarf. Den letzten Aufstand der Gallier unter Führung des Vercingetorix schlug Caesar 52 nieder. Im Jahre 51 war Gallien endgültig besiegt.

Caesar besiegt Pompeius

Aus politischen Erwägungen hatte Caesar seine Tochter Iulia mit Pompeius verheiratet. Die Ehe war glücklich, aber das Verhältnis zwischen Pompeius und Caesar keineswegs ungetrübt. Nach Iulias Tod 54 kam es zum Bruch. 49 entbrannte ein Bürgerkrieg zwischen beiden um die Vormachtstellung in Rom, aus dem Caesar 48 als Sieger hervorging. Pompeius floh nach Ägypten, wo er von Ptolemäus XIII., der mit seiner Schwester und Gattin Kleopatra um den Thron Ägyptens stritt, ermordet wurde. Caesar entschied den Thronstreit zugunsten Kleopatras. Sie wurde die Mutter seines Sohnes Caesarion. Das war für viele Römer ein Skandal.

Die Iden des März

Zwar war Caesar jetzt der mächtigste Mann in Rom, aber er hatte zahlreiche Feinde unter den Senatoren, die argwöhnisch verfolgten, wie er immer mehr Macht an sich zog. Als man ihm sogar die Königswürde antrug, beschlossen sie seine Ermordung. An den Iden des März 44 töteten sie ihn während einer Senatssitzung mit 23 Messerstichen. Aber das Rad der Geschichte ließ sich nicht mehr zurückdrehen. Der Bürgerkrieg hatte die letzten Kräfte der Republik erschöpft. Die alte *rēs pūblica* existierte nicht mehr.

1. Fertigt eine Collage aus Texten und Bildern zu Caesar an.
2. Die Caesarmörder beschließen ihre Tat; welche Gründe für die Ermordung könnten sie vorbringen?
3. Diskutiert: War es richtig, Caesar zu ermorden? Darf man einen Alleinherrscher umbringen?

Der sogenannte »Caesar Tusculum« gilt als beste Kopie eines wohl noch zu Lebzeiten Caesars entstandenen Porträts. Gipsabguss, Archäologisches Institut der Universität Göttingen.

Lektion 27

*Intrā!

honōrem habēre *m. Dat.*: in Ehren halten, ehren

Tiberius: »Egō iam hodiē vōs cūrō et vōbīs honōrem habeō.
Egō prōmittō
mē semper vōs cūrātūrum esse,
mē semper vōbīs honōrem habitūrum esse,
mē miseriam vestram fīnītūrum esse
patriciōsque agrōs vōbīs redditūrum esse.«

rūrī: auf dem Land

certiōrēs faciēbant: sie informierten

Rōmae tribūnī plēbis creābantur.
Itaque etiam cīvēs, quī rūrī habitābant, Rōmam veniēbant.
Rōmā nūntiī in Italiam ībant
et hominēs dē novīs tribūnīs creātīs certiōrēs faciēbant.

Marmorstatue des Augustus, gefunden 1863 bei Primaporta, einem Ort in der Nähe Roms. Rom, Vatikanische Museen.

Dē Augustō prīncipe

Augustō prīncipī erant ūna fīlia, trēs nepōtēs, duae neptēs,
quōs omnēs ipse māgnā cum sevēritāte ēducāvit.
Ita virginibus aliēnōs quōsdam convenīre nōn licēbat.
Aliquandō L. Vīnicius, iuvenis probus et honestus, Bāiās ierat
et Iūliam, fīliam Augustī, salūtāverat.
Itaque prīnceps, istam salūtātiōnem molestē ferēns, ei ipsī scrīpsit
eum male fēcisse, quod Bāiīs Iūliam adīsset.

Posteā Iūlia eās lēgēs Augustī,
quibus mōrēs cīvium corrigere cupiēbat,
neglegēns
vītam valdē libīdinōsam ēgit.
Itaque prīnceps īrā istīus reī commōtus
fīliam poenās flāgitiōrum datūram esse iūrāvit
et eam Pandāteriam, īnsulam dēsertam, relēgāvit.
Putāvit enim istam Rōmae vīventem
numquam sibi obtemperātūram
et semper sibi opprobriō futūram esse.

Iūlia in īnsulam relēgāta omnibus ferē rēbus iūcundīs egēbat:
Iussū patris ipsīus etiam vīnō prīvāta erat.
Populō Rōmānō revocātiōnem eius vehementer petentī
Augustus respondit:
»Tālēs fīliās vōbīs ipsīs imprecor!«

Post quīnquennium tamen Iūliae Pandāteriā īnsulā abīre
et in continente sub condiciōnibus paulō lēniōribus vīvere licuit.

- **neptis,** neptis *f.*: Enkelin
- **L. Vīnicius,** ī *m.*: *Eigenname*
- **salūtātiō,** iōnis *f.*: Gruß; Besuch
- **quod … adīsset:** weil er … aufgesucht habe
- **Pandāteria,** ae *f.*: *Eigenname*
- **revocātiō,** iōnis *f.*: Rückberufung
- **imprecor:** ich wünsche
- **quīnquennium:** Zeitraum von fünf Jahren, fünf Jahre
- **lēnior,** ōris: leichter

Nōsce tē ipsum!

1 Für Textspürnasen

Pandāteria, ae *f.*

Im Text findest du Ortsangaben zu den Städten Rōma und Bāiae und der kleinen Insel Pandāteria.

Übertrage die folgende Tabelle in dein Heft und vervollständige sie:

nach …	in/auf …	aus/von …
Rōmam	~	Rōmā
~	~	Bāiīs
~	Pandāteriae	~

2 Für Textexperten

1. Gib jedem Textabschnitt eine Überschrift.
2. L. Vīnicius hat den Brief des Augustus (vgl. Z. 9) erhalten. Er schreibt sofort zurück. Entwirf den Brief.
3. In einer römischen Garküche unterhalten sich die Leute über die Familie des Augustus. Entwirf das Gespräch nach Z. 14 / nach Z. 23 / nach Z. 30 des Lektionstextes.

3 Mäusefraß

Repariere den Schaden, den die hungrige Maus angerichtet hat:

Schreibe die Sätze ab, setze ein Pronomen aus dem Wortspeicher in der richtigen Form ein und übersetze.

egō ille ipse is iste nēmō quī quī tū

a) Ad vesperum Antōnia Aulō narrat: »~ ānser, ~ ~ māne prōmīsī, parātus nōn est.«
b) Aulus gemit: »Mē miserum! Cūr ānser bonus, ~ exspectābam, parātus nōn est?«
c) Antōnia Phrygiam advocat et exclāmat: »~ ānserem parāre debuit, sed ~ male parāvit.
d) Ānser bonus nōn est, ~ placet.
e) Crās ~ ~ tibi ānserem bonum parārī cūrābō.«

4 **Alle Wege führen nach Rom!**

Der Lehrer Theophilus ist weit herumgekommen.
Übersetze die fett gedruckten Ortsangaben.
Die Grundformen findest du auf der Kiste des Theophilus.

Theophilus berichtet: »Ich bin **auf** der kleinen griechischen Insel **Ithaka** geboren. Schon als sehr junger Mann ging ich **von Ithaka nach Athen**. **In Athen** vervollkommnete ich meine Ausbildung in Rhetorik und Philosophie. Ungern reiste ich **aus Athen** ab, aber ich wollte **nach Korinth** fahren, um **in Korinth** meine erste Stelle als Hauslehrer anzutreten. Doch auf der Fahrt wurde mein Schiff von Piraten überfallen. Ich wurde von den Piraten **auf** die Insel **Delos** gebracht und **auf Delos** auf dem Sklavenmarkt verkauft. Ein vornehmer Römer kaufte mich und nahm mich **von Delos** mit **nach Rom**. **In Rom** unterrichtete ich lange Zeit seine Kinder. Als die Kinder erwachsen waren, ließ er mich frei. Jetzt könnte ich **aus Rom** weggehen, aber ich liebe mittlerweile das Leben in der Hauptstadt des Römischen Reiches.

5 **Einzug ins Satzgliederhaus**

Welche Zimmer des Satzgliederhauses beziehen die Wörter und Wortgruppen?

a) Agricola īrā commōtus asinum verberāvit.
b) Magister discipulum iterum peccantem vituperat.
c) Horātius ancillīs cibōs apportantibus grātiās ēgit.

6 Schwüre, Eide, Versprechungen

1. Wandle die Sätze nach folgendem Beispiel um und übersetze:
   Augustus sē mōrēs cīvium corrēctūrum esse iūrāvit. – Augustus iūrāvit: »Mōres cīvium corrigam.« – Augustus schwor: »Ich werde die Sitten der Bürger verbessern.«

a) Iūlia sē reditūram esse dīxit.
b) Imperātor cīvēs līberōs fore prōmīsit.
c) Mīlitēs sē rem pūblicam dēfēnsūrōs esse iūrant.

2. Wandle die Sätze nach folgendem Beispiel um und übersetze:
   Iūlia iūrāvit: »Patrī opprobriō nōn erō.« – Iūlia sē patrī opprobriō futūram nōn esse (nōn fore) iūrāvit. – Iulia schwor, das sie dem Vater keine Schande machen werde.

a) Iūlia prōmīsit: »Mox amīcīs epistulam scrībam.«
b) Tiberius dīcēbat: »Cīvibus cōnsulam.«
c) Lātōna iūrāvit: »Fīliae Niobae nōn vīvent.«

7 Wörterlernen mit Köpfchen

Ergänze.

a) pater – māter; fīlius – ~
b) puella – virgō – fēmina; puer – ~ – ~
c) imperāre – imperātor; vendere – ~

8 Wirst du Millionär?

Wie du bereits weißt: Mit Latein kommst du in jeder Quizrunde weiter! Logge dich bei der richtigen Antwort ein.

1. **Nepotismus** steht für …

(A) eine Übervorteilung durch weit überhöhte Preisforderungen.	(B) eine Lebensmittelvergiftung nach dem Genuss eines Fischgerichts.
(C) Vetternwirtschaft.	(D) eine in Nepal verbreitete Form der Gewaltherrschaft.

2. Ein **probates** Verhalten ist …

(A) problematisch.	(B) rechtschaffen und bewährt.
(C) wenn sich jemand in Geschäften immer nur Proben geben lässt, aber nie etwas einkauft.	(D) wahrscheinlich und vorhersehbar.

3. Wenn sich jemand **vehement** für eine Sache einsetzt, so handelt er …

(A) mit großem Einsatz.	(B) vorsichtig und ermahnend, indem er andere ständig vor möglichen Gefahren warnt.
(C) unter ständigem Klagen.	(D) knallhart.

4. Der britische *Minister of* ***Education*** kümmert sich um …

(A) den Banknotendruck und die Münzprägung (benannt nach dem »Dukaten«).	(B) die Ausfuhr von Handelsgütern.
(C) das Erziehungs- und Bildungswesen.	(D) die Ausweisung von kriminellen Wiederholungstätern nach Australien.

5. In einer berühmten Zauberschule trägt einer der Lehrer nicht umsonst den Vornamen **Severus**, denn er bestraft seine Schüler …

(A) gleich siebenmal, wenn sie etwas ausgefressen haben.	(B) indem er sie in eine wahrhaftige Kopie von sich selbst verwandelt.
(C) mit unangenehmen Sklavendiensten.	(D) mit Strenge.

***9** **Antonia schreibt einen Brief**

Übersetze ins Deutsche.

Iūniae suae salūtem dīcit: grüßt ihre Iunia

abīre, abeō, abiī, abitum

Antonia Iuniae suae salutem dicit.
Hodie Iuliam, filiam Augusti principis, a patre ipso in insulam relegatam esse comperi. Pater filiam sibi opprobrio fore putat. Et re vera ista vitam libidinosam agebat.
Sed tamen: O nimiam severitatem! Relegavit pater filiam! Iuliam miseram statim Roma abituram esse constat. Te autem mox Romam redituram esse spero. Iam diu Baiis vitam beatam agebas. Te videre, tecum Romae esse, tibi omnia mea narrare cupio. Te autem omnia tua mihi narraturam esse spero et exspecto.
Vale!

Suche für » sibi opprobrio fore« (Z. 2) eine schöne deutsche Formulierung.

Augustus und die *pāx Augusta*

Sieh dir auf S. 18 das Standbild des Augustus an: Er wirkt selbstbewusst und freundlich zugleich. Noch heute prägt er unsere Vorstellung von einem souveränen Herrscher. Überall im Römischen Reich gab es Kopien dieser Statue. Jeder kannte Augustus, und das in einer Zeit ohne Fotografie und Fernsehen. Was war geschehen? Erinnern wir uns: Durch Caesars Ermordung hatten Senatoren versucht, die alte *rēs pūblica* wieder auferstehen zu lassen. Nun stand Rom am Abgrund. Da meldete sich ein Neunzehnjähriger zu Wort, mit dem niemand gerechnet hatte – Gaius Octavius Thurinus, Großneffe und Erbe Caesars.

Politischer Aufstieg

Caesar hatte offenbar große Stücke auf Octavius gehalten und ihn deshalb testamentarisch adoptiert und als Alleinerben eingesetzt. Octavius, der sich nun Gaius Iulius Caesar Octavianus nannte, geriet in Auseinandersetzung mit Marcus Antonius, dem Konsul und Amtskollegen Caesars im Jahre 44 v. Chr.; Antonius enthielt Octavian das Vermögen Caesars vor. Mithilfe der konfiszierten Kriegskasse und eigener Mittel konnte Octavian den von Caesar bestimmten Nachlass an die Kriegsveteranen und die Bevölkerung Roms zahlen und erwarb sich große Sympathien.

Trotzdem schloss sich Octavian mit Antonius, gegen den er aufseiten der Konsuln des Jahres 43 v. Chr. gekämpft hatte, und dem Reiterführer Marcus Aemilius Lepidus zu einem Triumvirat (»Dreimännerbündnis«) zusammen. Weil beide Konsuln gefallen waren, erzwang er so vom Senat am 19. August 43 für den Rest des Jahres seine Wahl zum Konsul.

Politische Gegner wurden brutal beseitigt. Octavians Sieg über die Caesarmörder Brutus und Cassius 42 v. Chr. bei Philippi und damit einhergehende Enteignungen ebneten den Weg zu einer neuen Diktatur. Antonius, Octavian und Lepidus teilten das Imperium untereinander auf. Die Republik war endgültig untergegangen.

Actium

Allmählich wurde Lepidus von Octavian und Antonius kaltgestellt. Dann machte Antonius den entscheidenden

Ara Pacis Augustae, Rom. 9 v. Chr. anlässlich der Heimkehr des Augustus aus den Gallier- und Spanienfeldzügen geweihter Altarbau.

Fehler, sich in Kleopatra zu verlieben, und bot Octavian damit die Gelegenheit, sich auch noch seines letzten Konkurrenten zu entledigen. Gegen jedes Recht veröffentlichte Octavian das Testament des Antonius, das dessen gemeinsame Kinder mit Kleopatra angeblich als Alleinerben der Macht auswies. Antonius wurde vom Senat zum Staatsfeind erklärt und in der Seeschlacht bei Actium 31 v. Chr. von Octavian besiegt. Nun gab es niemanden mehr, der Octavian die Macht streitig machte. Am 12. Januar 29 v. Chr. wurde das Tor des Janusbogens auf dem Forum Romanum geschlossen als Zeichen dafür, dass nach hundert Jahren Bürgerkrieg nun endlich Frieden eingekehrt war.

Ein neues Zeitalter beginnt

Octavian hatte aus den Fehlern seiner Vorgänger gelernt. Am 13. Januar 27 v. Chr. gab er dem Senat alle militärischen Befugnisse zurück, die man ihm gegen Antonius eingeräumt hatte. Er erhielt sie jedoch am folgenden Tag zumindest für die Randprovinzen des Reiches zurück, was gleichbedeutend war mit dem Oberbefehl über die an den Grenzen stationierten Legionen. Dafür verzichtete er auf das Konsulat, beanspruchte aber das Amt des Volkstribunen – und damit das Einspruchsrecht gegen Senatsentscheidungen. Am 16. Januar verlieh ihm der Senat den Ehrentitel *Augustus* (»der Erhabene«); er selbst nannte sich freilich *prīnceps* (erster Bürger). Und nun geschah etwas Erstaunliches: Zur Durchsetzung seiner Ziele war Augustus ja buchstäblich über Leichen gegangen. Jetzt aber zeigte er sich selbst früheren Feinden gegenüber mild und nachsichtig. Er förderte die Kunst und ließ Rom zu einer wirklichen Hauptstadt erblühen. Im ganzen Reich entstand ein befestigtes und sicheres Straßennetz. Durch Volkszählungen verschaffte er sich einen genauen Überblick über die Bevölkerungszahl des Reiches und sorgte in den bis dahin oft rücksichtslos ausgeplünderten Provinzen für eine straffe und gerechte Verwaltung. Dank dieser Politik wuchs überall der Wohlstand, sodass die Regierungszeit des Augustus als goldenes Zeitalter, als *pāx Augusta*, in die Geschichte einging. Aber im Umgang mit Tochter und Enkelin und in der Wahl seines Nachfolgers bewies Augustus eine weniger glückliche Hand …

1. Beschreibe den politischen Werdegang des Augustus.
2. Informiere dich über die Bedeutung der römischen Adoption und bereite ein Kurzreferat darüber vor.
3. Nenne mögliche Gründe für die Selbstbezeichnung des Augustus als *prīnceps.*
4. *Pāx Augusta:* Erläutere diesen Begriff.

Lektion 28

*Intrā!

Teil 1

Dē manū hūmānā

manus, manūs *f.*: Hand

Das kunstfertige und stumme Spiel unserer **manuum** gehört so selbstverständlich zu unserem Leben, dass uns kaum jemals klar wird, wie abhängig wir **ē manibus** sind.

Nur ein winziger Knochen unterscheidet **manum hūmānam** von **manuī** eines Affen. Weder Homo faber noch Homo sapiens hätte es je gegeben, wenn die Evolution dem Menschen nicht **manūs** geschenkt hätte. Gehirn, Sprache und Kultur bildeten sich erst lange **post manum hūmānam** aus. Die Geschichte **manūs** deckt zugleich das Geheimnis auf, warum der Mensch das intelligenteste Lebewesen ist.

Teil 2

īrācundia, ae *f.*: Jähzorn

Herculēs nōn sōlum māgnā virtūte, sed etiam māgnā īrācundiā erat.
Aliquandō īrā atque īnsāniā commōtus uxōrem līberōsque interfēcit.
Quā dē causā Eurystheō, rēgī animō crūdēlī, servīre coāctus est.

*I

Hände hoch!

Stelle aus dem Text die Deklinationstabelle für manus zusammen. Erschließe das Genus sowie die Form des Dativ Plural. Welche Form kann beim Übersetzen nur aus dem Zusammenhang richtig erschlossen werden?

*II

Männer mit Eigenschaften

Welche Ausdrücke geben Auskunft über den Charakter des Herkules und des Eurystheus? In welchem Kasus stehen sie jeweils? Erkläre, weshalb man diesen Kasus xxxtīvus quālitātis nennt.

In Germāniā

bellicōsus, a, um: kriegerisch

habērent: sie hatten

Vārus Quīntilius dux,
quī in Germāniā exercitum Augustī imperātōris dūcēbat,
vir erat ingeniō mītī parumque bellicōsō.
Germānōs autem hominēs esse,
quī nihil praeter vōcem membraque habērent hominum, putāvit.

iūrgium, iī *n.*: Streitigkeit

Metū eōrum commōtus
Germāniam nōn exercitū, sed iūre domāre cupiēbat.
Itaque iūrgia,
quae armīs disceptārī solēbant,
iūstitiā Rōmānā fīnīre temptābat.
Ita Quīntilius sē praetōrem in forō Rōmānō iūs dīcere,
nōn in mediīs Germāniae fīnibus exercituī praeesse crēdēbat.

Eiserne, ursprünglich mit Silberblech überzogene Maske eines Gesichtshelms, die man in Kalkriese gefunden hat.

sēgnitia, ae *f.*: Trägheit, Schlaffheit

Tum quīdam ē Cheruscīs nōmine Arminius erat,
iuvenis fortī animō,
quī in exercitū Rōmānō mīlitāns
aliqua facta ēgregia fēcerat
cīvitāteque Rōmānā dōnātus erat.
Ille sēgnitiam Quīntiliī cōgnōscēns
cum aliquibus coniūrāvit et Rōmānīs īnsidiās parāvit.

Itaque Vārus dux cum tribus legiōnibus
per silvās et palūdēs Germāniae horribilēs iter faciēns
subitō ā Germānīs oppressus est.
Statim peditēs equitēsque Rōmānī manūs
cōnseruērunt,
sed ad ūnum ferē omnēs interfectī sunt.

ad ūnum … omnēs: alle ohne Ausnahme

Augustus dē interitū exercitūs certior factus
caput interdum foribus illīdēns exclāmābat:
»Quīntilī Vāre, redde legiōnēs!«

interdum foribus illīdere, ō: immer wieder gegen die Tür stoßen

Manus manum lavat.

Semper aliquid novī

1 **Für Textspürnasen**

1. Sammle aus dem lateinischen Text Informationen über Varus Quintilius und Arminius. Beschreibe die ersten Eindrücke, die dir der Text über die beiden Personen vermittelt.

2 **Für Textexperten**

1. Varus täuscht sich mehrfach: Zitiere lateinisch seine Fehleinschätzungen und falschen Entscheidungen, die sich so verhängnisvoll auswirken.
2. Nenne die Gründe dafür, dass Arminius im Kampf gegen die Römer Erfolg hat.
3. Was meint Augustus mit dem Satz »Quīntilī Vāre, redde legiōnēs«?

3 **U – U – U**

Im Text sind vier Substantive der u-Deklination versteckt. Stöbere sie auf, trage die Formen jeweils in eine Deklinationstabelle ein und ergänze die fehlenden Kasūs.

4 **Ordnung muss sein!**

Der römische Kaufmann Marcus hat eine große Lieferung lateinischer Substantive erhalten. Weil sie schwer zu unterscheiden sind, muss er sie zunächst in die verschiedenen Deklinationsregale einordnen, um dann in einem zweiten Schritt ihren Kasus und Numerus genauer bestimmen zu können. Hilf ihm dabei (es stehen keine Längenzeichen).

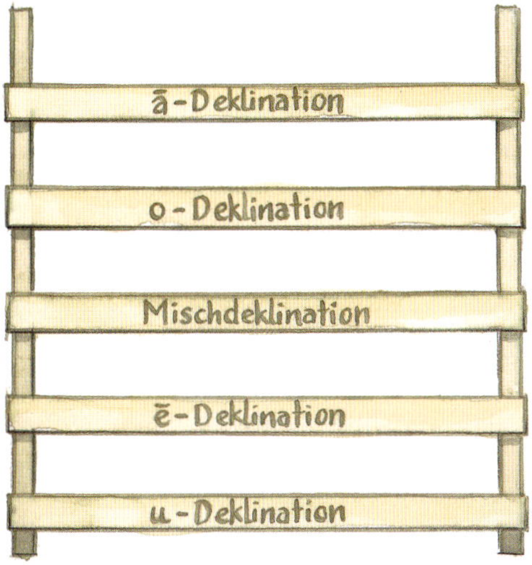

Beispiel: schola (2): Deklinationsregal: a-Deklination – Kasus/Numerus: Nom. Sg. oder Abl. Sg.

a) amori b) amici (2) c) corpori
d) civi e) cibi (2) f) turri (2)
g) rei (2) h) metui i) die
j) domine k) rege l) virgine
m) vulnere n) bove o) agro (2)
p) ambitio q) pretio (2)
r) admiratio s) Carthago t) alea (2)
u) vita (2) v) vulnera (2)
w) imperia (2) x) arena (2) y) metu
z) exercitu

5 Geschafft!

Du kennst nun alle Deklinationen. Schreibe die Tabelle ab und fülle die freien Kästchen aus.

Singular

Nominativ	Genitiv	Dativ	Akkusativ	Ablativ
~	~	~	māgnum exercitum	
imperātor iste	~	~	~	
~	~	~	~	rē ipsā
~	~	deō immortālī	~	
~	arboris pulchrae	~	~	

Plural

Nominativ	Genitiv	Dativ	Akkusativ	Ablativ
~	~	~	manūs tuās	
hostēs crūdēlēs	~	~	~	
~	~	~	~	montibus altīs
~	~	cīvibus līberīs	~	
~	hārum causārum	~	~	

6

Unbestimmtes

Ergänze die passende Form von aliqui(s) und übersetze dann.

sine cultū: ohne Kultur
vīverent: sie lebten

a) Vārus Quīntilius Germānōs animālia ~ esse putābat, quae sine cultū in silvīs et palūdibus vīverent.
b) Rōmae ~ Vārum bonum praetōrem, sed malum imperātōrem esse dīcēbant.
c) Arminius nōn cīvitāte ~, sed cīvitāte Rōmānā dōnātus est. Sed posteā nōn mīlitibus ~, sed mīlitibus Rōmānīs īnsidiās parāvit, nōn legiōnēs ~, sed legiōnēs Rōmānās oppressit, nōn exercitum ~, sed exercitum Rōmānum vīcit.
d) Tiberius Gracchus: »Vōs Rōmānī ā dominīs ~ oppressī ut bēstiae ~ vīvitis.
e) Agrī vestrī ā servīs ~ coluntur.
f) Quam diū patriciīs ~ serviētis?
g) Nōn ~ tribūnum plēbis creāte, sed mē, Tiberium Gracchum!«

7

Auf die Qualität kommt's an!

Übersetze erst wörtlich und suche dann nach einer passenden deutschen Formulierung.

Beispiel:
rēx animō mītī: »ein König von mildem Geiste« → ein sanftmütiger König

Gāius Mūcius Scaevola, Gāī Mūciī Scaevolae *m.: Eigenname*
Sōcratēs, is *m.: Philosoph in Athen; um 470–399 v. Chr.*

Verfahre ebenso:
Augustus, vir māgnā sevēritāte – Mūcius Scaevola, iuvenis virtūte animī – Iūlia, fēmina fāmā malā – Sōcratēs, homō ingeniō ācrī – Herculēs, vir māgnā virtūte corporis.

8

Verstecktes Latein

1. Mit welchen lateinischen Vokabeln sind folgende Wörter verwandt?
2. Erkläre, was die Wörter bedeuten.

a) Justiz b) Armee c) kognitiv d) Pedal e) Pediküre

9 Ein Mensch mit Hand und Fuß!

Zeichne die vier Figuren in dein Heft ab und beschrifte ihre Körper mit den folgenden landessprachlichen Begriffen:

a) corpus hūmānum: caput, dorsum, brachium, manus, pēs, oculus
b) corpo umano: piede, occhio, capo, mano, dorso, braccio
c) cuerpo humano: cabeza, dorso, mano, pie, ojo, brazo
d) corps humain: (tête), œil, main, bras, pied, dos

*10 Detmold oder Kalkriese?

9 n. Chr. fand die Varusschlacht statt. Wo genau, ist bis heute nicht geklärt. Die Bundesländer Niedersachsen und Nordrhein-Westfalen, genauer das Osnabrücker und das Lipper Land, beanspruchen den Ort der Schlacht für sich …

Übersetze ins Deutsche.

vīcus, ī *m.*: Dorf
īnfēlīx, īcis: unglücklich
tot: so viele
locus, ī *m.*: Ort
pūgna, ae *f.*: Schlacht
vērō: in der Tat
reliquiae, ārum *f.*: Überreste
dēmōnstrāre *m. aci:* zeigen
invenīre, inveniō, invēnī, inventum
mortuī sunt: sind gestorben

Oppidum nomine Detmold et vicus nomine Kalkriese inter se certant: Ubi Romani et Germani, ubi Varus, imperator infelix, et Arminius, Germanus magno ingenio, pugnaverunt, ubi legiones Romanae ab exercitu Germanorum oppressae sunt, ubi tot milites Romani necati sunt? Omnes cives, qui in Kalkriese vico habitant, hunc locum pugnae fuisse certe sciunt; et vero multae reliquiae, quae magnam pugnam aliquando in Kalkriese fuisse demonstrant, hic inventae sunt. Sed aliquis nuper: »Superbi esse«, inquit, »non debemus. Nam hoc loco multi milites Germanorum et Romanorum caede crudeli mortui sunt.«

Eine Niederlage von großer Tragweite

»Als die Römer frech geworden, …
zogen sie nach Deutschlands Norden …
Weh, das war ein großes Morden,
sie (= die Germanen) erschlugen die Kohorten …«

Ein boshaftes Gedicht, das der Dichter Victor von Scheffel da 1847 über die »Schlacht im Teutoburger Wald« geschrieben hat!

Die Schadenfreude über die Niederlage der Römer ist unüberhörbar. Sie erinnert an die Comicfiguren Asterix und Obelix, die die Römer ja auch das Fürchten lehren.

Die Tragödie …
In Kalkriese bei Osnabrück glauben etliche Archäologen, die Überreste der Varusschlacht gefunden zu haben. Diese Sichtweise ist keineswegs unumstritten. Dennoch lassen bei allen Vorbehalten das dort angelegte Freigelände und ein Museum etwas von dem erahnen, was sich im Jahre 9 n. Chr. während der Varusschlacht abgespielt haben mag. Metallplatten kennzeichnen einen möglichen Weg der Legionäre in den Hinterhalt. Eingelassene Tafeln mit Schilderungen antiker Autoren geben stellvertretend für andere Kriegsschauplätze Kunde von einer entsetzlichen Tragödie.

Als Germanicus, der Neffe des Augustus, sechs Jahre später das Gelände der Schlacht betrat, bot sich ihm ein grauenvoller Anblick. Überall lagen Knochen. Eine Unterscheidung zwischen Freund und Feind war unmöglich. Germanicus ließ alles mit einem *tumulus* (Grabhügel) bedecken und erwies auf diese Weise den gefallenen Legionären die letzte Ehre.

… und ihre Folgen
Mit der Niederlage des Varus gegen den Cheruskerfürsten Arminius endeten die Bestrebungen der Römer, ihr Reich nach Nordosten auszudehnen. Es wurde ein *līmes,* eine Grenzlinie, zwischen dem römischen Imperium und dem freien Germanien gezogen, der sich von der Donau den Taunus entlang bis nördlich von Koblenz erstreckte. Ursprünglich ein Grenzpfad, wurde der *līmes* unter Kaiser Domitian (81–96 n. Chr.) befestigt und mit Wachtürmen gesichert. Den Römern ging es weniger um den Schutz vor germanischen Übergriffen als vielmehr um die Kontrolle des Handelsverkehrs und einströmender Volksgruppen.

Westlich des Rheines errichteten die Römer zahlreiche befestigte Lager. Sie wuchsen im Laufe der Zeit zu Städten heran wie beispielsweise die *Colōnia Claudia Āra Agrippīnēnsium* (= Köln), in der niemand Geringeres geboren worden war als Kaiserin Agrippina. Die später *ad*

Sānctōs (= Xanten) genannte Stadt *Ulpia Trāiāna* wurde von ihrem Namenspatron, dem Kaiser Trajan, 110 n. Chr. ebenfalls zur *colōnia* erhoben. Der Titel *colōnia* garantierte jedem freien Einwohner das römische Bürgerrecht.

Römer und Germanen

Viele Germanen dienten in der römischen Reiterei. Auch Arminius hatte mit seinem Bruder Flavus (= der Blonde) eine Militärausbildung in Rom genossen und kannte die römischen Strategien genau. Das Vertrauen des Römers Varus in den Germanen Arminius war so groß, dass er sogar eine Warnung des Segestes, des cheruskischen (!) Schwiegervaters von Arminius, in den Wind schlug.

In späterer Zeit regierten Germanen auch als Unterkaiser über Teile des Römischen Reiches, so der ostgotische Kaiser Theoderich der Große (451/454?–526 n. Chr.), der als Dietrich von Bern in die deutsche Sagenwelt eingegangen ist.

Germanen und Römer

Germanien mit seinen großen Wäldern, Sümpfen und seinem feuchten Klima blieb für die Römer freilich immer *terra incōgnita* (»unbekanntes Land«), auch wenn Schriftsteller wie Caesar und Tacitus über die Germanen berichteten. Aussehen und Körpergröße der Germanen flößten den Römern Respekt ein. Römerinnen allerdings liebten blondes, germanisches Haar.

Nach Tacitus und Caesar ernährten sich die Germanen von wild wachsenden Früchten, einfachen Milchprodukten und Fleisch, was den Römern mit ihrer Vorliebe für Getreideanbau als Zeichen mangelnder Kultur galt. Tacitus ergänzt, dass die Zubereitung der Speisen zudem jeglicher Raffinesse entbehrt. Vielleicht übt er ja damit leise Kritik am übertriebenen Gaumenkult seiner römischen Zeitgenossen … Immerhin lobt er die im Vergleich zu den Römern doch sehr strengen Ehesitten der Germanen. Ihre Vorliebe für Trinkgelage, langes Schlafen, Baden in heißem Wasser und – für Bier, das als vergorenes Getreidegebräu seiner Meinung nach kaum den Namen »Getränk« verdient, lässt ihn dagegen allenfalls den Kopf schütteln.

1. Erläutere die Überschrift dieses Textes.
2. Beschreibe das Verhältnis Römer – Germanen.
3. Sammelt Karten- und anderes Informationsmaterial zum römisch-germanischen Grenzverlauf und gestaltet eine Wandzeitung.
4. Informiert euch über den Dichter Scheffel und lest sein Gedicht über den römischen Germanienfeldzug ganz – ihr findet es beispielsweise im Internet. Diskutiert über das Gedicht.

Lektion 29

*Intrā!

Exercitus Rōmānus victus erat. Vārus dux gladiō sē ipsum interfēcit.
Exercitū Rōmānō victō Vārus dux gladiō sē ipsum interfēcit.

Augustus clādem audīverat. Exclāmābat: …
Clāde audītā Augustus exclāmābat: »Vāre, redde legiōnēs!«

*I

Aus zwei mach eins

1. Vergleiche jeweils Zeile 1–2 mit 3–4 und Zeile 5 mit 6–7 und beschreibe, wie der gleiche Sachverhalt unterschiedlich ausgedrückt wird.
2. Ermittle jeweils das Zeitverhältnis zwischen den einzelnen Handlungen und erläutere, wie es sprachlich ausgedrückt wird.

Dē incendiō urbis Rōmae

»Urbs ārdet! Urbs ārdet!«
Illīs clāmōribus audītīs
hominēs māgnō terrōre commōtī in viās ruērunt
in locum tūtum sē recipere temptantēs.

ortus erat: war ausgebrochen

Īgnis in Circō Maximō ortus erat.
Flammīs ventō vehementī altīs
māgnus numerus tabernārum, templōrum, īnsulārum domōrumque
īgnī correptus erat.

vigilēs, um *m. Pl.:* Feuerwehr

Vigilibus statim advocātīs
diū incendium exstinguī nōn poterat.

Sextō dēnique diē
antīquīs urbis partibus dēlētīs
fīnis incendiō factus est.
Domibus āmissīs
populus in hortīs Nerōnis Caesaris acceptus
et frūmentō vestibusque dōnātus est.

cupīvisset: er wollte
ut … fīnīret: um … zu beenden

Tamen fāma est
Nerōnem Caesarem ipsum urbem Rōmam incendisse,
quod urbem novam exstruere cupīvisset.
Ille igitur, ut rūmōrēs fīnīret,
eōs, quī Chrīstiānī appellābantur,
comprehendī et in vincula conicī iussit.
Multīs eōrum et incendiī crīminis condemnātīs
et crucibus affīxīs et in hortīs Caesaris īnflammātīs
Nerō domum novam māgnificentissimam exstrūxit,
quae »Domus aurea« appellābātur.

Chrīstiānī ad leōnēs!

Prō domō

William Turner (1775–1851): »The Burning of Rome«. Gouache und Aquarell, um 1834/35. London, Tate Gallery.

1

Für Textspürnasen

1. Übersetze die Überschrift: Welche Erwartungen an den Inhalt des Textes ergeben sich für dich daraus? »Scanne« den Text auf Wörter, die deine Erwartungen bestätigen. Benutze bei der Bearbeitung dieser Aufgabe auch die Vokabelliste.
2. Schreibe aus dem Text alle Partizipien mit ihren Beziehungswörtern heraus.

2 **Für Textexperten**

1. Gib jedem Absatz des Textes eine Überschrift.
2. Nenne die im Text vorkommenden ablātīvī absolūtī und bestimme jeweils deren semantische Funktion.

3 **Herr, Haus, Heer**

1. Schreibe ab und schreibe die entsprechenden Formen von domus und exercitus daneben. Beachte: Manche Formen sind doppeldeutig.

a) dominum b) dominō c) dominīs d) dominōrum
e) dominī f) dominus g) dominōs

2. Setze zu jeder Form, die du gebildet hast, die passende Form von:

a) māgnus b) admīrābilis c) iste d) noster e) quīdam

4 **Viele Wege führen nach Rom – aber manche sind besser …**

Übersetze die folgenden ablātīvī absolūtī auf möglichst viele verschiedene Arten.

Beispiele:
Imperātōre advocātō – wurde die Stellung gehalten.
Nachdem der Feldherr herbeigerufen worden war, wurde die Stellung gehalten./Der Feldherr war herbeigerufen worden und daher wurde die Stellung gehalten.

Imperātōre advocātō – wurde die Stellung nicht gehalten. Obwohl der Feldherr herbeigerufen worden war, wurde die Stellung nicht gehalten./Der Feldherr war herbeigerufen worden und trotzdem wurde die Stellung nicht gehalten.

Hōc nūntiō audītō – ließ Caesar zum Angriff blasen.
Auf diese Nachricht hin / Weil er diese Nachricht gehört hatte, / Trotz dieser Nachricht / Obwohl er diese Nachricht gehört hatte, / Nachdem er diese Nachricht gehört hatte, ließ Caesar zum Angriff blasen. / Caesar hatte diese Nachricht gehört und ließ (deshalb/dennoch) zum Angriff blasen.

a) Gallīs victīs – war Caesars politischer Ehrgeiz noch keineswegs befriedigt.
b) Fīliā in īnsulam relegātā – wurde Augustus vom Volk bestürmt, Gnade walten zu lassen.
c) Mātre necātā – führte Nero ein immer ausschweifenderes Leben.
d) Pecūniā acceptā – ließ der Erpresser nicht von seinem Opfer ab.
e) Templīs, domibus, īnsulīs ab īgne correptīs – wurden die Römer von tiefer Verzweiflung ergriffen.
f) Incendiō exstīnctō – war die Erleichterung groß.

5

Verbindungszauber für Hexenmeister

1. Bilde jeweils aus den beiden Sätzen einen Satz mit einem ablātīvus absolūtus bzw. einem participium coniūnctum. Manchmal musst du dazu aktivische Aussagen in passivische umwandeln.
2. Übersetze die entstandenen Sätze.
3. Gib jeweils die semantische Funktion des ablātīvus absolūtus bzw. des participium coniūnctum an.

a) Multī mīlitēs necātī erant. Urbs capta est.
b) Caesar Gallōs vīcerat et in vincula coniēcerat. Nōnnūllī Gallī in amphitheātrō pūgnāre coāctī sunt.
c) Amīcī invītātī sunt. Ad vesperum adsunt.
d) Ancillae mēnsās ōrnāvērunt. Dominus cum amīcīs cēnat.
e) Cibī bonī ab ancillīs apportātī sunt. Omnēs cibōs laudant.

6 Zwei werden eins im Nu: Der Zauberer bist du!

1. Bilde jeweils aus den beiden Sätzen einen Satz mit einem ablātīvus absolūtus.
2. Übersetze die entstandenen Sätze und gib jeweils die semantische Funktion des ablātīvus absolūtus an.

a) Flammae statim exstīnctae nōn erant. Domus familiae dēlēta est.
b) Domus dēlēta erat. Vīcīnī familiam in suam domum recēpērunt.
c) Familia ā vīcīnīs recepta erat. Domus dēnuō aedificāta est.

7 Wörterlernen mit Köpfchen

1. ad + Akk. – zu, bei, an; in + Akk. – in … (hinein), nach. Beschreibe die Bildung der folgenden Komposita und erläutere ihre Bedeutung.

a) accurrere b) addere c) adesse d) adīre e) afferre f) incipere g) inicere h) inīre i) invenīre

2. Welches Simplex steckt jeweils in den Komposita? Übersetze sie. Was bedeutet die Vorsilbe re-?

a) recēdere b) recipere c) reddere d) redūcere

8 Vokabelhappen

1. Suche in den fremdsprachlichen Vokabelhappen die jeweils enthaltene lateinische »Zutat«.
2. Suche aus den Vokabelhappen die Substantive heraus. Woran erkennst du sie? Was ist im Lateinischen anders?

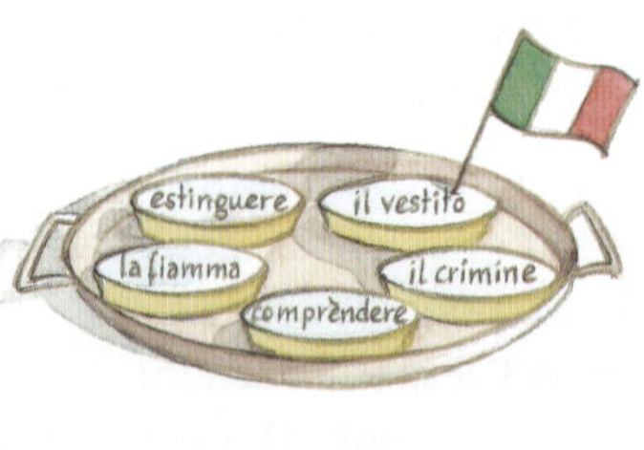

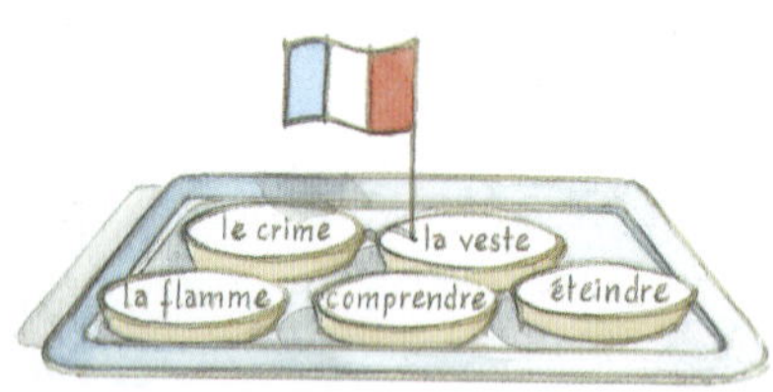

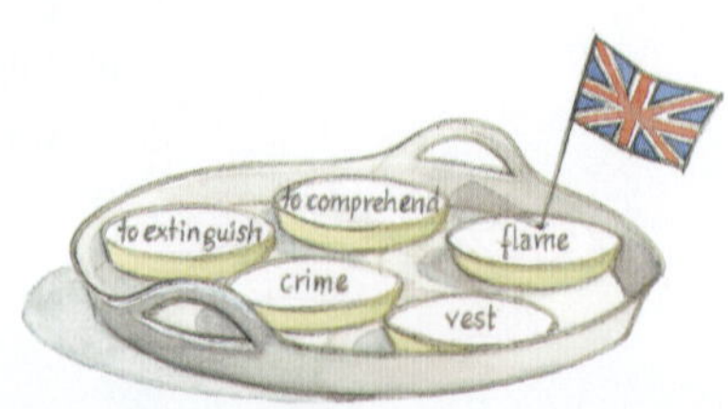

9

Verstecktes Latein

1. Mit welchen lateinischen Vokabeln sind folgende Wörter verwandt?
2. Erkläre, eventuell mithilfe eines Lexikons oder des Internets, was die Wörter bedeuten.

a) akzeptieren b) vehement c) Tutor d) Appell
e) Taverne f) Antiquität

10

Einzug ins Satzgliederhaus

Welche Zimmer des Satzgliederhauses beziehen die Wörter oder Wortgruppen folgender Sätze?

a) Fībulā pulchrā āmissā domina valdē clāmat.
b) Fūre comprehēnsō domina clāmāre dēsinit.

***11**

The Great Fire of London

Im Jahr 1666 brach in London in der Backstube des Bäckers Thomas Farynor ein Feuer aus. Mitten in der Nacht bemerkte der Bäcker die Flammen.

Übersetze ins Deutsche.

Londinium, iī *n.*: London
pīstor, ōris *m.*: Bäcker
homō Francōgallus, hominis Francōgallī *m.*: Franzose
pāpa, ae *m.*: Papst
Lucky Hubert: *Eigenname*
suppliciō afficere: hinrichten
ortus erat: ausgebrochen war
Christopher Wren: *Eigenname*
architectus, ī *m.*: Architekt
ecclēsia, ae *f.*: Kirche
monumentum, ī *n.*: Denkmal

De incendio urbis Londinii

Pistor ingenti periculo cognito cum familia e domo ruit. Ancilla autem interfecta est. Flammae vento altae multas domos corripuerunt. Dies noctesque domus ardebant. Iam multis domibus igni correptis homines fugere temptabant. Tandem incendium exstinctum est. Multi homines domos amiserant, nonnulli etiam interfecti erant.
Fama erat hominem Francogallum nomine Lucky Hubert iussu papae urbem incendisse. Itaque Lucky Hubert incendii criminis condemnatus supplicio affectus est. Postea cognitum est Francogallum illum ea nocte, qua ignis ortus erat, nondum Londinii fuisse.
Magnis partibus urbis deletis Christopher Wren, architectus praeclarus, domos novas et ecclesias pulcherrimas aedificavit. Etiam monumentum incendii urbis Londinii aedificatum est.

Nero

Kopf des Nero. Von einer überlebensgroßen, etwa 2,40 m hohen Statue; nach 64 n. Chr. Das Bildnis ist am Ende von Neros Herrschaft entstanden, als er dem Caesarenwahn und Sängerehrgeiz verfallen war. Glyptothek München.

In sternklarer Nacht gleitet ein elegantes Schiff über das spiegelglatte Meer. Es ist ein Geschenk Kaiser Neros an seine Mutter Agrippina. Entspannt liegt sie auf ihrem Ruhebett. Ihre Vertraute Acerronia erinnert sie an die liebevolle Umarmung durch den Sohn und ihr Gefühl der Freude über die Versöhnung nach einer langen Zeit des Zerwürfnisses. Plötzlich stürzt das Dach des Deckaufbaus ein. Das Schiff kentert. Schwimmend rettet sich Agrippina an Land. Sie sieht, wie Acerronia von Ruderern erschlagen wird. Schlagartig wird ihr klar: Dies ist kein normales Schiffsunglück. Es ist ein Anschlag, der ihr gilt! Sie hegt keinen Zweifel: Nero selbst ist der Urheber. Nach dem Bruder nun die Mutter …

Neros Kindheit

Nero kam am 15. Dezember 37 n. Chr. als Lucius Domitius Ahenobarbus in Antium zur Welt. Zwei Jahre später wurde seine Mutter Agrippina von Kaiser Caligula, ihrem eigenen Bruder(!), verbannt; ihm selbst wurde im darauf folgenden Jahr nach dem Tod seines Vaters das Vermögen entzogen. Doch Kaiser Claudius, Caligulas Nachfolger, hob das Exil 41 n. Chr. auf. Mutter und Sohn erhielten ihr Vermögen zurück und Agrippina konnte Nero nun eine angemessene Ausbildung angedeihen lassen.

Mutter und Sohn

Agrippina war ehrgeizig und machthungrig. Sie litt darunter, dass ihr als Frau das Kaiseramt verwehrt blieb und sie nur Macht erlangen konnte, wenn ihr Sohn Kaiser würde. Daher heiratete sie 49 n. Chr. Claudius und sorgte für eine Adoption Neros durch Claudius, obwohl dieser einen leiblichen Sohn, Britannicus, hatte. Als Claudius 54 n. Chr. an einer Vergiftung starb, gab man Agrippina die Schuld; viele glaubten nämlich, dass sie Nero – und damit sich selbst – an die

Macht bringen wollte, obwohl sich dieser mehr zur Kunst als zur Politik hingezogen fühlte.

Agrippina sorgte dafür, dass der Philosoph Seneca Neros Lehrer wurde. In den nächsten Jahren erwies sich der Einfluss Senecas als Segen. Gemeinsam mit dem Militärberater Afranius Burrus sorgte er für eine umsichtige erste Amtszeit Neros und setzte den politischen Ambitionen Agrippinas deutliche Grenzen.

Nero, der seine Mutter zunehmend als Belastung empfand, glaubte sie mit Ehrungen, wie sie noch keiner Frau zuteil geworden waren, zufriedenstellen zu können. Aber sie wollte mehr und setzte Nero mit Britannicus unter Druck. Als Britannicus während eines Gastmahls starb, unterstellte sie ihrem Sohn – sicher nicht grundlos –, seinen eigenen Stiefbruder umgebracht zu haben. Dieser entzog ihr in der Folge alle Vergünstigungen.

Das Ende

Nach dem gewaltsamen Tod Agrippinas 59 n. Chr. schwindet auch der Einfluss Senecas auf Nero. Allmählich verliert dieser jeden Realitätssinn. Er tritt als Schauspieler und Wagenlenker auf. Sein Hang zu Ausschweifung und Grausamkeit steht im krassen Widerspruch zu der von Seneca gelehrten Besonnenheit. Kein Wunder, dass man ihn später sogar für den Brand Roms 64 n. Chr. verantwortlich macht und behauptet, er habe damit nur seine künstlerischen Träume verwirklichen wollen. Senecas Misstrauen gegenüber Nero wächst, obwohl – oder gerade weil(?) – Nero ihn trotz nicht zu verhehlender Spannungen mit Geschenken überhäuft. Da dies auch Neider auf den Plan ruft, zieht sich Seneca völlig von Nero zurück.

65 n. Chr. kommt es zu einer Verschwörung unter der Führung des Gaius Calpurnius Piso, die allerdings wegen der mangelnden Vorsicht der Beteiligten aufgedeckt wird. Zahlreiche Menschen finden den Tod, darunter auch Seneca und die tapfere Griechin Epicharis, die sich auch unter der Folter weigert, Namen von Mitverschwörern preiszugeben. Neros politischer Absturz ist allerdings nicht mehr aufzuhalten. Nachdem ihn auch seine engsten Vertrauten verlassen haben, tötet er sich in der Nacht vom 9. Juni 68 n. Chr. selbst.

1. Beschreibe das Verhältnis Neros zu Agrippina.
2. Informiere dich über den Philosophen und Schriftsteller Seneca und schreibe einen Steckbrief.
3. Bringe mehr über die Pisonische Verschwörung und über Epicharis in Erfahrung und schreibe einen »Zeitungsartikel« darüber.
4. Informiere dich näher über Nero und diskutiere mit deinen Mitschülern, ob Nero ein »böser« Kaiser war.

Lektion 30

*Intrā!

Teil 1

Urbs Rōma ārdet. Hominēs in locum tūtum sē recipere temptant.

Urbe Rōmā ārdente hominēs in locum tūtum sē recipere temptant.

rescindere, rescindō, rescidī, rescissum: niederreißen, abreißen

Nerō urbem novam exstruēbat.
Itaque domūs flammīs dēlētae rescissae sunt.
Nerōne urbem novam exstruente
domūs flammīs dēlētae rescissae sunt.

Teil 2

fīnitimus, ī *m.*: Nachbar
gerere, gerō, gessī, gestum: führen

Vārō duce mīlitēs per silvās palūdēsque Germāniae iter fēcērunt.

Tarquiniō rēge Romānī cum fīnitimīs multa bella gessērunt.

*I

Aus zwei mach eins

1. Vergleiche Zeile 1–2 mit Zeile 3–4 und beschreibe, wie der gleiche Sachverhalt unterschiedlich ausgedrückt wird.
2. In welchem inhaltlichen Verhältnis stehen die beiden Aussagen zueinander?
3. Verfahre mit den Zeilen 5–8 wie in Aufgabe 1 und 2.
4. Versuche die Sätze in Z. 3–4 und 7–8 auf verschiedene Arten zu übersetzen.

*II

Abl. abs. mal anders

1. Was unterscheidet Vārō duce und Tarquiniō rēge von den ablātīvī absolūtī, die du bisher kennst?

P./Sp. Aelius Broccus, P. /Sp. Aeliī Brocchī *m.*: *Eigennamen;* **P.** = Pūblius; **Sp.** = Spurius

P. Aelius Brocchus praefectus Sp. Aeliō Brocchō frātrī salūtem dīcit

Vēre ineunte
itinere longō et molestō factō
in castellumVindolandam advēnī
prīmumque mūrum ab Hadriānō Caesare nūper exstrūctum cōnspexī:

Pictī, ōrum *m. Pl.*: Pikten *(Volksstamm im Norden Britanniens)*

dīligentius *Adv.*: sorgfältiger

Ō opus praeclārum et imperiō Rōmānō vērē dīgnum!
Mē omnia circumspiciente
subitō Pictī aliquot turrīs in mūrō ērēctās oppūgnābant,
sed mē duce ā mīlitibus nostrīs repulsī sunt.
Pictīs eō ex tempore quiēscentibus
tamen mūrum dīligentius ā statiōnibus cūstōdīrī iussī.

Barbarī terrās circum mūrum sitās incolentēs
māgnā cōmitāte sunt et cum nostrīs mercātūrās faciunt:
Māteriam, frūmentum, lānam, frūgēs, pecus vendunt,
vendunt etiam cervīsiam,
quae ab auxiliīs Gallīs et Germānīs valdē amātur.

Sulpicia, ae *f.*: *Eigenname*

diēs nātālis fēstus, diēī nātālis fēstī *m.*: Geburtstagsfeier

garrīre: schwatzen, plaudern

profectus sum: ich bin aufgebrochen

Mīlitibus mūrum cūstōdientibus aut in campīs sē exercentibus
mulierēs domōs cūrant, lānam faciunt,
sed etiam multīs modīs sē dēlectant:
Herī Sulpicia mea amīcās ad diem nātālem fēstum invītāvit …
Fēminīs semper māgnā vōce garrientibus
fugam cēpī et ad vēnātiōnem profectus sum …

quid plūra?: was gibt's sonst noch?

diūtius *Adv.*: länger

mī: *Vok. von* meus

fruere *(Imperativ Sg.) m. Abl.*: genieße *etwas!*

Quid plūra? Caelum crēbrīs imbribus et nebulīs foedum est,
itaque mē in Britanniā nōn diūtius mānsūrum esse spērō.
Tū autem, mī frāter, vītā dulcī Rōmae fruere.
Sī valēs, bene est, egō quidem valeō.

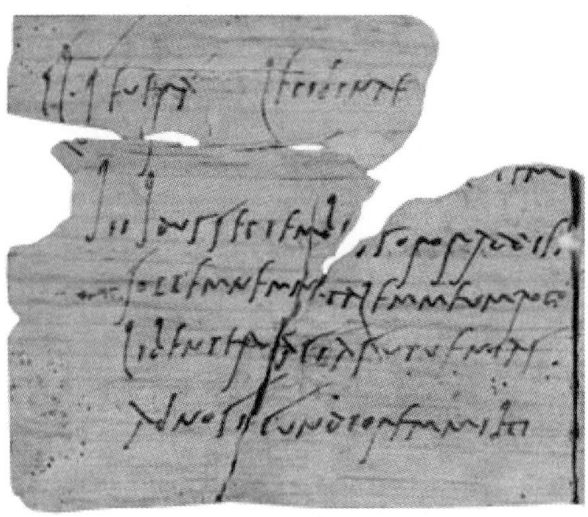

Das Vindolanda tablet 291 mit der Geburtstagseinladung der Claudia Severa an Sulpicia Lepidina.

Flōrus poēta Hadriānō Caesarī
Egō nōlō Caesar esse,
ambulāre per Britannōs,
Scythicās patī pruīnās.

Hadriānus Caesar Flōrō poētae
Egō nōlō Flōrus esse,
ambulāre per tabernās,
latitāre per popīnās,
culicēs patī rotundōs.

Flōrus, ī *m.: Eigenname*
nōlō: ich will nicht
Britannī, ōrum *m. Pl.:* Britannier
Scythicus, a, um: skythisch; *Skythien: Land im heutigen Nord-Iran*
patī: erdulden, aushalten
pruīnae, ārum *f. Pl.:* Schnee, Winter
latitāre: sich herumdrücken
popīna, ae *f.:* Kneipe
culex, icis *m.:* Mücke
rotundus, a, um: kugelrund, fett

1 Für Textspürnasen

Verwende das Lernvokabular.

1. Woran ist erkennbar, dass es sich bei vorliegendem Text um einen Brief handelt?
2. Welchem Sachfeld sind die meisten Substantive dieses Textes zuzuordnen? Stelle sie zusammen.
3. Benenne die Personen, von denen in den einzelnen Abschnitten jeweils die Rede ist.

2 Für Textexperten

Welchen Eindruck vom Leben des Publius vermittelt der Brief? Belege lateinisch.

3 Erst mal Ordnung schaffen!

1. Zeichne eine Tabelle nach folgendem Muster mit vier Spalten und sechs Zeilen in dein Heft und trage alle Partizipialkonstruktionen, die in diesem Text vorkommen, ein.

pc oder attributives Partizip mit PPP	pc oder attributives Partizip mit PPA	abl. abs. mit PPP	abl. abs. mit PPA
~	~	~	~

2. Übersetze die in Aufgabe 1 herausgesuchten ablātīvī absolūtī auf mehrere Arten.

4 Neues Outfit

Viele Sachverhalte früherer Lektionen könnte man auch als ablātīvī absolūtī formulieren.
Schreibe die ablātīvī absolūtī in dein Heft und übersetze die Sätze:

a) Urbe Rōmā incēnsā Nerō Chrīstiānōs comprehendī iussit.
b) Vārō Quīntiliō in Germāniā iūs dīcente Arminius cum aliquibus coniūrāvit.
c) Iūliā ā L. Vīniciō salūtātā Augustus īrā commōtus est.
d) Vercingetorīge victō Caesar māgnā victōriā exsultāvit et sē līberālem praebuit.
e) Bēstiīs sēdēs suās habentibus vōs per Italiam errātis.
f) Tarquiniō Superbō expulsō Porsenna urbem Rōmam oppūgnāvit.
g) Remō victōriam suam celebrante Rōmulus exclāmāvit: »Duodecim, vidēte, duodecim vulturēs adsunt!«
h) Multī spectātōrēs puerō ā delphīnō ad terram relātō convēnerant.
i) Dīdōne relictā Aenēās maestus in Italiam nāvigāvit.

L. Vīnicius, ī *m.: Eigenname*

Porsenna, ae *m.: Eigenname*

spectātor, ōris *m.:* Zuschauer
delphīnus, ī *m.:* Delfin
relātum: *PPP von* referre

relictum: *PPP von* relinquere

5 Viele Möglichkeiten …

Übersetze folgende ablātīvī absolūtī. Ergänze die Ausdrücke jeweils auf Deutsch zu einem sinnvollen Satz.

Beispiel:
Magistrō īrā commōtō: Weil der Lehrer zornig geworden ist, …. heißt es: in volle Deckung gehen.

a) Amīcō mē adiuvante …
b) Bellō fīnītō …
c) Mātre mē advocante …
d) Epistulā scrīptā …
e) Mē per forum ambulante …
f) Aquilā advolante …
g) Trōiā dēlētā …

6 Erkennst du die »schwarzen Schafe«?

Pictī, ōrum *m. Pl.*: Pikten *(Volksstamm im Norden Britanniens)*

Porsenna, ae *m.*: *Eigenname*

a) vēre ineunte – hōc dictō – domibus āmissīs – clāmōribus audītīs – Tarquiniō rēge – Pictīs quiēscentibus – mē omnia circumspiciente
b) flammīs ventō altīs – hominēs commōtī – exercitū victō – mē nesciente – Nerōne urbem incendente
c) nostrīs in castellum advenientibus – barbarīs terram incolentibus – mīlitēs mūrum exstruentēs – multīs violātīs – barbarī māteriam vendentēs – mē duce – Porsennā rēge
d) līberīs ēducātīs – bellīs fīnītīs – multīs urbem dēfendentibus – urbe dēfēnsā – Caesare duce – hīs verbīs dictīs – Tarquiniō rēge

7 Warum heißt der Karren Karren?

1. Führe die Wörter unter a und b auf lateinische Wörter zurück.
2. Vergleiche a und b. Was fällt dir auf?

a) Kaiser, Karren, Kapitel, Kausalsatz, Kollege, Karenzzeit, Konkurs, Kontinent, Kontroverse, Krone, Körper, korrekt, Kreatur, Kredit, kriminell, konziliant.
b) zelebrieren, Akzeleration, Zirkus, zivil, konziliant.

8

Verstecktes Latein

1. Mit welchen lateinischen Vokabeln sind folgende Wörter verwandt?
2. Erkläre, was die Wörter bedeuten.

a) Initiale b) Salut c) Station d) frugal

9

Der abl. abs. bei den Briten!

Im Englischen gibt es eine genaue Entsprechung zum lateinischen abl. abs., und zwar das sogenannte »Partizip mit eigenem Subjekt« (participle clause with its own subject). Vergleiche den lateinischen abl. abs. mit seiner englischen Entsprechung und nenne jeweils Unterschiede und Gemeinsamkeiten.

Latein	Englisch
a) **Oppidīs hostium dēlētīs** Rōmānī in Italiam rediērunt.	**The enemies' cities being destroyed**, the Romans went back to Italy.
b) **Tē clāmante** labōrāre nōn possum.	I can't work **with you crying out loudly.**

*10

Die Antwort

Spurius könnte etwa folgenden Antwortbrief an seinen Bruder Publius geschrieben haben.

Übersetze ins Deutsche.

aestās, ātis *f.*: Sommer
cottīdiē *Adv.*: jeden Tag
Mārcus, ī *m.*: *Eigenname*
discere, ō: lernen

Sp. Aelius Brocchus P. Aelio Broccho fratri salutem dicit.
Vere in Britannia ineunte Romae iam aestas est. Iam diu imbres non habuimus et saepe ipse in Britannia vivere cupio. Sed omnibus bellis ab Hadriano Caesare finitis contenti esse possumus.
Hadriano duce nos et nostri liberi in pace vivimus. Magistrum bonum, qui liberos cottidie docet, invenimus. Lucius et Marcus ab ancilla bene educati etiam nunc multa bona discunt.
Si vos valetis, bene est. Nos quidem valemus.

Britannien – Provinz jenseits des Meeres

Hadrianswall und Vindolanda tablets

Die Geburtstagsfeier, von der im Lektionstext die Rede ist, gab es wirklich. Das Einladungsschreiben hat sich auf dem kleinen Holztäfelchen, einem sogenannten Vindolanda tablet, erhalten, das du auf S. 43 siehst. Tablets wie dieses hat man im römischen Auxiliarlager Vindolanda (heute: Chesterholm) im Norden Englands gefunden. In den Auxiliarlagern waren ausländische Kohorten mit einer Truppenstärke von je 480 Mann stationiert.

Befehligt wurden sie von *praefectī cohortis* (Anführern einer Kohorte), die auch aus den betreffenden Völkern stammen konnten, sofern sie das römische Bürgerrecht besaßen. Präfekt Vindolandas in den Jahren 97–104 n. Chr. war Flavius Cerialis, vermutlich ein Germane aus dem Stamm der Bataver, im Stande eines *eques* (römischer Ritter mit einem Mindestvermögen von 400 000 Sesterzen). Die Bataver galten bei den Römern als sehr zuverlässig und wurden gerne als Hilfstruppen eingesetzt. Flavius Cerialis war Kommandant der neunten Bataverkohorte. Er war verheiratet und stand wie die Mitglieder seiner Familie in regem Briefkontakt mit den benachbarten Garnisonen. Es gab nämlich 17 Auxiliarlager entlang des Hadrianswalls, der britischen Variante des Limes. Dieser Wall erstreckte sich über 130 km und war unter Kaiser Hadrian in den Jahren 118–127 n. Chr. an der heutigen Grenze zwischen England und Schottland erbaut worden. Einer der Briefpartner war Aelius Brocchus, der Kommandant der Garnison Briga, eines Kastells, dessen Lage man heute nur noch vermuten kann.

Die Vindolanda tablets geben ein beredtes Zeugnis vom Alltag in diesen Garnisonen. Die Themen reichen von persönlichen Briefen wie der Geburtstagseinladung über die Auflistung von Nahrungsmitteln und Dingen des täglichen Bedarfs – darunter eine Bitte um die Zusendung von warmer Kleidung, Socken und Unterwäsche – bis hin zu militärischen Fragen. Dass uns die tablets erhalten blieben, haben wir einem glücklichen Umstand zu verdanken: Ein starker Regen

Der Hadrianswall

löschte das Feuer, das die tablets beim Auszug der neunten Bataverkohorte verbrennen sollte.

Geografie Britanniens

Glaubt man den Schilderungen des Benediktinermönches Beda Venerabilis aus dem 8. Jahrhundert n. Chr., so ähnelt Britannien dem Paradies: fruchtbares Land, Fischreichtum, warme Quellen, Bodenschätze und vor allem Perlen in allen Farben bis hin zu einem strahlenden Weiß ... Tacitus sieht es in seinem Büchlein *Agricola* etwas nüchterner: Aufgrund des feuchten Klimas ist Britannien zwar fruchtbar und nicht so kalt, dafür aber ist das Wetter scheußlich. Die von Beda so gepriesenen Perlen hält Tacitus für minderwertig, weil sie nicht weiß, sondern bräunlich oder bläulich seien.

Wie dem auch sei, die Insel übte einen so großen Reiz auf die Römer aus, dass Caesar, um das Land zu erkunden – oder auch, wie böse Zungen behaupteten, um mit den sagenhaften Schätzen Britanniens seine Kriegskasse zu füllen und seine Günstlinge zu finanzieren –, in den Jahren 55 und 54 v. Chr. nach Britannien übersetzte. Beide Unternehmungen brachten zwar nicht ganz den gewünschten Erfolg, aber sie bedeuteten den Beginn der römischen Invasion in Britannien.

Geschichte der Eroberung

Im Jahre 43 n. Chr. setzten vier Legionen unter dem Befehl des Aulus Plautius nach Britannien über. Damit begann die systematische Eroberung Britanniens. In den Jahren 60 und 61 n. Chr. kam es zu einem Aufstand der Briten unter Führung Boudiccas, der Königin des Stammes der Icener, der beinahe das Ende der römischen Invasion bedeutet hätte. 70.000 Römer fielen der Erhebung zum Opfer. Die Römer nahmen grausame Rache. In der alles entscheidenden Schlacht metzelten sie 80.000 Briten nieder, darunter Frauen, Kinder und Alte.

Die Eroberung Südschottlands 78 n. Chr. und der Sieg über das nordbritannische Heer in den Jahren 83 und 84 n. Chr. durch Gnaeus Iulius Agricola, den Statthalter Britanniens und Schwiegervater des Geschichtsschreibers Tacitus, beendeten die römischen Invasionskriege. 84 n. Chr. ließ Agricola den Norden Britanniens umsegeln, um zu erkunden, ob Britannien wirklich eine Insel sei. In den folgenden Jahren zogen sich die Römer allmählich wieder aus Schottland zurück. Der Bau des Hadrianswalls bedeutete die Trennung Schottlands von der römischen Provinz Britannia.

1. Lege eine tabellarische Übersicht über die Ereignisse an, von denen im Text die Rede ist.
2. Informiere dich genauer über den Aufstand der Briten unter Königin Boudicca und schreibe einen »Titelbericht« für eine heutige Zeitung.

Lektion 31

ēruptiō, iōnis *f.*: Ausbruch
Vesuvius, iī *m.*: Vesuv *(Vulkan in Kampanien)*
Titus, ī *m.*: *römischer Kaiser (79–81 n. Chr.)*
Campānia, ae *f.*: Kampanien *(Landschaft in Mittelitalien)*
Pompēiī, ōrum *m. Pl.;* **Herculāneum,** ī *n.;* **Stabiae,** ārum *f. Pl.: Städte in Kampanien*
movēre, moveō, mōvī, mōtum: bewegen
incola, ae *m./f.*: Einwohner, Bewohner
regiō, iōnis *f.*: Gebiet
nūbēs, is *f.*: Wolke
niger, nigra, nigrum: schwarz
nūntiāre: melden
observāre: beobachten
vīsus, a, um: *PPP zu* vidēre

cinis, cineris *m.*: Asche; *Pl.*: Aschenregen
cadere, ō: fallen
collābēns, entis: zusammenbrechend
obruere, obruō, obruī, obrutum: verschütten

Dē ēruptiōne Vesuviī

Titō Caesare
ēruptiōne Vesuviī montis quaedam Campāniae oppida,
inter quae et Pompēiī et Herculāneum et Stabiae,
dēlēta sunt.

Per multōs iam diēs terra saepe mōta
incolās huius regiōnis terrēbat,
cum nūbem nigram et ingentem
in summō monte appāruisse nūntiātum est.

Omnēs ferē incolae domī manēbant
montem cum metū observantēs.
Mediā autem nocte īgnibus subitō in monte vīsīs
nōnnūllī terrōre horribilī captī
statim domōs relīquērunt,
quia sē istō modō perīcula vītātūrōs esse spērābant.

Sed nūbe nigrā appropinquante
multī cineribus lapidibusque dē caelō cadentibus
interfectī sunt.
Etiam iī, quī in domibus mānserant,
mūrīs collābentibus obrutī sunt.

Plīnius, iī *m.*: Plinius (der Ältere); *Autor einer Naturgeschichte*
obiit: er fand
mīrāculum, ī *n.*: Wunder
ē proximō: aus nächster Nähe
cālīgō crassa, cālīginis crassae *f.*: dichter Rauch
suffōcātus est: er ist erstickt
permultī, ae, a: sehr viele
forte fortūnā: durch einen glücklichen Zufall
ruīnae, ārum *f. Pl.*: Trümmer, Überreste
inventus, a, um: *PPP zu* invenīre

Illā in miseriā etiam Plīnius, vir māgnā sapientiā, mortem obiit.
Quī, quamquam dē perīculīs certior factus erat, illud »mīrāculum« ē proximō cōnspicere studēns Stabiīs cālīgine crassā suffōcātus est.

Permultīs annīs post forte fortūnā prīmae ruīnae oppidōrum obrutōrum ab hominibus terram fodientibus inventae sunt.
Quae ā multīs vīsitantur et vīsitābuntur semperque omnibus māgnae admīrātiōnī erunt.

mūtārī: verändert werden, sich ändern
nōs et = et nōs

Ein Ausspruch des Kaisers Lothar I. (795–855):
Omnia mūtantur nōs et mūtāmur in illīs.

1

Für Textspürnasen

1. Ordne die vorkommenden Verbformen (mit Ausnahme der Infinitive) in eine Tabelle nach folgendem Muster ein (die Spalte »Zeitangaben« bleibt vorerst frei). Schreibe jede Verbform in eine neue Zeile.

Zeitangaben	Plusquamperfekt	Imperfekt	Perfekt	Präsens	Futur

2. Schreibe alle Zeitangaben aus dem Text heraus und trage sie an passender Stelle in die Tabelle ein.
3. Ziehe aus deinen Ergebnissen aus 1 und 2 Rückschlüsse auf den Handlungsverlauf und die Dramatik der Ereignisse.
4. Sammle Wörter des Sachfeldes »Natur(-erscheinungen)« aus dem Text und den Wortangaben. Stelle begründete Vermutungen über den Textinhalt an.

2

Für Textexperten

1. Ermittle aus dem Text, welchen Gefahren die Menschen, die sich in der Nähe des Vesuvs aufhielten, ausgesetzt waren. Zitiere lateinisch. Informiere dich über weitere Gefahren, die von Vulkanausbrüchen ausgehen.
2. Arbeite aus dem Text die Reaktionen der Menschen auf die Katastrophe heraus. Gehe dabei auch auf die ungewöhnliche Reaktion des Plinius ein. Zitiere lateinisch.

3 Proteus

Der Meeresgott Proteus kann sich in alle möglichen Gestalten verwandeln.

Beispiel:

	→ Pl.	→ Gen.	→ Sg.	→ Abl.	→ Dat.	→ Pl.	→ Abl.	→ Akk.	→ Sg.
deus bonus	deī bonī	deōrum bonōrum	deī bonī	deō bonō	deō bonō	deīs bonīs	deīs bonīs	deōs bonōs	deum bonum

a) rēx ipse → Dat. → Pl. → Abl. → Akk. → Nom. → Gen. → Sg. → Akk. → Abl.
b) tālis condiciō → Akk. → Abl. → Dat. → Pl. → Abl. → Akk. → Nom. → Gen. → Sg.
c) haec domus → Pl. → Akk. → Dat.→ Gen. → Abl. → Sg. → Akk. → Dat. → Gen.
d) mōns altus → Gen. → Dat. → Abl. → Akk. → Pl. → Nom. → Gen. → Abl. → Dat.
e) cīvis ēgregius → Gen. → Pl. → Dat. → Sg. → Abl. → Pl. → Nom. → Akk. → Sg.
f) vir līberālis → Abl. → Dat. → Pl. → Nom. → Abl. → Gen. → Akk. → Sg. → Gen.
g) nox illa → Akk. → Pl. → Dat. → Abl. → Nom. → Gen. → Sg. → Dat. → Abl.
h) māgnus metus → Gen. → Dat. → Pl. → Abl. → Gen. → Nom. → Akk. → Sg. → Abl.
i) iuvenis nōbilis → Akk. → Pl. → Nom. → Dat. → Abl. → Gen. → Sg. → Abl. → Dat.

4 Gute Fahrt!

1. Übersetze die folgende Schiffsroute ins Lateinische.

   Von Misenum nach Baiae, von Baiae nach Nesis, von Nesis nach Neapel, von Neapel nach Herculaneum, von Herculaneum nach Pompeji, von Pompeji nach Stabiae, von Stabiae nach Sorrent, von Sorrent nach Capri.

2. Übersetze die folgende Liste der Aufenthalte.

   In Baiae, in Neapel, in Herculaneum, in Pompeji, in Stabiae, in Sorrent, auf Capri.

5 Viele Möglichkeiten …

Übersetze folgende Satzanfänge. Ergänze die Ausdrücke jeweils auf Deutsch zu einem sinnvollen Satz. Verbinde die Sätze zu einer Geschichte.

a) Nōnnūllī Germānī īrā commōtī nūper ~
b) Mercātūrīs factīs ~
c) Hominēs barbarī clāmantēs ~
d) Mīlitibus fugam capientibus ~
e) Mē autem duce ~

6

Manus manum lavat

Setze die richtigen Formen der angegebenen Pronomina ein und übersetze.

Antōnia: »Ōrnāmentum ~ (ille), ~ (quī) ~ (egō) valdē placet, invenīrī nōn potest. Num ~ (tū) ōrnāmentum vīdistī, Phrygia?«
Phrygia: » ~ (egō) quidem ōrnāmentum ~ (ille) nōn vīdī.«
Tum Lydia ancilla intrat.
Antōnia: »Etiam ~ (iste) ōrnāmentum valdē placet. Fortasse ~ (iste) …«
Nunc Phrygia ōrnāmentum videt; in mēnsā est.
Phrygia: »Ecce ōrnāmentum ~ (tuus), ō domina! Ibī est! ~ (hic) ancilla ōrnāmentum nōn habet.«
Antōnia: »Grātiās ~ (tū) agō, Phrygia. Nunc abīte!«
Paulō post dominae sē ~ (ipse) ōrnāmentum in mēnsā posuisse in mentem venit.
Lydia autem amīcae grātiam habet: »Hodiē ~ (egō) servāvistī, amīca.«
Phrygia: »~ (egō) ~ (tū) ~ (is) ~ (ipse) fēcī, ~ (quī) ~ (tū) ~ (egō) saepe fēceras.«

7

Viele Möglichkeiten …

Übersetze und gib den ablativus absolutus

1.) als Gliedsatz
2.) als beigeordneten Satz
3.) als präpositionalen Ausdruck wieder.

Welche Version gefällt dir am besten?

a) Domibus deletis homines per vias urbis errabant.
b) Civibus fugientibus fures se beatos esse putabant.
c) Pecunia correpta etiam fures domos relinquebant.
d) Ingenti nube visa multi mortem exspectabant.
e) Parentibus amissis liberi ex oppido fugiebant.

nubes, is *f.*: Wolke

8

Gemeinsame »Demos«

Wie das Lateinische und zumeist das Deutsche unterscheidet auch die englische Sprache bei den Demonstrativpronomina zwischen zeitlichen und örtlichen Entfernungen. Allerdings gehen die drei Sprachen dabei teilweise verschieden mit der Kongruenz um.

Vergleiche die folgenden lateinischen Beispiele jeweils mit ihren Übersetzungen, und zwar

1. hinsichtlich der Genauigkeit ihrer Entfernungsangabe und
2. hinsichtlich der Kongruenz zwischen Pronomen und Beziehungswort.

LATEIN	DEUTSCH	ENGLISCH
haec epistula – **illa** epistula	**dieser** Brief – **jener** Brief	**this** letter – **that** letter
hī diēs – **illī** diēs	**diese** Tage – **jene** Tage	**these** days – **those** days
Haec sunt facta admīrābilia.	**Das** sind bewundernswerte Taten.	**These** are admirable deeds.
Illa sunt facta admīrābilia.	**Das** sind bewundernswerte Taten.	**Those** are admirable deeds.

***9**

Dē Plīniō Secundō

Plinius der Jüngere berichtet über seine eigenen Erlebnisse während des Vesuvausbruchs, bei dem sein Onkel ums Leben kam. Er hielt sich damals mit seiner Mutter im Haus des Onkels auf, begleitete diesen aber nicht auf der Fahrt mit dem Schiff Richtung Vesuv.

Übersetze ins Deutsche.

avunculus, ī *m.:* Onkel
legere, legō, lēgī, lēctum: lesen
Mīsēnum, Mīsēnī *n.:* Misenum *(Vorgebirge und Stadt in Kampanien)*
cadere, ō: fallen

Dum avunculus causas rerum adversarum cognoscere studet, ego libros legebam. Tum amicus avunculi, qui nuper Misenum venerat, me et matrem sedentes, me etiam legentem vidit et dixit: »Magno in periculo estis. Num speratis vos hoc modo pericula vitaturos esse?« Multis lapidibus de caelo iam cadentibus domum reliquimus.

Leben in einer römischen Stadt

Der 24. August 79 – ein archäologischer Glücksfall (?)

Am Morgen des 24. August 79 erhebt sich eine riesige Wolke über dem Vesuv. Seit Tagen schon wird Pompeji von Erderschütterungen heimgesucht. Noch reagieren die Menschen gelassen, obwohl ein Erdbeben im Jahre 62 Teile der Stadt zerstört hatte. Doch dann scheint der Berg zu bersten. Ein gewaltiger Ascheregen ergießt sich über die Stadt. Die Menschen versuchen zu fliehen. Viele werden von den Trümmern einstürzender Gebäude erschlagen. Andere ersticken oder sterben in der Hitze. Nur wenige entgehen dem Inferno. Schließlich begraben Lavaströme alles unter einer metertiefen Schicht. Für Jahrhunderte bleibt Pompeji verschüttet. Erst 1748 beginnen Archäologen mit der systematischen Ausgrabung. Mittlerweile ist die Stadt weitgehend freigelegt. Unschätzbare Erkenntnisse über das Alltagsleben der Römer wurden im Laufe der Zeit gewonnen. Darüber sollten wir allerdings nie vergessen, um welchen Preis unser heutiges Wissen erkauft wurde.

Die Überreste des Jupitertempels in Pompeji.

Wirtschaftsleben in Pompeji

C. Iūlium Polybium II vir (= duumvirum) ovf (= ōrō, ut faciātis) multum pīstōrēs rogant. »Die Bäcker treten sehr für Gaius Iulius Polybius als Duumvirn ein – ich bitte, dass ihr ihn wählt.«

Das Amt der *duumvirī* (Zweimänner) in Pompeji entsprach dem der Konsuln in Rom. Man hat zahlreiche Wahlaufrufe gefunden. Der Wahlkampf war also in vollem Gange, als die Katastrophe hereinbrach. Oft traten ganze Berufsgruppen, sogenannte *Kollegien,* für einen Kandidaten ein, in unserem Fall die Bäcker, die ihren Kollegen Polybius empfehlen. Das Bäckerhandwerk hatte in Pompeji große Bedeutung. Nicht nur Getreidemühlen und Backöfen wurden gefunden, sondern auch die verkohlten Reste von Brot und Kuchen.

Sogar Frauen benannten Kandidaten, auch wenn sie selbst nicht wählen durften. Dafür konnten sie Oberhaupt eines Kollegiums werden, wie die reiche Eumachia, die der einflussreichen Zunft der Tuchwalker *(fullōnēs)* vorstand. Die Bekleidungsindustrie war wie die Produktion des in alle Teile des Reiches gelieferten *liquāmen,* jener berühmt-berüchtigten, bei den Römern so beliebten Fischsoße, ein wichtiger Wirtschaftszweig Pompejis.

Alltag in Pompeji

Wir können uns heute ein gutes Bild vom Leben in Pompeji machen. Neben einfachen Wohnhäusern gab es elegante Stadtvillen und Tempel, viele davon geschmückt mit farbenfrohen Wandmalereien und Mosaiken. Ein Forum bildete das Zentrum der Stadt. Mit überdachten Säulengängen lud es zum Einkaufen und Flanieren ein. War man hungrig oder durstig, ging man in eine der zahlreichen Bars, sogenannte *thermopōlia,* die warme Getränke und Speisen anboten. Gern trank man mit Wasser gemischten Wein, doch nicht immer war das Mischungsverhältnis im Sinne der zahlenden Gäste, wie man einem in Pompeji gefundenen Zweizeiler entnehmen kann, in dem ein Wirt scherzhaft bezichtigt wird, den Gästen nur Wasser zu verkaufen und den Wein selbst zu trinken.

Natürlich gab es auch die für römische Städte üblichen Freizeiteinrichtungen wie Thermen, Theater, Sportanlagen und Gladiatorenschulen. Sogar Graffiti von Fans – darunter vielen weiblichen – mit den Namen ihrer favorisierten Gladiatoren sind erhalten geblieben. Außerdem scheinen die Pompejaner eine Vorliebe für Sonnenuhren gehabt zu haben. 35 Stück hat man gefunden, mehr als in jeder anderen Stadt. Eine dieser Uhren weist gleich zwei Besonderheiten auf: Sie trägt eine Inschrift in Oskisch, der Sprache, die ursprünglich in der Gegend von Pompeji gesprochen wurde, und sie verfügt neben einer Stundenanzeige über eine Anzeige für die Winter- und die Sommersonnenwende. Ob unter dieser Uhr schon damals junge Männer auf ihre Angebetete warteten …?

Zum Schmunzeln: Nicht alle Kandidaten freuten sich über weibliche Wahlhilfe. Vielleicht war es ihnen peinlich. Polybius jedenfalls ließ die Namen zweier Anhängerinnen, die im *thermopōlium* einer gewissen Asellina arbeiteten und wohl in etwas zweifelhaftem Ruf standen, überpinseln.

1. Schreibt in Gruppen kleine Straßenszenen, die im antiken Pompeji spielen, und führt sie anschließend auf.

Römer und Christen

Lektion 32

*Intrā!

Teil 1

Magister dictat et dictat. Discipulī cōgitant:
Utinam taceat!
Discipulī gemunt. Magister cōgitat:
Nē gemant, sed labōrent et audiant!

utinam: o dass doch, hoffentlich
nē: nicht

Teil 2

Urbs Rōma ārdet. Quid faciāmus?
Nē diū cōgitēmus! Vigilēs adiuvēmus!
Utinam flammae mox exstinguantur!

vigilēs, um *m. Pl.:* Feuerwehr

*I

Wünsche in der Schule

Was wünschen sich der Lehrer bzw. die Schüler? Zitiere lateinisch.

*II

Verräterische Vokale

An welchen Vokalen lassen sich die Konjunktivformen der fünf Konjugationen erkennen?

*III

Jetzt wird's brenzlig

In welcher Situation wird in den Z. 5–7 der Konjunktiv verwendet?

Text 1

Pater noster

Sīc ergō vōs ōrābitis:
Pater noster, quī es in caelīs:
Sanctificētur nōmen tuum.
Adveniat rēgnum tuum.
Fīat voluntās tua,
Sīcut in caelō et in terrā.
Pānem nostrum supersubstantiālem dā nōbīs hodiē
et dīmitte nōbīs dēbita nostra,
sīcut et nōs dīmittimus dēbitōribus nostrīs.
Et nē nōs indūcās in tentātiōnem.
Sed līberā nōs ā malō. Āmēn.

sānctificāre: heiligen
supersubstantiālis, is, e: täglich
dīmittere, ō: vergeben
dēbitum, ī *n.:* Schuld
dēbitor, ōris *m.:* Schuldner
āmēn: so soll es geschehen

Rekonstruierte »vīlla rūstica« in Hechingen-Stein.

Text 2

Dē officiīs vīlicī

Haec erunt vīlicī officia.
Disciplīnam bonam adhibeat.
Fēriae serventur.
Aliēnō manum abstineat, sua servet dīligenter.
Contrōversiās familiae disceptet:
Eum, quī aliquid dēlīquerit,
prō noxā bonō modō vindicet.
Servīs male nē sit, servī nē algeant,
nē famē nēve sitī vexentur.

Vīlicus nē sit ambulātor, sōbrius sit semper,
ad cēnam nē quō eat.
Nē cēnseat plūs sapere sē quam dominum.
Amīcōs dominī, eōs habeat sibi amīcōs.
Iniussū dominī crēdat nēminī:
Quod dominus crēdiderit, exigat.

Prīmus ē lectō surgat, postrēmus cubitum eat.
Prius omnia circumspiciat:
Vīlla clausa sit,
suō quisque locō cubet, iūmenta pābulum habeant.

dīligenter *Adv.*: sorgfältig
aliquid dēlīquerit: er hat sich etwas zuschulden kommen lassen
algēre: frieren
nēve: und nicht
ambulātor, ōris *m.*: Herumtreiber
quō: irgendwohin
plūs … quam: mehr … als
crēdere, ō: (Geld) (ver)leihen, borgen
crēdiderit: er hat verliehen, geborgt
cubitum īre: schlafen gehen
quisque: jeder

Text 3

What shall we do …?

What shall we do with a drunken sailor,
What shall we do with a drunken sailor,
What shall we do with a drunken sailor,
Early in the morning?

Ēbriō quid faciāmus nautā,
Ēbriō quid faciāmus nautā,
Ēbriō quid faciāmus nautā
Hōrā mātūtīnā?
Crāpulam prīmum ēdormīscat!
Quem aquā frīgidā rigēmus!

mātūtīnus, a, um: morgendlich, früh
crāpula, ae *f.*: Rausch
ēdormīscere, ō: ausschlafen
rigāre: übergießen

Text 4

Ein Studentenlied

|: Gaudeāmus igitur, iuvenēs dum sumus! :|
Post iūcundam iuventūtem, post molestam senectūtem
|: nōs habēbit humus! :|

iuventūs, ūtis *f.*: Jugend
senectūs, ūtis *f.*: Alter
humus, ī *f.*: Erde

Zwei Grabinschriften:
Utinam terra tibi levis sit!

Requiēscat in pāce!

1

Für Textspürnasen

Zu Text 1

1. Schreibe das lateinische Vaterunser ab und schreibe das deutsche Vaterunser daneben.
2. Nenne die lateinischen Formen, die einen Wunsch oder Befehl ausdrücken. Welche Formen davon sind Imperative, welche nicht? Nimm das Vokabelverzeichnis zu Hilfe.

Zu Text 2

3. Nenne die Zeilen des Textes, in denen beschrieben wird, was der *vīlicus* tun soll beziehungsweise nicht tun darf.

2 Für Textexperten

Zu Text 1

1. Beschreibe den Stil des Textes. Welche Besonderheiten fallen dir auf? Wie erklärst du sie dir?
2. Vergleiche den lateinischen Text mit dem deutschen. Welche Unterschiede kannst du feststellen? Stelle sie in einer Tabelle zusammen.
3. Lerne das lateinische Vaterunser auswendig.

Zu Text 2

4. Auf welche Bereiche beziehen sich die Aufgaben des *vīlicus*? Zitiere lateinisch. Ziehe ggf. das Vokabelverzeichnis hinzu.
5. Nenne die Erwartungen, die an einen *vīlicus* gestellt werden. Welche Erwartungen scheinen dir aus heutiger Sicht berechtigt, was scheint dir nicht angemessen?
6. Stelle dir die Person vor, die diesen Text verfasst hat: Beschreibe die Stellung, die sie wohl in der Gesellschaft einnimmt. Nenne die Eigenschaften, die sie deiner Vorstellung nach hat.

3 Alles muss seine Ordnung haben

Zeichne ein Regal nach dem Muster in dein Heft. Sammle alle Konjunktivformen aus den Texten 1 bis 4 und ordne sie in die passenden Fächer ein.

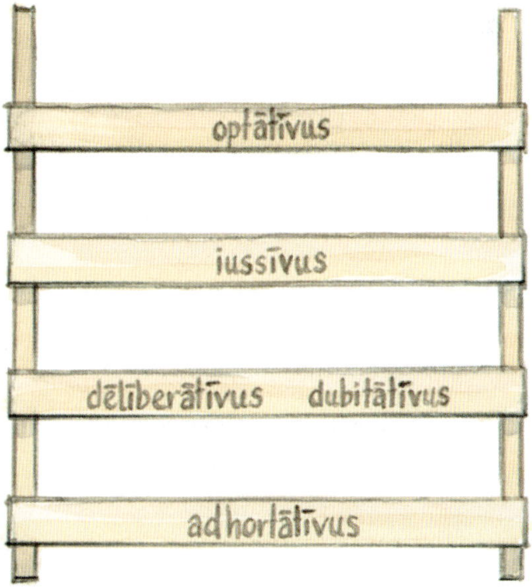

4 Formen-Wippe

Bilde zu allen in Aufgabe 3 gefundenen Formen die entsprechenden Formen im Indikativ.

5 Ideale in der Klasse

1. Der ideale Mitschüler, die ideale Mitschülerin. Wie wünschst du dir deinen Mitschüler, deine Mitschülerin? Formuliere fünf lateinische Wünsche.
2. Und wie wünschst du dir deinen Lateinlehrer oder deine Lateinlehrerin? Formuliere fünf lateinische Wünsche.

6 Verstecktes Latein

1. Mit welchen lateinischen Vokabeln sind folgende Wörter verwandt?
2. Erkläre, was die Wörter bedeuten.

a) Klausur b) Ferien c) Abstinenz d) Fiat e) Malheur

7

Englisch-römisches Hanteltraining

Trainiere deine »Sprachmuskeln« gleichmäßig, indem du für jede »Englisch-Hantel« eine passende »Latein-Hantel«, also ein verwandtes lateinisches Wort, findest.

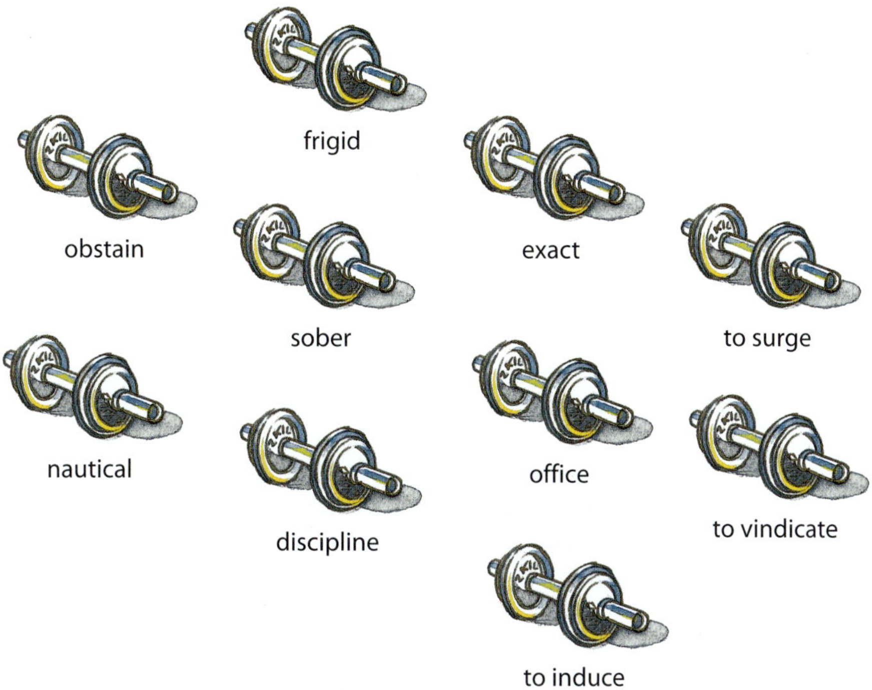

***8**

Auch ein vīlicus hat Wünsche …

Der Besuch des Gutsherrn steht bevor, da hat der Verwalter manchen Wunsch im Kopf …

Übersetze ins Deutsche.

aliquō: irgendwohin
plūra: noch mehr

»Utinam dominus domi maneat. Sed si veniet ... Valde studui, sed labores maximos esse scio. Utinam ne servi aegri sint, utinam bene laborent; utinam ne controversiae in familia sint. Hodie domi manebo; nam domino non placet me aliquo ad cenam ire. Quid plura faciam?«
Vilicus servis: »Hodie«, inquit, »magno cum studio laboremus; nam dominus mox veniet«.

Ībis in crucem

Vermutlich am 7. April 30 n. Chr. wird in Jerusalem ein galiläischer Wanderprediger zum Tode am Kreuz verurteilt. Über dem Kreuz ist ein sogenannter *titulus* angebracht. Als Hinrichtungsgrund wird der Anspruch des Verurteilten angegeben, König der Juden zu sein. Dieser Anspruch steht im Widerspruch zur religiösen Überzeugung der Juden und gilt als todeswürdiges Verbrechen. Da Palästina römische Provinz ist, kann das Todesurteil jedoch nur durch einen römischen Statthalter gesprochen und vollstreckt werden. Aus Sicht der Römer, für die die religiöse Sichtweise eher nachrangig ist, erhebt der Verurteilte Anspruch auf den jüdischen Königsthron und begeht damit Hochverrat. Auf dieses Verbrechen steht die Kreuzigung. Sie wird in der Regel nur über Sklaven und Staatsverbrecher verhängt und gilt als niedrigste und grausamste Todesstrafe. Römische Bürger dürfen nicht gekreuzigt werden.

Die politische Situation Palästinas zur Zeitenwende

Im Jahre 63 v. Chr. von Pompeius zur Provinz Judäa erklärt, blieb Palästina zunächst weitgehend selbstständig. Unter Herodes dem Großen, der mit Augustus freundschaftlichen Umgang pflegte, erlebte Judäa eine letzte große Blüte. Herodes regierte das Land ab 41 v. Chr. zunächst als Statthalter und von 37–4 v. Chr. als König.

In der Bevölkerung war Herodes trotz seiner politischen Verdienste sehr umstritten. Zwar bemühte er sich zeitlebens, ein den jüdischen Vorschriften entsprechendes Leben zu führen – im Jahre 21 v. Chr. ließ er sogar den Tempel Jerusalems prächtig ausbauen –, dennoch gelang es ihm nicht, die Sympathien des Volkes zu gewinnen. Er galt als machtbesessen und grausam. Nach seinem Tod kam es zu einem Aufstand, der von römischer Seite niedergeschlagen wurde. Augustus erlaubte die Aufteilung der Provinz Judäa unter drei der Söhne des Herodes. Nachdem einer von ihnen sein Herrschaftsgebiet heruntergewirtschaftet hatte, entließ ihn Augustus im Jahre 6 n. Chr. und unterstellte sein Gebiet einem Präfekten. Das war ein vom Kaiser bestallter und bezahlter Beamter, der für die Finanzverwaltung und straffe Organisation der Provinz zuständig war. Als *prōcūrātor* (Verwalter) musste er vor dem Kaiser Rechenschaft über seine Amtsführung ablegen und konnte abberufen werden, wenn er seine Pflichten vernachlässigte. *Prōcūrātor* von Judäa im Jahre 30 n. Chr. war der von Kaiser Tiberius eingesetzte Pontius Pilatus, der das Amt des Präfekten von 26–36 n. Chr. innehatte.

Der historische Jesus

Über das Leben Jesu lässt sich nur wenig historisch Gesichertes sagen. Wahrscheinlich wurde er zwischen 7 und 4 vor unserer Zeitrechnung noch zu Lebzeiten Herodes' des Großen geboren. Er wuchs in der galiläischen Kleinstadt Nazareth auf und hatte mehrere Brüder und Schwestern, deren Namen teilweise bekannt sind. Sein Bruder Jakobus war einer der führenden Köpfe der christlichen Gemeinde in Jerusalem. Von seinem Ziehvater Josef erlernte Jesus den Beruf des Bauhandwerkers *(tektōn)* und war möglicherweise bis zu seiner Berufung in Sepphoris, einer römischen Stadt unweit von Nazareth, tätig. Jesus verfügte über umfassende theologische Kenntnisse. Neben Aramäisch, der Landessprache, und Hebräisch, der Sprache der Bibel, beherrschte er wohl auch Griechisch, die zweite Volkssprache Palästinas. Die griechische Kultur prägte damals den gesamten Mittelmeerraum. Wir sprechen vom Zeitalter des *Hellenismus*. Es gab sogar eine griechische Übersetzung der hebräischen Bibel, die sogenannte *Septuaginta*.

ızareth, heute.

Wahrscheinlich im Jahre 27 n. Chr. ließ sich Jesus von Johannes dem Täufer im Jordan taufen. Danach trat er in seiner Heimatregion Galiläa als Lehrer und Heiler auf, ging aber später auch nach Jerusalem. In kürzester Zeit sammelte er eine große Anhängerschaft um sich. Wegen seiner Kritik an den religiösen Lehrern seiner Zeit wurde er auf Betreiben der obersten Priester in Jerusalem unter dem Vorwurf der Gotteslästerung vor Pontius Pilatus angeklagt. Auf diese Weise sollte ein Volksaufstand während des bevorstehenden Passahfestes verhindert werden. Es kam zu einem Eilprozess, der mit der Kreuzigung Jesu endete.

1. Nenne die Gründe für die Kreuzigung Jesu.
2. Nimm einen historischen Atlas zur Hand und verschaffe dir einen Überblick über Palästina zur Zeit des Kaisers Augustus. In welche Gebiete war die Provinz Iudaea eingeteilt? – Suche die Städte Nazareth, Sepphoris, Jerusalem und Caesarea Maritima (Sitz des römischen Statthalters) und beschreibe ihre Lage.
3. Informiere dich genauer über die Begriffe »Hellenismus«, »Septuaginta« und »Passahfest« und bereite Kurzreferate darüber vor.

Lektion 33

*Intrā!

optāre: wünschen
ut: dass; sodass; damit
nē: dass nicht, damit nicht

Dominus optat, ut vīlicus disciplīnam bonam adhibeat.
Optat etiam, servīs nē male sit.

Dominus vīlicum advocat, ut eum dē cōnsiliīs certiōrem faciat.
Vīlicus statim advolat, nē ā dominō vituperētur.

Dominī quīdam tam sevērī sunt, ut servīs odiō sint.

*I

1. Lege ausgehend vom Intra-Text eine Mindmap zum Thema »Sklaverei bei den Römern« an.
2. Ergänze diese Mindmap nach Lektüre der folgenden Lektionstexte.
3. Diskutiert (auf Deutsch) eure Mindmaps, indem ihr die verschiedenen Aspekte des Themas benennt und bewertet.

Text 1

Aus einem Brief Ciceros an seinen Bruder Quīntus

Aesōpus, ī *m.: Eigenname*
Licinius, iī *m.: Eigenname*
esse prō: sich ausgeben als
Platō, ōnis *m.: Eigenname*
Ephesus, ī *m.: Stadt in Kleinasien*
mī: *Vokativ von* meus
nihilī est: er ist nichts wert
nihil grātiōra facere quam: keinen größeren Gefallen erweisen als
recuperāverit: er bekommt wieder

Praetereā Aesōpī, amīcī nostrī,
Licinius servus tibi nōtus aufūgit.
Is Athēnīs prō līberō fuit,
inde in Asiam vēnit.
Ibī Platō quīdam ex epistulā Aesōpī cōgnōverat
Licinium fugitīvum esse;
itaque hominem comprehendit
et in cūstōdiam Ephesī trādidit.

Tē, mī frāter, rogō,
ut hominem investīgēs et summā cum dīligentiā
vel Rōmam mittās vel tēcum in urbem dūcās.
Cūrā autem, nē Licinius in itinere rūrsus aufugiat!
Iste quidem nihilī est,
sed Aesōpus tantō dolōre
propter servī scelus et audāciam affectus est,
ut nihil ei gratiōra facere possīs,
quam sī illum per tē recuperāverit.

Text 2

Aus einem Brief des jüngeren Plinius

īnfirmitās, īnfirmitātis *f.*: Schwäche, Gebrechlichkeit
Zōsimus, ī *m.*: *Eigenname*
officiōsus, a, um: pflichtbewusst
īdem: derselbe

Est mihi semper in animō hoc nostrum »pater familiae«. Itaque īnfirmitās lībertī meī Zōsimī mihi māgnō dolōrī est. Homō probus, officiōsus, litterātus. Īdem tam aptē ōrātiōnēs et historiās et carmina legit, ut crēdere possīs eum hoc sōlum didicisse.

dēclāmāre: vortragen
reddere, ō: spucken
āēr, āëris *m.*: Luft

Ille semper tantō studiō, tantō labōre dēclāmat, ut iterum atque iterum sanguinem reddat. Timeō, nē morbō gravī vexētur. Quā dē causā dēstināvī eum mittere in praedia tua, ut sē recreet et mox reficiātur. Audīvī enim tē saepe referre ibī āērem salūbrem esse.

Rogō ergō, ut scrībās tuīs, ut illī vīlla, ut domus pateat, ut illum omnibus rēbus afficiant. Est autem tam parcus et modestus, ut multīs rēbus illī opus nōn sit.

Text 3

Aus einem Brief des Paulus an Philemon

Onesimus, ein Sklave des Philemon, war geflohen und zu Paulus gekommen, der, vermutlich in Ephesus, im Gefängnis saß.

Onēsimus, ī *m.*: *Eigenname (»der Nützliche«)*
ministrāre: dienen

Obsecrō tē prō meō fīliō Onēsimō, quī tibi aliquandō inūtilis fuit, nunc autem et mihi et tibi ūtilis est. Quamquam optō, ut apud mē maneat, ut mihi ministret, tamen Onēsimum tibi remittō.

iam: nun
quid: etwas
imputāre: anrechnen, in Rechnung stellen

Ōrō tē, ut illum iam nōn ut servum, sed ut cārissimum frātrem recipiās. Sī ergō habēs mē amīcum, rogō, ut illum sīcut mē accipiās. Sī autem tibi nocuit aut sī quid dēbet: Hoc mihi imputā, ut egō tibi reddam.

Dō, ut dēs.

1 **Für Textspürnasen**

Zu Text 1

1. Vergleiche die finiten Verbformen der beiden Textabschnitte. Was fällt auf? Ziehe Rückschlüsse auf die Funktion der Textabschnitte.

Zu Text 2

2. Informiere dich über den römischen »pater familiae/pater familiās« und nenne seine Rechte und Pflichten.

2 **Für Textexperten**

Zu Text 1

1. Charakterisiere Licinius.
2. Warum will Cicero Aesopus helfen? Zitiere lateinisch.

Zu Text 2

3. Schreibe lateinisch heraus, welche Eigenschaften und Fähigkeiten Plinius an seinem Freigelassenen schätzt.
4. Inwiefern zeigt sich Plinius in diesem Text als pater familiās?

Zu Text 3

5. Erläutere den Wortwitz, den sich Paulus am Textanfang mit dem Namen Onesimus erlaubt.
6. Vergleiche die Texte 1 und 3 sowie 2 und 3 inhaltlich und schreibe Gemeinsamkeiten und Unterschiede auf. Achte dabei besonders darauf, wie die beteiligten Personen bezeichnet und beschrieben werden.

3 **Die schwerhörige Lydia**

1. Der Gutsverwalter hat Befehle für Lydia, die sich aber taub stellt. Aglaia erinnert sie jedoch an ihre Pflichten.

Ergänze entsprechend dem Beispiel und übersetze.

Beispiel:
Vīlicus: »Venī, Lȳdia!« – Sed Lȳdia nōn venit. – Aglaia: »Vīlicus optat, ut veniās, Lȳdia«.

a) Vīlicus: »Audī, Lȳdia!«
b) Vīlicus: »Līberōs vocā, Lȳdia!«
c) Vīlicus: »Portam claude, Lȳdia!«
d) Vīlicus: »Respondē, Lȳdia!«
e) Vīlicus: »Labōrēs tandem subī, Lȳdia!«

f) Vīlicus: »Cibīs abstinē, Lȳdia!«
g) Vīlicus: »Praemium accipe, Lȳdia!«

2. Der Gutsverwalter überträgt Aglaia die Verantwortung dafür, dass die anderen Sklavinnen nichts falsch machen. Er sagt: »Cūrā, nē ancillae …!« Wie könnte der Satz enden? Bilde mithilfe des Wortspeichers neun Sätze und übersetze sie.

aufugere dormīre vīnum bibere peccāre
servōs vexāre officia neglegere miserum esse
molestum esse cibum spernere

4 Nur das nicht!

Kennst du dich noch in den Geschichten über Hercules aus? Oft hängt es von der Perspektive ab, was einer oder eine befürchtet … Setze jeweils nē oder ut und die richtige Verbform ein und übersetze.

a) Herculēs timet, ~ uxor ā Nessō ~ (violārī)
b) Iuppiter timet, ~ Herculēs fīlius īram immoderātam ~ (vincere)
c) Iuppiter timet, ~ fīlius ā bēstiā ~ (occīdī)
d) Iūnō timet, ~ Herculēs leōnem suīs manibus ~ (occīdere)
e) Herculēs timet, ~ serpentī nova capita ~ (crēscere)
f) Iuppiter timet, ~ serpēns perīculōsa fīlium ~ (necāre)
g) Iūnō timet, ~ serpēns ~ (perīre)
h) Iūnō timet, ~ equī saevī ~ (esse)
i) Iuppiter timet, ~ equī saevī ~ (esse)
j) Iūnō timet, ~ taurus Herculī terrōrem ~ (inicere)

5 **Ordnung muss sein!**

Lege eine Tabelle nach folgendem Muster an:

Finaler Objektsatz/ Wunschsatz	Finaler Adverbialsatz/ Finalsatz/Zwecksatz	Konsekutiver Adverbial-satz/Konsekutivsatz
~	~	~

Schreibe aus dem Intra-Text und aus den Texten 1–3 alle konjunktivischen Gliedsätze heraus und ordne sie in die Tabelle ein.

6 **Wozu tust du, was du tust?**

Übersetze die Sätze. Welchen Aussagen stimmst du zu?

a) Labōrāmus, ut vīvāmus. Vīvimus, ut labōrēmus. Labōrāmus, ut dīvitiae nōbīs sint. Labōrāmus, ut labōrēmus. Labōrent aliī!
b) Cēnō, ut vīvam. Vīvō, ut cēnem.
c) Clāmō, ut audiar. Clāmō, ut clāmem. Clāmō, nē clāmēs.
d) Hīc adsum, ut multa discam. Hīc adsum, ut cum amīcīs lūdam. Hīc adsum, nē nihil agam.

7 **Ängste**

cadere, ō: fallen

Timeō, nē caelum mihi in caput cadat.
Ich fürchte, dass mir der Himmel auf den Kopf fällt.

Wovor hast du Angst? Teile dies deiner Nachbarin/deinem Nachbarn durch fünf lateinische Sätze mit.

8 **Sooooo schön, dass …**

Übersetze und beende die Sätze auf Deutsch.

Helena, ae *f.*: Helena *(Eigename)*

a) Helena tam pulchra est, ut ~
b) Iste tam parcus est, ut ~
c) Quis verba tam bene didicit, ut ~?
d) Nēmō tam probus est, ut ~
e) Vīcīnō nostrō tam male est, ut ~

9 **Griechischstunde**

1. Hast du das Symbol im linken Bild schon einmal gesehen? Finde heraus, aus welchen beiden griechischen Buchstaben es zusammengesetzt ist und was es bedeutet.

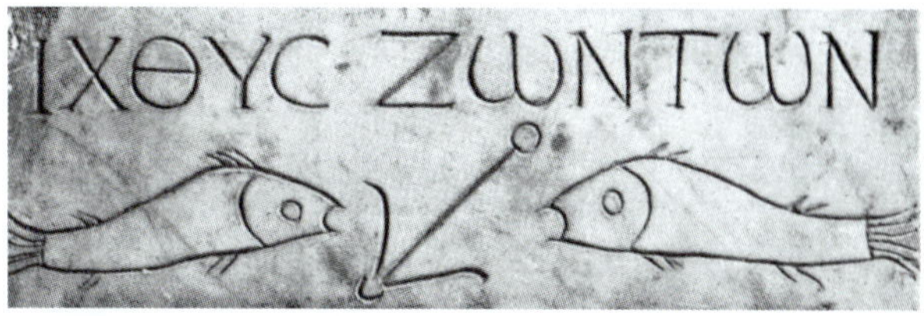

2. Der Fisch ist ein altes christliches Symbol. Warum? Auf Griechisch heißt Fisch ΙΧΘΥΣ. Lies das Wort laut!
   Lies nun auch folgende Worte und vergleiche:
   ΙΗΣΟΥΣ ΧΡΙΣΤΟΣ ΘΕΟΥ ΥΙΟΣ ΣΩΤΗΡ
   (Jesus Christus, Gottes Sohn, Heiland).
   Findest du die Verbindung zum Fisch?

10 **Verstecktes Latein**

1. Mit welchen lateinischen Vokabeln sind folgende Wörter verwandt?
2. Erkläre, was die Wörter bedeuten.

a) Literat b) Tradition c) Option d) morbid

***11** **Tischgemeinschaft mit Sklaven?**

Übersetze ins Deutsche.

Seneca, ae *m.*: Seneca *(römischer Philosoph)*
inquis: sagst du
adhibēre *m. Dat.*: hinzuziehen
fac: mach

Titus Cornelius Asina Aulo suo salutem dicit.
Nuper magno cum gaudio epistulam Senecae legi. Seneca optat, ut cum servis cenemus. »Quid ergo?«, inquis, »Omnes servos mensae meae adhibeam?«
Seneca te non monet, ut omnes invites. An omnes liberi tecum cenare solent? Sed quidam tecum cenent, quia digni sunt, quidam, ut sint.
Non timeo, amice, ne hominem dignum spernas. Sed etiam servi tui homines sunt. Si me amas, fac, ut etiam amici sint!
Vale!

Überlege dir eine schöne deutsche Übersetzung für Z. 4.

Cīvis Rōmānus sum

»*Cīvis Rōmānus sum.*« – »Ich bin ein römischer Bürger.« Immer wieder hallt der Schrei unter lauten Peitschenschlägen über das Forum von Messina. Aber niemand greift ein. Stattdessen wird alles für eine Kreuzigung vorbereitet …

Was war geschehen?

Publius Gavius, ein römischer Ritter, war auf Sizilien in einen Steinbruch verschleppt worden. Er hatte fliehen können und beklagte nun öffentlich das ihm als römischem Bürger widerfahrene Unrecht. Doch die Einwohner Messinas lieferten ihn an Verres aus, den Statthalter der Provinz Sicilia, der ihn geißeln und kreuzigen ließ. Das war ein klarer Verstoß gegen das *iūs cīvīle,* das nur für römische Bürger geltende Recht, wonach ein römischer Bürger weder gefoltert noch gekreuzigt werden durfte.

Sichtbare Zeichen römischen Bürgerrechts

Der Besitz des römischen Bürgerrechts war mit besonderen Privilegien verbunden. Es war ein Geburtsrecht, konnte aber auch verliehen oder für Geld erkauft werden. Römische Bürger waren von Steuerzahlungen befreit und – als Männer – bei Senatswahlen allein wahlberechtigt, wobei allerdings das Wahlrecht nach Ständen gestaffelt war.

Titus Flavius Vespasianus, römischer Kaiser. Titus ist bekleidet mit der Toga, dem Gewand des römischen Bürgers.

Die Männer waren zum Tragen der *toga virīlis,* die Frauen zum Tragen der *stola* berechtigt. Die *toga virīlis* war ein knapp fünf Meter langes, ellipsenförmiges Gewand, das in einem komplizierten Faltenwurf um den Körper drapiert wurde. Für Politiker war das Tragen der *toga* in der Öffentlichkeit Pflicht. Jungen tauschten mit 17 Jahren am Volljährigkeitsfest, den *Līberālia* (17. März), die mit Purpur gesäumte *toga praetexta* mit der *toga virīlis.*

Die *stola* der Frauen wurde als *vestis longa* über der *tunica* getragen und reichte bis zu den Knöcheln. Sie garantierte ihrer Trägerin respektvolle Behandlung in der Öffentlichkeit und ehrenvollen Umgang vor Gericht.

Ein Mann fordert sein Recht

Römische Bürger hatten das Recht, den Kaiser anzurufen, wenn sie sich ungerecht behandelt fühlten. Von diesem Recht machte ein Mann während der Regierungszeit Neros Gebrauch, den man unter dem Vorwurf der Unruhestiftung zwei Jahre gefangen hielt. Er war Jude und hieß Saulus, führte aber mit »Paulus« noch einen zweiten, römischen Namen – du bist ihm übrigens bereits begegnet: Er hatte sich für den entflohenen Sklaven Onesimus eingesetzt. Er stammte aus der kleinasiatischen Stadt Tarsus. Seit seiner Geburt besaß er das römische Bürgerrecht. Als Anhänger des Jesus von Nazareth gründete er zahlreiche christliche Gemeinden im östlichen Mittelmeerraum. Dabei geriet er immer wieder in Konflikt mit anderen Juden, die ihm Missachtung der jüdischen Lehre vorwarfen. In Jerusalem kam es im Jahre 57 (?) während einer Rede des Paulus zu einem Tumult. Man versuchte, Paulus zu lynchen. Felix, der Statthalter Jerusalems, ließ ihn in Schutzhaft nehmen und brachte ihn in seinen Regierungssitz nach Caesarea. Insgeheim hoffte er, dass Paulus sich mit Bestechungsgeldern freikaufen würde. Nach Ablösung des Felix wurde der Fall neu aufgerollt. Diesmal bestand Paulus auf seinem Anrufungsrecht beim Kaiser. Er wurde nach Rom gebracht, wo er wahrscheinlich im Zuge der neronischen Christenverfolgung ums Leben gekommen ist (vgl. Lektionstext 29).

1. Beschreibe die Vorzüge des römischen Bürgerrechts.
2. Stelle aus Apostelgeschichte 22,22–29 und 25,1–23 die Passagen zusammen, die das römische Bürgerrecht betreffen.
3. Das *iūs cīvīle* basiert auf dem Zwölftafelgesetz. Verfasst kurze Gruppenreferate zu Geschichte und Bedeutung des Zwölftafelgesetzes.

Lektion 34

*Intrā!

Licinius, iī *m.: Eigenname*

Mārcus Quīntum frātrem ōrāvit,
ut Licinium, servum fugitīvum, investīgāret.
Ōrāvit etiam, ut Licinius aut Rōmam mitterētur
aut ā frātre in urbem dūcerētur.

Nōnnūllī dominī propter vitia servōrum tam īrātī erant,
ut eōs verberārent aut venderent.

Zōsimus, ī *m.: Eigenname*
cum *m. Konj.*: weil
dēclāmāre: vortragen
num: ob

Zōsimus, cum aeger esset, carmina dēclāmāre nōn iam poterat.
Itaque Plīnius ūnum ex amīcīs interrogāvit,
num lībertum in praediīs suīs acciperet.

*I

Neue Verbformen

1. Untersuche die Prädikate der Gliedsätze: Was haben die Verbformen gemeinsam?
2. Welches Zeitverhältnis besteht jeweils zwischen der Handlung in Haupt- und Gliedsatz? Welche semantische Funktion haben die Gliedsätze?

Teil 1

Plīnius Trāiānō imperātōrī

Omnia, dē quibus dubitō, ad tē, domine, referre soleō,
cum nēmō tam sapiēns sit quam tū.

libellus, ī *m.*: Büchlein, Heft
praeeunte mē: nach einer von mir vorgesprochenen Formel
appellāre: anbeten
tūs, tūris *n.*: Weihrauch

Prōpositus est mihi libellus sine auctōre
nōmina multōrum Chrīstiānōrum continēns.
Eōs, quī ad mē tamquam Chrīstiānī dēferēbantur, interrogāvī,
num essent Chrīstiānī.
Eōs, quī sē Chrīstiānōs esse aut fuisse negābant, dīmīsī,
cum praeeunte mē deōs appellārent,
imāginī tuae tūs et vīnum sacrificārent,
praetereā Chrīstō maledīcerent.
Cōnstat enim
eōs, quī rē vērā sunt Chrīstiānī,
ad illa cōgī nōn posse.

status, a, um: festgesetzt, bestimmt
carmen, carminis *n.*: Gebet
adulterium, iī *n.*: Ehebruch
capere, iō: zu sich nehmen
prōmiscuus, a, um: gewöhnlich
innoxius, a, um: harmlos

Nōnnūllī autem affirmābant
sē statō diē māne convenīre,
ut carmen Chrīstō quasi deō dīcerent,
ut sē sacrāmentō nōn in scelus aliquod obstringerent,
sed nē fūrta, nē adulteria committerent,
nē fidem fallerent.
Affirmābant sē convenīre,
ut cibum caperent,
prōmiscuum autem et innoxium.

quam: als
immodicus, a, um: maßlos

Necessārium esse crēdidī ex duābus ancillīs,
quō modō Chrīstiānī vīverent,
quid esset vērum,
etiam per tormenta quaerere.
Sed nihil aliud invēnī
quam superstitiōnem malam et immodicam.

pertinācia, ae *f.*: Starrsinn

Nōn sōlum cīvitātibus, sed etiam agrīs istā superstitiōne invāsīs
ex tē quaerō,
num mihi hōc modō pergere liceat:
Eōs, quī ad mē tamquam Chrīstiānī dēlātī sunt,
interrogō, num sint Chrīstiānī.
Quī negāvērunt, dīmittuntur.
Cēterōs autem ad supplicium dūcī iubeō.
Pertinācia enim eōrum māgnā sevēritāte pūnīrī dēbet.

St.-Agatha-Katakombe, Malta.

Teil 2

Trāiānus Plīniō Secundō

Ā multīs, quī ē prōvinciā tuā Rōmam vēnerant, cōgnōvī
tē officia tua tantā cum dīligentiā implēre,
ut ab omnibus laudārēris.
Quod mihi māgnō gaudiō est.
Ita enim factum est,
ut etiam auctōritās atque dīgnitās prīncipis augērētur.

factum est: es ist geschehen

Quaesīvistī ē mē,
num Chrīstiānī ā tē bene rēctēque tractārentur,
num tibi eō modō, quō coepissēs, pergere licēret.
Sī quis dēlātus et convictus est, profectō pūnīrī dēbet.
Sed Chrīstiānōs investīgārī nōn cupiō.
Praeterea libellī, quī sine auctōre tibi prōponuntur,
locum habēre nōn dēbent.
Nam et malī exemplī nec nostrī saeculī est.

coepissēs: du hast angefangen/begonnen
quis: jemand
locum habēre: Berücksichtigung finden

In saecula saeculōrum

1 **Für Textspürnasen**

Zu Text 1

1. In welchen Textabschnitten spricht Plinius den Adressaten des Briefes an, in welchen erstattet er Bericht? Worauf liegt der Schwerpunkt dieses Briefes?
2. Nenne das Thema, um das es im Bericht des Statthalters geht. Stelle ein Sachfeld mit lateinischen Begriffen zu diesem Thema zusammen.

Zu Text 2

3. Ergänze das Sachfeld aus Aufgabe 1, 2.
4. In welchem Abschnitt antwortet der Kaiser auf das Anliegen des Plinius?

2 **Für Textexperten**

Zu Text 1

1. In welchen Schritten geht Plinius bei seinen Untersuchungen vor? Zitiere auch lateinisch.
2. Mit welchem Anliegen wendet sich Plinius an den Kaiser?

3. Welches Verfahren für die Zukunft schlägt Plinius dem Kaiser vor? Zitiere auch lateinisch.

Zu Text 2

4. Ordne die Äußerungen des Kaisers Aussagen bzw. Anfragen des Plinius aus Text 1 zu. Zitiere lateinisch.
5. In welchen Punkten stimmt der Kaiser Plinius zu? Woran übt er Kritik? Wie begründet er seine Kritik?

3 Zeitmaschine

Verschicke die Verbformen.

a) interrogāvit → Präs. → Konj. → Pass. → 1. Pers. → Impf. → Akt. → Ind. → Fut. → 3. Pers. → Perf.
b) augērētur → Pl. → Präs. → Akt. → 2. Pers. → Ind. → Fut. → Impf. → Sg. → Pass. → 3. Pers. → Konj.
c) erant → Konj. → Sg. → 1. Pers. → Präs. → Ind. → Perf. → 3. Pers. → Pl. → Impf.
d) dubitō → Perf. → Plpf. → 3. Pers. → Fut. → Impf. → Konj. → Präs. → Ind. → 1. Pers.
e) poterat → Perf. → Plpf. → Pl. → 2. Pers. → Präs. → Konj. → Impf. → Sg. → 3. Pers. → Ind.
f) dēlātī sunt → Akt. → Fut. → 1. Pers. → Sg. → Präs. → Konj. → Impf. → Pass. → Ind. → Perf. → Pl. → 3. Pers.

4 Der Statthalter fragt und fragt und fragt …

1. Übersetze.

a) Estisne vērē Chrīstiānī?
b) Vērumne est vōs māne convenīre?
c) Obstringitisne vōs sacrāmentō in aliquam rem?
d) Deōsne appellātis?
e) Imāginīne Caesaris sacrificātis?
f) Chrīstōne maledīcitis?

appellāre: anbeten

… und ein Zeitgenosse berichtet …

2. Mache die Sätze b bis f lateinisch abhängig von »Plīnius Chrīstiānōs interrogat«.

Beispiel:

a) Plīnius Chrīstiānōs interrogat, num vērē Chrīstiānī sint.

5 Dein Bericht von den längst vergangenen Ereignissen …

Mache die Sätze aus Aufgabe 4 abhängig von »Plīnius interrogāvit«.

6

Chaotische (Zeit-)Verhältnisse!

Ordne den Sätzen A bis J die passenden Gliedsätze zu und schreibe die ganzen Satzgefüge in dein Heft.

A) Trāiānus Plīniō Secundō imperāvit,	a) nē Chrīstiānōs investīget.
B) Plīnius ex Trāiānō imperātōre quaesīvit,	b) num Chrīstiānōs rēctē tractet.
C) Trāiānus optat,	c) nē mala exempla auctōritātī prīncipis noceant.
D) Plīnius officia tantā cum dīligentiā implet,	d) cūr māne conveniant.
E) Plīnius, cum Chrīstiānōs scelera committere putāret, eōs interrogāvit,	e) num Chrīstiānōs rēctē tractāret.
F) Plīnius, cum Chrīstiānōs scelera committere putat, eōs interrogat,	f) nē mala exempla auctōritātī prīncipis nocērent.
G) Plīnius officia tantā cum dīligentiā implēvit,	g) ut ā Trāiānō imperātōre laudētur.
H) Trāiānus ē Plīniō Secundō quaerit,	h) cūr māne convenīrent.
I) Trāiānus optāvit,	i) nē Chrīstiānōs investīgāret.
J) Trāiānus Plīniō Secundō imperat,	j) ut ā Trāiānō imperātōre laudārētur.

7

Gliedsätze unter der Lupe

Um was für eine Art von Gliedsatz handelt es sich jeweils in den neu entstandenen Satzgefügen der Aufgabe 6?

8

cum – so klein und so vielfältig

Übersetze. Achte dabei besonders auf die richtige Wiedergabe des Wörtchens cum.

a) Nioba per viās urbis ībat et cum gaudiō turbam spectābat, cum subitō Thēbānās Lātōnae deae immolāre vīdit.
b) Nioba, cum cēnsēret etiam sē ipsam rē dīvīnā dīgnam esse, Thēbānās valdē vituperābat.
c) Nioba multīs cum lacrimīs mortem fīliōrum fīliārumque lūgēbat.
d) Ēchō, cum Narcissum, adulēscentem fōrmōsum, per campōs ambulāre vidēbat, saepe ei appropinquāre studēbat.
e) Ēchō Narcissō, cum is adulēscēns tam fōrmōsus esset, saepe appropinquāre studēbat.

f) Narcissus autem, cum nympha eum tangere cupiēbat, in fugam sē dabat.

9

Vokabelkarten

In der Pause hat ein Windstoß mal wieder die Vokabel-Lernkarten der Schüler für den Englisch-, Französisch- und Spanischunterricht sowie für die Italienisch-AG im Klassenraum durcheinandergewirbelt. Nur die lateinischen Karten sind noch in ihren Lernboxen.

l'autorité
l'esempio
authority
convencer
proponer
la autoridad
proposer
convaincre
l'exemple
to propose
to convince
example
convincere
proporre
l'autorità
el ejemplo

1. Übertrage die folgende Tabelle in dein Heft. Sortiere die Karten in die jeweils richtige Sprachspalte, sodass miteinander verwandte Wörter immer in einer Zeile stehen.

Lateinisch	Französisch	Italienisch	Spanisch	Englisch
~	~	~	~	~

2. Trage in die linke Spalte ein, was wohl auf den lateinischen Karten in der Lernbox steht. Was fällt dir an den Endungen auf, wenn du die Wörter in jeweils einer Zeile miteinander vergleichst?

***10**

Christen in Sorge

Übersetze ins Deutsche.

libellus, ī *m.*: Heft

carmina, um *n.*: Gebete

sentīre: denken

»Libelli sine auctore, qui nomina multorum Christianorum continent, Plinio propositi sunt. Quis nomina nostra Plinio detulit? Nos Christianos esse non negabimus; imagini imperatoris non sacrificabimus, Christo numquam maledicemus. Quid faciamus? Scelera non commisimus. Mane conveniamus, ut Christo deo carmina dicamus. Etiam per tormenta quaerimur, num Christiani simus, quo modo vivamus, num nos sacramento in scelus aliquod obstringamus, quid de imperatore sentiamus …
Sed Christus nos adiuvabit. Fortes simus!«

Eine neue Lehre sorgt für Unruhe

Rom: Täglich strömen Besucher zu Tausenden in den Vatikan. Viele sind von weither gereist. Manche sind gekommen, um den Segen des Papstes zu erbitten, andere, um sich von der grandiosen Architektur des Petersdoms verzaubern zu lassen. Im Umkreis des Vatikans gibt es zahlreiche Restaurants und Hotels. Der Verkauf von Souvenirs und religiösen Andenken, sogenannten Devotionalien, blüht. Die Peterskirche ist nicht nur sakraler Anziehungspunkt für Touristen, sondern auch wesentlicher Wirtschaftsfaktor für die Stadt Rom.

»Groß ist die Artemis von Ephesus«

Wie in Rom ist es in vielen religiösen Zentren. Auch die Antike kannte solche Pilgerstätten. Eine der bekanntesten war die kleinasiatische Stadt Ephesus mit ihrem berühmten Artemistempel. Dieser Tempel zählte wegen seiner Schönheit und Größe zu den sieben Weltwundern. Der Legende nach soll die im Tempel verehrte Statue der Artemis einst vom Himmel gefallen sein. In der Nacht vom 21. Juli 356 v. Chr. wurde der Tempel Opfer eines Brandanschlages. Die Figur der Göttin fand man jedoch unversehrt in der Asche. Zufällig war Alexander der Große in derselben Nacht geboren worden. Er deutete die wundersame Rettung der Götterfigur später als Zeichen dafür, dass er unter dem besonderen Schutz der Artemis stehe, und unterstützte Ephesus mit großzügigen Geldspenden.

Im Umfeld des Tempels gab es zahlreiche Handwerker und Händler. Mit dem Verkauf von Devotionalien, Räucherwerk und Opfertieren sicherten sie ihren Lebensunterhalt. Doch plötzlich ging der Umsatz deutlich zurück. Man machte Paulus dafür verantwortlich, der seit zwei Jahren in Ephesus lebte und mit seiner Lehre viele Menschen in seinen Bann zog. Der Silberschmied Demetrius fasste die Sorge der anderen zusammen: Nicht nur das Einkommen der Händler und Handwerker sinke, auch die Göttin werde nicht mehr angemessen verehrt. Aufgebracht skandierten die Menschen: »Groß ist die Artemis von Ephesus«. Nur das Einschreiten der römischen Stadtregierung verhinderte, dass es zum offenen Aufruhr gegen Paulus und die Christen kam.

Die Missionsreisen des Paulus

Die Römer, gegenüber fremden Kulten grundsätzlich aufgeschlossen, sahen zu diesem Zeitpunkt noch keine Gefahr in der christlichen Mission. Das sollte sich bald ändern. Besonders in Kleinasien hatten die Christen großen Zulauf. Paulus hatte daran wesentlichen Anteil. Wie du weißt, stammte er aus Kleinasien, war Jude und besaß das römische Bürgerrecht. Seine Eltern waren begütert und konnten ihm ein Studium der jüdischen Theologie in Jerusalem finanzieren. Hier lernte er die ersten Anhänger des gekreuzigten Jesus von Nazareth kennen. Zunächst bekämpfte er sie. Dann wurde er selbst zum Verfechter des neuen Glaubens. Getrieben von dem Wunsch, möglichst schnell möglichst viele Menschen für die neue Lehre zu gewinnen, reiste er von Jerusalem über Kleinasien bis nach Griechenland und gründete zahlreiche christliche Gemeinden.

Eine unheilvolle Entwicklung

Dank des gut ausgebauten Straßennetzes im Römischen Reich konnte Paulus relativ sicher und schnell reisen. Blieb er länger an einem Ort, arbeitete er in seinem erlernten Beruf als Zeltmacher, so in Korinth, wo er bei einem aus Rom verbannten christlichen Ehepaar, Priscilla und Aquila, Aufnahme fand. In Rom gab es nämlich schon früh sehr viele Christen. Damals galten sie den Römern aber noch als Juden. Als es wegen der Christen zu Spannungen innerhalb der jüdischen Gemeinde kam, wies Kaiser Claudius im Jahre 49 Christen wie Juden aus Rom aus.

Religiō illicita – eine unerlaubte Religion

Die christliche Mission bewirkte, dass vor allem in den östlichen Reichsteilen die alten Kulte vernachlässigt wurden und die Wirtschaft empfindlich Schaden nahm. Zudem verweigerten die Christen aus religiösen Gründen das Opfer für den als Gott verehrten Kaiser. Damit stellten sie sich außerhalb der römischen Gesellschaft und setzten sich dem Vorwurf der Hetärienbildung aus. Hetärien waren unerlaubte Kultvereine, von denen man politische Umtriebe befürchtete. Auch bei den sich regelmäßig zum Gottesdienst treffenden Christen sah man diese Gefahr. Ihre Religion galt fortan als *religiō illicita* (= unerlaubte Religion), die es mit aller Härte zu bekämpfen galt. Der – sonst eher besonnene – Kaiser Trajan hatte aus Sorge vor Hetärienbildung sogar einmal die Gründung einer Feuerwehr unterbunden. Kein Wunder also, dass aus seiner Sicht die Vorgehensweise des Plinius, des Statthalters der Provinz Bithynien, gegenüber juristisch »überführten« Christen völlig rechtens war.

1. »Eine neue Lehre sorgt für Unruhe« – erläutere die Überschrift aus dem Textzusammenhang.
2. Verschaffe dir mithilfe des Neuen Testaments einen Überblick über die Reisen des Paulus. Nenne einige wichtige Stationen.
3. Lies Apostelgeschichte 19,23–40: Liste die Argumente auf, die vorgetragen werden. Ist der Versöhnungsvorschlag der Römer hilfreich? – Diskutiert in der Klasse darüber.
4. Gestaltet eine Collage zu den sieben Weltwundern der Antike.

Lektion 35

*Intrā!

Licinius, iī *m.: Eigenname*
Aesōpus, ī *m.: Eigenname*

Licinius servus, cum aufūgisset, ab Aesōpō dominō quaesitus est. Quī amīcōs interrogāvit, num servum vīdissent.

nisī: wenn nicht
pessum dare: zugrunde richten

Nisī urbs Rōma incendiō dēlēta esset, Nerō domum auream nōn aedificāvisset. Sī modestus et parcus fuisset, rem pūblicam pessum nōn dedisset.

Dē Chrīstiānīs

Teil 1

eōs pūniendōs esse: dass sie bestraft werden müssten

Plīnius Secundus, cum prōvinciam regeret, damnātīs quibusdam Chrīstiānīs Trāiānum imperātōrem interrogāvit, num bene fēcisset. Cum sē in tormentīs nihil nisī malam superstitiōnem invēnisse adiēcisset, Trāiānus tamen rescrīpsit eōs pūniendōs esse, sed eōs investīgārī vetuit.

Ō sententiam cōnfūsam! Chrīstiānōs, sī innocentēs erant, pūnīrī nōn licuit. Sīn Chrīstiānōs nocentēs esse putāvit, cūr nōn imperāvit, ut investīgārentur? Trāiānus, sī Chrīstiānōs rē vērā nocentēs esse crēdidisset, eīs nōn pepercisset.

Teil 2

illī: *gemeint sind die Gegner der Christen*
cōnspīrāre: sich verschwören
conclāmāre adversus sanguinem: zum Vergießen von Blut aufrufen
esse in causam *m. Gen.:* die Ursache sein für

Illī in odium bonōrum et probōrum cōnspīrant, quī adversus sanguinem innocentium conclāmant dīcentēs omnīs pūblicae clādis Chrīstiānōs esse in causam.

Nīlus, ī *m.*: Nil *(Fluss in Ägypten)*
caelum stetit: das Wetter will nicht umschlagen
acclāmāre: boshaft rufen

Sī Tiberis ascendit in moenia,
sī Nīlus nōn ascendit in campōs,
sī caelum stetit,
sī terra movētur,
sī famēs, sī luēs,
statim »Chrīstiānōs ad leōnem!« acclāmātur.
Tantōs ad ūnum?

Tiberius, iī *m.*: *römischer Kaiser (14–37 n. Chr.)*
tōtī: *Dat. Sg. zu* tōtus
Vēiī, ōrum *m. Pl.: Stadt in Etrurien, der heutigen Toskana*
Cannae, ārum *f. Pl.: Eigenname; dort erlitten die Römer 216 v. Chr. eine ihrer schlimmsten Niederlagen*
Hannibal, balis *m.: Feldherr der Karthager*

Quantae autem clādēs ante Tiberium, id est
ante Chrīstī adventum,
et pauperibus et dīvitibus
et prīncipibus et īnfimīs
dēnique urbibus et tōtī orbī terrārum illātae sunt!
Ubī vērō tunc deī vestrī erant?
Cum Gallī urbem Rōmam expūgnāvissent
dīripuissentque
et cīvēs Vēiōs cōnfūgissent,
cum Rōmānī apud Cannās ab Hannibale superātī et
victī essent,
omnēs deī vestrī ab omnibus colēbantur,
tamen auxilium nōn ferēbant.
Sī vērus deus adōrātus esset,
illae veterēs clādēs fortasse āvertī potuissent.

Sī tacuissēs, philosophus mānsissēs.

1 Für Textspürnasen

Zu Teil 1

1. Untersuche den Wortschatz des Textes und benutze dazu auch das Vokabelverzeichnis. Zu welchem Sachfeld gehören viele Wörter?
2. Betrachte den ersten Absatz unter Zuhilfenahme des Vokabelverzeichnisses, notiere und übersetze Subjekte und indikativische Prädikate. Formuliere das Handlungsgerüst, das sich ergibt.

Zu Teil 2

3. Beschreibe Auffälligkeiten im Aufbau des ersten und des zweiten Absatzes.
4. Übersetze »Chrīstiānōs ad leōnem!« (Z. 11). Warum wird das verlangt? Suche im Text nach Anhaltspunkten für Gründe, die genannt werden.

2

Für Textexperten

Zu Teil 1

1. Lege eine Mindmap zum Thema »Schuld und Strafe« an und ordne entsprechende Wörter aus dem Text in ihrer lateinischen Grundform ein.
2. Erläutere, warum Plinius nach Meinung des Autors Tertullian dem Kaiser schreibt.
3. Tertullian analysiert die vom Kaiser gegebene Anweisung. Formuliere die Analyse mit eigenen Worten und beurteile, ob sie zutreffend ist.

Zu Teil 2

4. Nenne die Bereiche, aus denen der Autor im ersten und im dritten Absatz seine Beispiele wählt. Stelle Vermutungen darüber an, warum die Beispiele gerade aus diesen Bereichen gewählt werden.
5. Formuliere mit eigenen Worten die Gedankenschritte des Autors.
6. Beschreibe das Verhältnis zwischen Gott und Menschen aus der Sicht Tertullians.

3

Formen-Wippe für Balance-Akrobaten

1. Lass Singular mit Plural, Konjunktiv II der Gleichzeitigkeit/Konjunktiv Imperfekt mit Konjunktiv II der Vorzeitigkeit/Konjunktiv Plusquamperfekt und Aktiv mit Passiv wippen.
2. Bestimme die Formen.

Beispiel:
damnāret → damnātī/ae/a essent: 3. Pers. Sg. Konj. II der GZ/Konj. Impf. Akt. → 3. Pers. Pl. Konj. II der VZ/Konj. Plpf. Pass.

a) rēxissem b) adicerētur c) sublātī essēmus
d) rescrīptum esset e) mitterer f) ferrēmus
g) obstringerēs h) neglegerent i) adōrātus essēs
j) sustulissent k) movērētis

4 Rasuren auf der Schreibtafel

Diesmal hatte Lucius gut gearbeitet und die passenden Pärchen einander zugeordnet. Aber jemand wollte ihn ärgern und hat einiges ausradiert. Schreibe ab und ergänze. Einmal gibt es zwei Möglichkeiten.

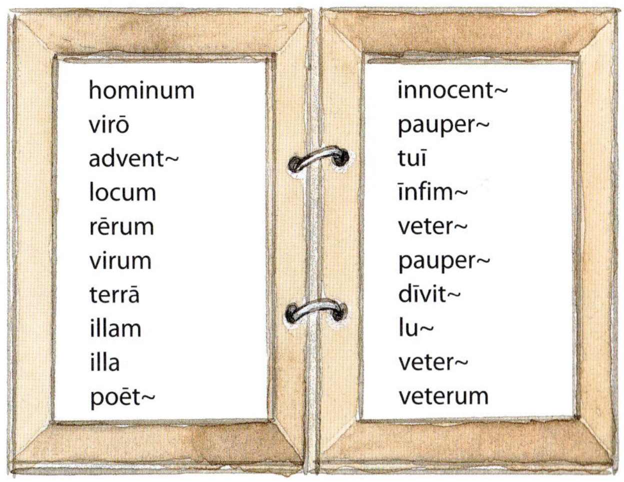

5 Mäusefraß

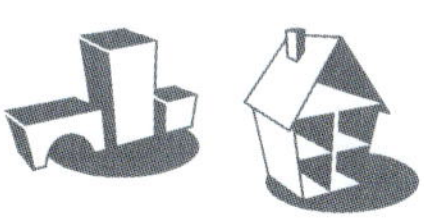

Auch über diesen Papyrus ist eine hungrige Maus gehuscht …

1. Repariere den Schaden, indem du in deinem Heft mithilfe der Wörter in Klammern das Fehlende ergänzt.
2. Übersetze und gib jeweils die Semantik der Gliedsätze und ihr Zeitverhältnis zum übergeordneten Satz an.

a) Caesar, cum Vercingetorīgem ~, māgnā victōriā exsultāvit. (vincere)
b) Sī ipse ā Vercingetorīge ~, nōn ~ . (vincere, exsultāre)
c) Nūper vīlicum interrogāvī, num servī famē ~ . (vexāre)
d) Fīlia prīncipis, cum vītam libīdinōsam ~, in īnsulam relegāta est. (agere)
e) Iūlia patrem interrogāvit, num male ~ . (facere)
f) Imperātor Rōmānus, cum ingeniō mītī ~, Germānōs iūre domāre cupiēbat. (esse)
g) Ō fīlī, sī viā mediā volāvissēs, nōn ~ . (perīre)

6 **Was wäre gewesen, wenn …?**

Übersetze und ergänze auf Deutsch.

a) Sī rescrīpsissēs, ~.
b) Nisī parentēs mē domī manēre iussissent, ~.
c) Sī vacāvissēmus, ~.
d) Nisī mihi male fuisset, ~.
e) Sī tē audīre potuissem, ~.
f) Nisī magister adfuisset, ~.

7 **Kästchen**

Nimm dein Heft quer, übertrage das Schema so groß wie möglich in dein Heft und trage den zweiten Satz des Textes (Cum sē … vetuit) ein.

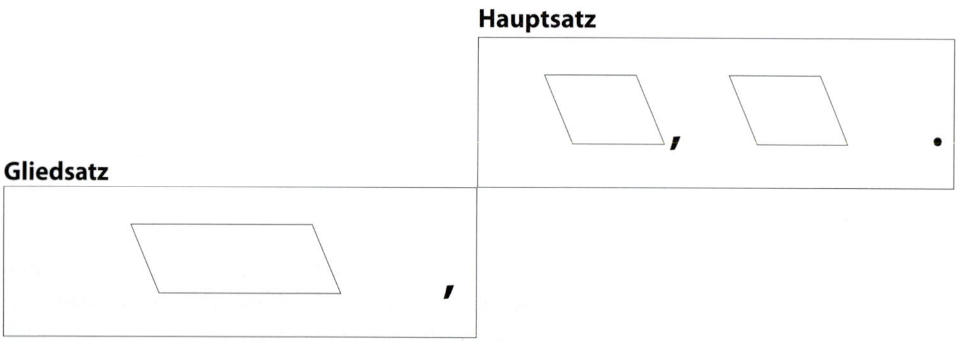

8 **Verstecktes Latein**

1. Mit welchen lateinischen Vokabeln sind folgende Wörter verwandt?
2. Erkläre, was die Wörter bedeuten.

a) Adjektiv b) Aversion c) Sentenz d) Veto
e) Rektor f) Advent g) Motor h) konfus

9 **Christians in Ancient Rome**

1. Im Lateinunterricht lernst du Stilmittel kennen, die du auch in anderen Sprachen entdecken kannst. Suche im folgenden englischen Text je ein Beispiel für eine rhetorische Frage, eine Antithese, eine Klimax und ein Hendiadyoin.
2. Suche mindestens fünf englische Wörter im Text, die mit einer lateinischen Vokabel verwandt sind, und nenne diese Vokabel.

Aelred, ein britischer Sklave und heimlicher Christ, hat einen neuen Kollegen, den ebenfalls aus Britannien stammenden Caedmon, der zufällig auch zum Christentum bekehrt ist. Caedmon ist erst seit kurzem in Rom, und so mahnt Aelred seinen Kollegen dringend zur Vorsicht vor dem regierenden Kaiser Nero (54–68 n. Chr.):

»Who does not know about the difficult life that we Christians have in Rome? Nero is not amused that some people don't adore him, but only Jesus Christ. That is why innocent Christians, if caught, are usually put into prison and more often than not we are fed to the lions. But before they kill us, they torture and torment us because Nero hopes that his men will find out some more names of Christians this way. Most Christians don't tell Nero's men any names, but still Nero not only kills single people, but also whole families and large groups of Christians every day. And for him there is no difference between the healthy and the sick, between the young and the old, between the rich and the poor – Nero has no mercy …«

*10 **Das Zeugnis der Märtyrer**

In den christlichen Gemeinden herrschte Angst wegen der Verfolgung durch die Römer. Die Prediger versuchten ihre Mitchristen zu trösten und zu stärken.

Übersetze ins Deutsche.

Plinius cum nomina fratrum carissimorum cognovisset, eos interrogavit, num Christiani essent. Si negavissent se Christianos esse aut fuisse, si imagini imperatoris immolavissent, si Christo maledixissent, fratres dimissi essent. Cum autem ad illa cogi non potuissent, ad supplicium ducti sunt. Me interrogavistis, num fratres bene fecissent. Vobis autem dico: Si alios deos praeter Dominum nostrum esse affirmavissent, a deo vero in caelum recepti non essent. Quid vobis prodest vivere nisi cum deo? Curate igitur nihil aliud nisi ut deum verum colatis.

Was ist die Wahrheit? – Der Dialog Octāvius

»Wie ungerecht es aber ist, über Unbekanntes und Unerforschtes ein Urteil zu fällen, wie ihr es tut, das glaubt uns, die wir jetzt bereuen, einst selbst so gehandelt zu haben.« Diese selbstkritische Aussage des Christen Octavius beschreibt die ganze Tragik der Christen zur Zeit ihrer Verfolgung: Unwissenheit führt zu Angst, Angst zu Ablehnung und Ablehnung zu offener Feindschaft. Die christliche Lehre, staatsfeindlich und gefährlich, eine Hetärie, eine *religiō illicita*, so sahen sie die römischen Behörden (vgl. dazu Informationstext 34). Wie aber reagierten die Christen auf solche Vorwürfe und wie war es möglich, dass sie trotzdem einen so großen Zulauf hatten? Die Stellungnahme des christlichen Schriftstellers Tertullian hast du im Lektionstext schon kennengelernt. Doch auch ein unter dem Titel *Octāvius* überlieferter Dialog zwischen dem Nichtchristen Caecilius und dem oben erwähnten Octavius ist aufschlussreich. In der Gegenüberstellung nichtchristlicher und christlicher Argumente versucht hier der Verfasser Minucius Felix, den Leser von der Wahrheit der christlichen Lehre zu überzeugen. Hier die Standpunkte:

Caecilius: Menschen ohne Bildung, aus den untersten Schichten der Gesellschaft, maßen sich an, die Welt erklären zu können. Dabei kann niemand sagen, ob der Kosmos von einem Gott erschaffen wurde oder ob er durch Zufall entstanden ist. Gute und Böse, Gottlose und Fromme sind unterschiedslos Spielball von Schicksal und Natur. Die göttliche Wahrheit ist entweder nicht sichtbar oder es waltet tatsächlich nur blinder Zufall. Die Menschen können die Fragen, woher sie kommen, worin der Sinn ihres Lebens besteht und wohin sie gehen, nicht beantworten. Daher sind sie gut beraten, wie die Römer die Götter aller Völker zu verehren. Die Götter haben Rom groß gemacht. Sie gewähren Schutz und Linderung in Not. Wurde ihre Verehrung vernachlässigt, kam es zur Katastrophe. Die Christen missachten die Götter und fürchten nur die ewige Verdammnis und den endgültigen Tod. Sie achten gegenwärtiges Leiden und Sterben für nichts. Ihr Gott beobachtet sie auf Schritt und Tritt, steht ihnen aber in der Verfolgung nicht bei. Außerdem ist er ein einsamer und verlassener Gott, der ohne Tempel heimlich verehrt wird. In der christlichen Gemeinde sammelt sich der ganze menschliche »Bodensatz«, z. B. Sklaven und arme, ungebildete Leute. Man feiert schamlose Gastmähler. Unwissende Neulinge verführt man, mit Teigmänteln bedeckte Babys abzustechen, um anschließend das Blut zu trinken. Die Christen drohen mit einem Weltenbrand, der die göttliche Ordnung des Kosmos zerstören wird. Sie lehnen die bei den Römern übliche Feuerbestattung ab, weil sie glauben, dass es eine Auferstehung aus dem Staub gibt.

Octavius: Alle Menschen, unabhängig von Alter, Geschlecht und Herkunft, sind aufgrund ihrer Vernunft erkenntnisfähig. Nicht blinder Zufall bestimmt das Weltgeschehen; Schönheit und Ordnung des Kosmos verweisen auf einen göttlichen Schöpfer. Seine Macht ist allgegenwärtig. Christen nennen ihn »Gott«. Denn ihm einen Namen wie anderen Göttern geben zu wollen, widerspräche seiner Allmacht. Der ewige Gott lässt sich nicht abbilden. Die Götterfiguren der Römer werden dagegen aus alltäglichen Werkstoffen hergestellt. Ab wann sind sie dann anbetungswürdig? Natürlich ist auch die Vorstellung unsinnig, Christen beteten hölzerne Kreuze, einen gekreuzigten Verbrecher oder sogar einen Esel an. Kein Mensch kann göttlich handeln, selbst wenn viele Völker Menschen als Götter verehren. Als falsch erweist sich der Glaube, die Treue der Römer zu den Göttern habe Rom groß gemacht. Auch andere Völker haben Großes geleistet und frommes Verhalten allein ist kein Garant gegen die Launen des Schicksals. Von Anfang an begleiteten Verbrechen die Geschichte Roms. Gott gewährt aber gerade denen Macht und Reichtum, deren ganze Verderbtheit offenbar werden soll. Deswegen verzichten die Christen auf Macht und Ansehen. Sie bekämpfen die Sünde in ihrem Herzen und erweisen sich so als die besseren Menschen. Schon deswegen ist die Sorge, Christengemeinden seien Hetärien, unbegründet. Jeder wird nach dem Tod zur Rechenschaft gezogen werden. Gottlose Menschen erwartet die Höllenstrafe. Das lehren auch die Heiden. Und was die Gerüchte über die Ausschweifungen anbelangt, so gehören sie genauso in das Reich einer (kranken) Fantasie wie die Schauermärchen von den Kindermorden. Der Vorwurf, Gott lasse die Christen unter der Folter im Stich, ist ebenfalls nichtig. Niemand könnte die Schmerzen ohne Gottes Beistand aushalten. Er aber gibt den Verfolgten Kraft, durch Standhaftigkeit die Verfolger zu verspotten. Nach ihrem Tod wird Gott den Verfolgten die Auferstehung schenken.

1. Stelle in einer Tabelle die Hauptargumente beider Kontrahenten einander gegenüber. Kann Octavius die Einwände des Caecilius entkräften?
2. Diskutiert über die selbstkritische Äußerung des Octavius zu Anfang des Informationstextes. Habt ihr schon einmal eine ähnliche Erfahrung gemacht?

Spottkruzifix. Wandritzung, zwischen 238 und 244 n. Chr. Aus der Pagenschule auf dem Palatin in Rom. Rom, Museo Kircheriano.

Lektion 36

*Intrā!

Vēiī, ōrum *n. Pl.: Stadt in Etrurien, der heutigen Toskana*

Cum Gallī urbem expūgnāverint, cīvēs Vēiōs cōnfugiunt.
Multī sē interrogant,
quō modō Rōmānī ā barbarīs vincī potuerint.

nōlīte: »wollt nicht«
dēsperāre: verzweifeln
nē *m. Konj. Perf.: verneinter Imperativ*
minae, ārum *f. Pl.:* Drohungen

Tiberius Gracchus in der Volksversammlung:
»Nōlīte dēsperāre!
Nē īram patriciōrum timueritis, nē minīs eōrum territī sītis!«

Ē rēgulā Benedictī

mōns Casīnus, montis Casīnī *m.:* Montecassino *(Berg in Latium)*
Benedictīnus, a, um: benediktinisch

Benedictus iuvenis
nōnnūllīs cum amīcīs in sōlitūdinem recessit,
ut Chrīstum vērē quaereret.
Cum monastērium in monte Casīnō condidisset,
amīcīs praecepta dedit,
quae monachī ōrdinis Benedictīnī
ūsque ad hunc diem observant:

imprīmīs *Adv.:* vor allem
virtūs, ūtis *f.:* Kraft
adulterāre: Ehebruch begehen
quis: man
fierī: geschehen
aliī: *Dat. von* alius
iēiūnium, iī *n.:* Fasten

Imprīmīs Dominum Deum dīligite
ex tōtō corde, tōtā animā, tōtā virtūte,
deinde proximum tamquam vōs ipsōs!
Nē occīderitis,
nē adulterāveritis,
nē furtum fēceritis,
nē falsum testimōnium dīxeritis!
Honōrāte omnēs hominēs,
et quod sibi quis fierī nōn cupit, aliī nē faciat!
Corpus castīgāte, iēiūnium amāte,
pauperēs adiuvāte, nūdōs vestīte, īnfirmōs vīsitāte!
Nōlīte malum prō malō reddere!
Nōlīte iniūriam facere, sed et factam cum patientiā tolerētis!
Inimīcōs dīligite!

vīnolentus, a, um: trunksüchtig
edāx, edācis: gefräßig
somnolentus, a, um: schlafsüchtig
murmuriōsus, a, um: murrend
quis vīderit: jemand sieht
applicāre: zuschreiben

Nē superbī fueritis,
nē vīnolentī, nē edācēs, nē somnolentī, nē pigrī,
nē murmuriōsī, nē falsī!
Bonum aliquod in sē cum quis vīderit, Deō applicet, nōn sibi;
malum vērō semper ā sē factum sciat et sibi applicet.

Abtei Monte Cassino. 529 von Benedikt von Nursia gegründet; nach der Zerstörung 1943/44 wieder aufgebaut.

abbās, ātis *m.*: Abt

spīrituālis, is, e: geistlich
cum *m. Konj.*: wenn
adimplēta: *PPP zu* adimplēre: gebrauchen, anwenden

officīna, ae *f.*: Werkstatt
operēmur: wir sollen verwirklichen
claustra, ōrum *n. Pl.*: Mauer, Wand
stabilitās, ātis *f.*: Beständigkeit
congregātiō, iōnis *f.*: Gemeinschaft

angelus, ī *m.*: Engel
ēvangelizāre: verkündigen

Praeceptīs abbātis in omnibus rēbus oboedīte,
etiam sī ipse aliter – quod absit – agat!
Ecce haec sunt īnstrūmenta artis spīrituālis.
Quae cum sint ā nōbīs diē noctūque semper adimplēta,
illam mercēdem in diē iūdiciī ā Dominō accipiēmus,
quam ipse prōmīsit.

Officīna vērō, ubī haec omnia dīligenter operēmur,
claustra sunt monastēriī et stabilitās in congregātiōne.

Aus der Weihnachtsgeschichte:
Et dīxit illīs angelus: »Nōlīte timēre!
Ecce enim ēvangelizō vōbīs gaudium māgnum.«

Der Name einer Blume:
Nōlī mē tangere

1

Für Textspürnasen
Lies den lateinischen Text und notiere stilistische Auffälligkeiten. Welche dir bekannten Verbformen kommen häufig vor? Versuche deine Beobachtungen mit dem in der Überschrift genannten Thema in Verbindung zu bringen.

2 **Für Textexperten**

1. Welchen Ort suchte sich Benedikt aus, um sein Kloster zu gründen? Weshalb wählte er diesen Platz?

2. Stelle zusammen: Was sollen die Mönche tun, was sollen sie unterlassen?
3. Wie werden die Ge- und Verbote begründet?
4. Mache den »Mönchtest«, indem du überlegst, welche dieser Gebote du leicht erfüllen könntest und womit du deine Schwierigkeiten hättest.

3 **Formen-Wippe**

Verwandle Indikativ in Konjunktiv und umgekehrt.

a) vituperāminī b) toleret c) sūmpsissēmus
d) sprēvērunt e) studēbāmus f) servātus est
g) spērāveritis h) acceptus erat i) dēdūxissēmus
j) docētur k) dēlector l) dēfenderāmus
m) advolēmus n) aedificārētur o) cōnsentiāmus
p) creātus sit q) crēdidissent r) adeāmus
s) sumus t) tulerātis u) fert v) ferāris
w) possumus x) potuerint y) it z) iimus

4 **Ē rēgulā discipulōrum discipulārumque**

a) Übersetze.

1. Sēdulī este. – Nōlīte pigrī esse. – Nē pigrī fueritis.
2. Aliōs discipulōs discipulāsque honōrāte. – Nōlīte aliōs verberāre. – Nē aliōs verberāveritis.
3. Magistrō oboedīte. – Nōlīte magistrum vituperāre. – Nē magistrum vituperāveritis.

4. In scholā semper vigilāte. – Nōlīte in scholā dormīre. – Nē in scholā dormīveritis.
5. Dīligenter scrībite. – Nōlīte dīligentiam neglegere. – Nē dīligentiam neglēxeritis.

b) Setze die Sätze aus a in den Singular.

5 Was man nicht alles müssen, sollen oder nicht dürfen kann …

Formuliere aus folgenden Vokabeln Aufforderungen und Verbote wie in Aufgabe 4 – jeweils im Singular und Plural.

a) dēsinere, rīdēre b) aliōs contumēliīs afficere c) magistrum cōnsulere d) aliōs discipulōs laudāre e) aliōs discipulōs dērīdēre f) laetum esse g) īrātum esse h) aliōs discipulōs adiuvāre i) aliōs discipulōs laedere j) sēdulē labōrāre k) officia violāre

sēdulē *Adv.*: fleißig

6 Die Qual der Wahl

Wähle die richtige Konjunktivform aus – in drei Fällen sind zwei Möglichkeiten richtig – und übersetze dann.

a) Rēgula Benedictī imperat, nē monachus furtum faciat/faceret/fēcerit/fēcisset.
b) Rēgula Benedictī imperāvit, nē monachus furtum faciat/faceret/fēcerit/fēcisset.
c) Abbās monachum interrogāvit, quandō falsum testimōnium dīcat/dīceret/dīxerit/dīxisset.
d) Abbās monachum interrogat, quandō falsum testimōnium dīcat/dīceret/dīxerit/dīxisset.
e) Abbās imperat, ut monachī sēdulī sint/essent/fuerint/fuissent.
f) Abbās interrogat, cūr monachī pigrī sint/essent/fuerint/fuissent.
g) Abbās interrogābat, cūr monachī pigrī sint/essent/fuerint/fuissent.
h) Abbās interrogābit, num monachī sēdulī sint/essent/fuerint/fuissent.

abbās, ātis *m.*: Abt

7 Erkennst du die »schwarzen Schafe«?

a) quaerat – quaeret – quaesīverit – quaesīvisset – quaesitus sit – quaesitus esset

b) vestītur – vestītus est – vestiēbātur – vestiētur – vestiātur – vestītus erat

c) prōmittitur – observābitur – occīderis – dīligis – castīgāmur – honōrāminī – vocāminī

d) quaerit – observāmus – occīdimus – dīligit – castīgant – honōrant – prōmittet – abest

e) es – laudā – cēde – ascendite – augēte – bibe – audītis – cēnsēte – mittite

f) capit – coluērunt – commissum sit – concurritur – cēnat – coēgimus – cupīverint

8 Wirst du Millionär?

Logge dich bei der richtigen Antwort ein.

1. Wenn jemand von einer **Rezession** spricht, so geht es um …

(A) eine religiöse Veranstaltung, bei der Heiligenfiguren umhergetragen werden.	(B) den Rückzug ins Privatleben.
(C) einen Rückgang in der Wirtschaft, besonders in der Kaufkraft der Kunden.	(D) eine kritische Besprechung von Büchern, Filmen oder Theateraufführungen.

2. In dem Country-Schlager *I never* ***promised*** *you a rose garden* hat die Sängerin …

(A) vergessen, bei ihren Nachbarn in den Ferien die Rosen zu gießen.	(B) ihrem Freund »keinen Rosengarten«, das heißt nicht immer nur Heiterkeit versprochen.
(C) ihrem Freund noch nicht gesagt, dass sie einen Schrebergarten voller Rosen gepachtet hat.	(D) vergessen, dem Gärtner ihre Entwürfe für einen Rosengarten zu schicken.

3. **Observieren** gehört zu den Haupttätigkeiten eines …

(A) Kellners.	(B) Detektivs.
(C) Erntehelfers.	(D) Messdieners.

4. Wenn ein Spanier ***cordial*** zu jemandem ist, dann …

(A) ist er in diese Person verliebt.	(B) will er ihm einen Strick drehen.
(C) ist er gemein und grausam.	(D) ist er herzlich und innig.

5. *In my* ***solitude*** ist der Titel eines

(A) politischen Songs über den Solidaritätszuschlag.	(B) berühmten Jazzsongs über die Einsamkeit.
(C) Romans über das Leben eines Solotänzers.	(D) bekannten Popsongs über den sonnigen Strand von Rio de Janeiro.

6. Wenn man die Leistungen eines Menschen **honoriert,** dann …

(A) beachtet man sie nicht.	(B) hat man nur Hohn und Spott für sie.
(C) würdigt und ehrt man sie.	(D) macht man sich über sie lustig.

***9**

Moses erhält die Zehn Gebote

Übersetze ins Deutsche.

Aegyptus, ī *f.*: Ägypten
cōram *m. Abl.*: neben
in vānum adsūmere, adsūmō, adsūmpsī: missbrauchen
diēs sabbatī, diēī sabbatī *m.*: Sabbat
sānctificāre: heiligen
adulterāre: ehebrechen
contrā *m. Akk.*: gegen
dēsīderāre *m. Akk.*: verlangen *nach*

Ego sum dominus, deus tuus, qui te e terra Aegypti duxi.
Ne habueris/Noli habere alios deos coram me.
Ne feceris/Noli facere imaginem.
Ne in vanum adsumpseris/Noli in vanum adsumere nomen domini tui.
Diem sabbati sanctifices.
Patrem tuum et matrem tuam honores, ut diu in terra vivas, quam dominus, deus tuus, tibi dabit.
Ne occideris/Noli occidere.
Ne adulteraveris/Noli adulterare.
Ne furtum feceris/Noli furtum facere.
Ne falsum testimonium dixeris/Noli falsum testimonium dicere contra proximum tuum.
Ne cupiveris/Noli cupere domum proximi tui.
Ne desideraveris/Noli desiderare uxorem eius, servum eius, ancillam eius, bovem eius, asinum eius, omnia, quae ei sunt.

Ōrā et labōrā!

Lesen, Schreiben, Rechnen ... und das jeden Tag! Schule kann manchmal ganz schön lästig sein. Wie gut, dass es ab und zu Ferien gibt.

Das hohe Gut Bildung

Ehrlich gesagt – den Lehrern geht es nicht anders. Aber wozu gibt es dann überhaupt Schule?

Sicher weißt du, dass auch heute vielen Menschen der Schulbesuch verwehrt ist. Dabei gilt das Recht auf Bildung als ein Menschenrecht. Denn Bildung ist eine wichtige Voraussetzung zur Selbstentfaltung des Menschen. Dieser Gedanke ist sehr alt. In der Antike wurde Bildung sehr hochgehalten. Mit dem Zusammenbruch des Römischen Reiches drohte vor allem im Norden und Westen Europas vieles von dem antiken Bildungsgut verloren zu gehen. Doch ausgerechnet das ferne Britannien bewahrte dieses Erbe. Während nämlich das Festland immer mehr in den Strudel politischer Umwälzungen geriet, entwickelte sich hier eine Klosterkultur, die sich an dem geistigen Gut besonders der lateinischen Antike orientierte. Diese Klosterkultur fußte weitgehend auf der *rēgula Benedictī,* die zu Beginn des 6. Jahrhunderts durch eine Gruppe römischer Mönche auf die Insel gekommen war. Die Zeit zwischen dem 6. und 8. Jahrhundert wurde später »erste britische Renaissance« genannt. »Renaissance« bedeutet Wiederbelebung und Pflege der antiken Kultur. Ihren wichtigsten Vertreter, Beda Venerabilis (*venerābilis:* verehrungswürdig), hast du im Informationstext 30 bereits kennengelernt.

Peregrīnātiō – Wandern in die Einöde

Immer wieder trieb es Mönche aus Britannien auf das Festland. Sie nannten dies *peregrīnātiō* (Wanderung). Es bedeutete für sie ein Opfer für Gott, ihre Heimat zu verlassen. Dort, wo sie sich niederließen, lebten sie so, wie sie es aus Britannien gewohnt waren, und dazu gehörte eben auch das Studium der lateinischen Literatur. Ihre Lebensweise zog viele Menschen an. Der bekannteste dieser Mönche, Wynfrid (Bonifatius), hatte einen so großen Zulauf, dass er überall auf dem Gebiet des heutigen Deutschland Klöster gründete und so maßgeblich den Weg für die großen Reformen durch die Karolinger ebnete.

Benedikt von Nursia und die Benediktiner

»*Ōrā et labōrā!*«: »Bete und arbeite!« So lautet der Leitsatz des Benediktinerordens noch heute. Feste Gebetszeiten bestimmen den Tagesablauf. Die meiste Zeit ist ausgefüllt mit Arbeiten aller Art. Der Gründer des Ordens, Benedikt von Nursia, hatte im Jahre 529 auf dem Berg Montecassino eine Klostergemeinschaft gegründet, die ein Abbild des Himmelreichs sein sollte. Er gab der Gemeinschaft seine *rēgula,* die sich an dem antiken Begriff der *hūmānitās* orientierte. *Hūmānitās* bedeutet zunächst nur menschliche Natur, schließt aber Herzens- und Geistesbildung, Milde und Güte mit ein. Für Benedikt war wichtig, dass der Mensch Gottes Ebenbild ist und sich im Gebet seiner Geschöpflichkeit bewusst wird, in der Arbeit jedoch seine kreativen Kräfte entfaltet und sich über seine Mitgeschöpfe erhebt. Ein Mensch, der zu geistiger oder körperlicher Untätigkeit verdammt ist, geht innerlich zugrunde. Deshalb gehören Beten und Arbeiten für Benedikt untrennbar zusammen. Geistige und körperliche Beschäftigung aber stehen gleichberechtigt nebeneinander.

Karl der Große und das neue Bildungsideal

Dem Ideal der *hūmānitās* verpflichtet, sahen die Benediktiner eine wichtige Aufgabe darin, Kindern Bildung zu vermitteln, und richteten in allen Klöstern Schulen ein. Karl der Große (um 800 n. Chr.), der sich selbst als Erbe und Vollender der antiken Kultur unter christlichen Vorzeichen verstand, erkannte den hohen Wert benediktinischer Erziehung und holte bedeutende benediktinische Gelehrte an seinen Hof. Seine Söhne und Töchter ließ er in den damals üblichen Wissenschaften Grammatik, Rhetorik, Dialektik, Arithmetik, Geometrie, Musik und Astronomie, den *artēs līberālēs,* ausbilden, doch sein besonderes Interesse galt der Geschichte. Er sprach fließend Latein und sehr gut Griechisch. Auch seine germanische Muttersprache lag ihm am Herzen. Er verfasste eine germanische Grammatik, ließ alte Sagen in germanischer Sprache nachdichten und gab den lateinischen Monatsbezeichnungen germanische Namen. Zudem forderte er Predigten in der Volkssprache. Wie wichtig ihm Bildung war, zeigt ein Schreiben an Abt Baugulf von Fulda, in dem er die verheerenden Rechtschreibkenntnisse vieler Mönche beklagt und eine umfassende Schulbildung für alle Mönche einfordert. Die Wiederbelebung und Vollendung antiker Geistesgeschichte unter Karl dem Großen nennen wir heute »karolingische Renaissance«. Sie wurde zur Grundlage unseres heutigen Bildungsgutes.

1. Verfasse für eine Tageszeitung einen Nachruf auf Benedikt von Nursia.
2. Erläutere den Begriff *hūmānitās* auf der Grundlage des benediktinischen Leitsatzes *»ōrā et labōrā!«*.
3. Bereite ein Kurzreferat über die *artēs līberālēs* vor und halte es vor deinen Mitschülern. Suche dazu Bildmaterial im Internet und baue es in deinen Vortrag ein.
4. »Was bedeutet für Sie Bildung?« – Interviewe verschiedene Personen zu diesem Thema.

Lektion 37

Der heilige Martin von Tours und der Bettler (sog. »Bassenheimer Reiter«), um 1240. Fragment vom Martinsaltar des Mainzer Domes. Bassenheim, kath. Pfarrkirche.

Ē vītā sānctī Mārtīnī

Mārtīnus Sabāriā, Pannoniae oppidō, ortus,
sed Ticīnī, oppidō Italiae, ēducātus est.
Pater eius mīles prīmum,
post tribūnus mīlitum fuit.

Ipse in adulēscentiā sub duōbus rēgibus mīlitāvit:
nōn tamen sponte,
quia ā prīmīs ferē annīs
dīvīnam servitūtem spīrāvit.
Nam cum esset annōrum decem,
invītīs parentibus ad ecclēsiam cōnfūgit,
ut catēchūmenus fieret.

Cum esset annōrum duodecim,
vītam erēmītae agere cupīvit
vōtumque solvisset,
sī aetātis īnfirmitās nōn obstitisset.

sānctus, a, um: heilig
Mārtīnus, ī *m.: Eigenname*
Sabāria, ae *f.: Eigenname*
Pannonia, ae *f.*: Pannonien *(entspricht etwa dem heutigen Ungarn)*
ortus (est) *m. Abl.*: er stammte *aus*
Ticīnus, ī *m.: Stadt in Oberitalien, heute Pavia*
tribūnus mīlitum, tribūnī mīlitum *m.*: Militärtribun *(Offizier)*
adulēscentia, ae *f.*: Jugend
sponte: freiwillig
servitūs, ūtis *f.*: Dienst
spīrāre *m. Akk.*: streben *nach*
esse annōrum *x*: *x* Jahre alt sein
invītus, a, um: gegen den Willen
invītīs parentibus: *nominaler abl. abs.*
ecclēsia, ae *f.*: Kirche
ut … fieret: um … zu werden
catēchūmenus, ī *m.*: Katechumene *(Glaubensschüler)*
erēmīta, ae *m.*: Einsiedler, Eremit
vōtum solvere, solvō, solvī: Gelübde erfüllen
aetātis īnfirmitās, aetātis īnfirmitātis *f.*: jugendliches Alter
obstare, obstō, obstitī: im Wege stehen

mīlitia, ae *f.*: Kriegsdienst

Mīlitiam faciēns
tam probus et modestus erat,
ut iam illō tempore nōn mīles,
sed monachus putārētur.

simplex, simplicis: einfach
hiems, hiemis *f.*: Winter
praeterīre, eō: vorübergehen
ut suī miserērentur: sich seiner zu erbarmen
nūllō: *Abl. von* nēmō
adiūtus, a, um: *PPP von* adiuvāre

Quōdam autem tempore,
cum iam nihil nisī arma et simplicem mīlitiae vestem habēret,
mediā hieme in portā cīvitātis cuiusdam
pauperem nūdum vīdit.
Quī, cum praetereuntēs, ut suī miserērentur, ōrāvisset,
ā nūllō adiūtus est.

chlamys, chlamydis *f.*: Mantel
arripere, arripiō, arripuī, arreptum: ergreifen
dīvidere, dīvidō, dīvīsī: teilen

Paupere ab omnibus dēsertō
Mārtīnus sēcum cōgitāvit, quid ageret.
Sed nihil nisī chlamydem, quā vestītus erat, habēbat.
Quam arreptō subitō ferrō, quō armātus erat, mediam dīvīsit
partemque eius pauperī tribuit.

sopor, ōris *m.*: Schlaf
multitūdō, inis *f.*: Menge
angelus, ī *m.*: Engel
circumstare, circumstō: rings umherstehen
clārus, a, um: laut, deutlich

Mārtīnus, cum sopōrī sē dedisset, vīdit Chrīstum
chlamydis suae, quā pauperem dōnāverat, parte vestītum.
Multitūdine angelōrum circumstante
Chrīstum clārā vōce dīcentem audīvit:
»Mārtīnus mē veste dōnāvit.«

quamdiū: was
ūnī: *Dat. von* ūnus
minimus, a, um: geringster
eōdem: *Abl. Sg. n. von* īdem, eadem, idem: derselbe
ostendere, ō: zeigen

Dominus, cum verbōrum suōrum memor esset
– dīxerat autem:
»Quamdiū fēcistis ūnī ex hīs frātribus meīs minimīs, mihi fēcistis« –,
in eōdem vestīmentō, quod pauper accēperat,
sē ostendit.

eleēmosyna, ae *f.*: Almosen
sinistra, ae *f.*: die Linke

Aus der Bergpredigt (Mt 6,3):
Tē autem faciente eleēmosynam
nesciat sinistra tua,
quid faciat dextra tua.

1

Für Textspürnasen

1. Tragt zusammen, was ihr bereits über den heiligen Martin wisst.
2. Betrachte den Text und die Vokabelangaben. Schreibe auf, was zu deinem Vorwissen passt.

2

Für Textexperten

1. Benenne die im Text genannten »Stationen« des Lebens des heiligen Martin lateinisch.
2. Benenne die im Text genannten christlichen Lebensformen.
3. Sammelt Informationen zur Bedeutung des Almosengebens im Christentum und in anderen Religionen und fertigt eine Collage an. Diskutiert eure Ergebnisse.

Zum Zitat aus der Bergpredigt

4. Erläutere den Sinn der Anweisung aus der Bergpredigt.
5. Entwirf eine moderne, im heutigen Leben spielende Fassung der Martinsgeschichte.

3

Gleich mehrere Standpauken für Lucius

Setze die richtigen Verbformen entsprechend dem Beispiel ein und übersetze.

Pater: »Nisī peccāvissēs, magister tē nōn vituperāvisset. Nē peccāveris! Optō, ut multa discās.«

a) Pater: »Nisī Lūcillam ~ (vexāre), poenās nōn ~ (dare). Nē Lūcillam ~ (vexāre)! Rogō tē, ut eam ~ (amāre).«
b) Lūcilla: »Sī patrī ~ (obtemperāre), ~ nōn ~ (pūnīrī). Nē puer malus ~ (esse)! Cūrā, nē rūrsus ~ (pūnīrī)!«
c) Māter: »Sī tē ~ (exercēre), ā Decimō superārī nōn ~ (posse). Nē piger ~ (esse)! Optō, ut thermās ~ (vīsitāre).«

thermae, ārum *f.*: Thermen

4

Lydia ist immer noch schwerhörig

Aglaia richtet viele Fragen an Lydia, aber diese tut so, als höre sie nichts. Die Herrin »hakt nach«.
Ergänze entsprechend dem Beispiel und übersetze.

Aglaia: »Cēnamne parāvistī, Lydia? Lydia, tē interrogō, num cēnam parāveris.«
Sed Lydia nōn respondet.
Domina: »Aglaia tē interrogāvit, num cēnam parāvissēs.«

a) Aglaia: »Quid facis, Lydia?«
b) Aglaia: »Quid fēcistī, Lydia?«

c) Aglaia: »Vīlicumne vīdistī, Lydia?«
d) Aglaia: »Cupisne lānam facere, Lydia?«
e) Aglaia: »Quem amās, Lydia?«
f) Aglaia: »Cūr nōn respondistī, Lydia?«
g) Aglaia: »Esne fessa, Lydia?«

5 »..., damit« oder »soooo ..., dass«? Zweck oder Folge?

Übersetze und gib die semantische Funktion der Gliedsätze an (final oder konsekutiv).

a) Benedictus tam modestus erat, ut dīvitiās sperneret.
b) Monasterium condidit, ut cum amīcīs deō servīret.
c) Māne monachī conveniunt, ut deō carmina dīcant.
d) Gladiātor tam male pūgnāvit, ut vincerētur.
e) Nōnnūllae puellae lūdōs spectant, ut ipsae spectentur.

6 Ungewisser Ausgang

1. Übersetze die Satzanfänge a bis i jeweils temporal, kausal und konzessiv und führe die Sätze sinnvoll auf Deutsch weiter.

a) Magistrō abeunte ~.
b) Mēnsā ōrnātā ~.
c) Rēge mortuō ~.
d) Amīcīs concurrentibus ~.
e) Cibīs ab illā parātīs ~.
f) Nōnnūllīs dormientibus ~.
g) Rōmulō rēge ~.
h) Tē dubitante ~.
i) Omnibus stupentibus ~.

2. Schreibe die Satzanfänge entsprechend dem Beispiel jeweils zweimal um und erfinde passende Satzenden.

Beispiel:
Dominā appropinquante ~.
→ Cum domina appropinquet, versteckt die Dienerin schnell das zerbrochene Gefäß.
→ Cum domina appropinquāret, versteckte die Dienerin schnell das zerbrochene Gefäß.

7 Kästchen

Nimm dein Heft quer, übertrage das Schema so groß wie möglich in dein Heft und trage den letzten Satz des 5. Absatzes (Quī, cum … adiūtus est) ein.

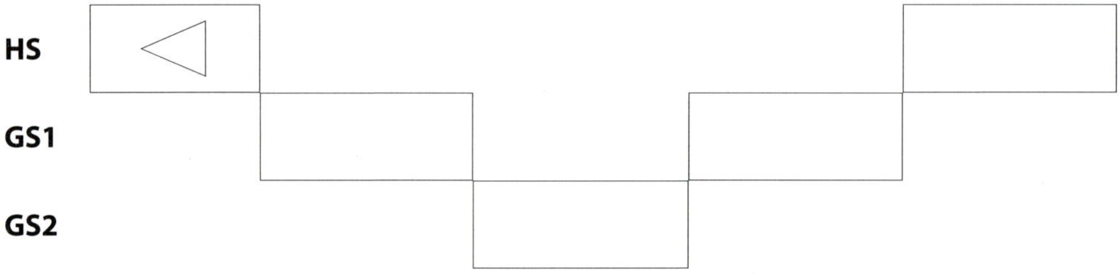

◁ = relativischer Satzanschluss

8 Griechischstunde

1. Ordne vier der Lehnwörter a bis g den griechischen Wörtern α bis δ zu.
2. Erläutere die Bedeutung der Lehnwörter mithilfe der Angaben zu den griechischen Wörtern und eines Fremdwörterlexikons.
3. Drei der Lehnwörter a bis g kommen eindeutig aus dem Lateinischen. Finde verwandte lateinische Wörter und erläutere die Bedeutung der Lehnwörter.

a) Evangelium b) Observanz c) Mönch d) Advent
e) Abstinenz f) Eremit g) Almosen

α) ἐρημία, ἔρημος – Einsamkeit, einsam
β) ἐλεημοσύνη – Mitleid
γ) εὐαγγέλιον – gute Botschaft
δ) μοναχός – einzeln, allein

*9 Aus dem Leben des Heiligen Brendan

Der irische Heilige Brendan hatte Besuch vom heiligen Barinthus. Der erzählte ihm von einer wunderbaren Insel im Westen. Brendan reagierte sofort …

Übersetze ins Deutsche.

sānctus, a, um: heilig
Brendanus, ī *m.: Eigenname*
relinquere, relinquō, relīquī, relictum

His verbis auditis sanctus Brendanus dixit: »Navigemus in illam insulam!«. Parva nave facta Brendanus paucis cum fratribus patriam reliquit.
Cum in alto mari navigarent, ad parvam insulam venerunt, ubi neque arbores erant neque bestiae videri poterant.
Cum fratres nave in litore relicta cantarent, orarent, deo gratias agerent, vir Dei per totam noctem in nave sedebat.

Buchmalerei aus der *»Navigatio Sancti Brendani abbatis«*.

Sanctus enim Brendanus, cum sciret, quae illa insula esset, tamen nihil dixit, ne fratribus terrorem iniceret.

Mane autem fratres, cum deo carmina dixissent, ignem lignis inferre temptabant, ut sibi cibos pararent, cum subito illa insula moveri coepit.

Fratres statim ad navem cucurrerunt sanctum rogantes, ut sibi adiuvaret.

Ille autem eos in navem traxit. Omnibus rebus, quas secum portaverant, in insula relictis iterum navigare coeperunt. Insula autem in mare altum lata est. Procul fratres ignem videre poterant.

Sanctus autem Brendanus a fratribus interrogatus, cur haec insula mota esset, insulam non esse, sed piscem permagnum nomine Jasconium respondit.

carmen, carminis *n.*: Gebet

currere, currō, cucurrī, cursum

piscis, piscis *m.*: Fisch

Jasconius, iī *m.*: *Eigenname*

Finde einen passenden deutschen Ausdruck für

a) parva nave facta (Z. 2)
b) in alto mari (Z. 4).

Finsteres Mittelalter? – Die Sankt Galler Klostergeschichten

»Es war vor beinahe tausend Jahren. Die Welt wusste weder vom Schießpulver noch von Buchdruckerkunst. Über dem Hegau lag ein trüber, bleischwerer Himmel, doch war von der Finsternis, die bekanntlich über dem ganzen Mittelalter lastete, im Einzelnen nichts wahrzunehmen …« Mit diesen gut gelaunten Worten beginnt ein Roman, den Viktor von Scheffel (vgl. Informationstext 28) unter dem Titel »Ekkehard« 1855 veröffentlicht hat. Die Geschichte, die auf einer wahren Begebenheit beruht, spielt im 9. Jahrhundert. Die junge, verwitwete Herzogin Hadwig von Schwaben beschließt, Latein zu lernen, und bittet den Abt des Benediktinerklosters St. Gallen, ihr den Mönch und Klosterpförtner Ekkehard als Lateinlehrer zur Verfügung zu stellen – ein Amt, das dieser, den Einwänden seines Abtes zum Trotz, nicht ungern übernimmt …

Geschichten und Geschichtchen aus St. Gallen

St. Gallen zählte damals zu den bedeutendsten Benediktinerklöstern. In der umfangreichen Klosterbibliothek gab es neben christlicher Literatur zahlreiche Handschriften antiker Schriftsteller. Durch die sogenannten *Cāsūs Sānctī Gallī* (Sankt Galler Klostergeschichten), die im 10. Jahrhundert niedergeschrieben wurden, bekommen wir einen Einblick in das Klosterleben des frühen Mittelalters. Wir lernen die Mönche auf eine sehr persönliche Weise kennen und erleben, dass es im Kloster zuweilen kräftig menschelt: So gibt es Streitigkeiten mit dem Nachbarkloster Reichenau, ein Mönch kämpft in der Krypta des Klosters gegen den Teufel in Hundegestalt, ein anderer zerschneidet die gerade fertiggestellte Handschrift eines Mitbruders – und eine Herzogin mischt mit ihren ausgefallenen Wünschen das Klosterleben ein wenig auf.

Alltag im Benediktinerkloster

Benedikt von Nursia hatte gefordert, dass ein Kloster Abbild des Himmels (vgl. Informationstext 36) sei und dass ein Abt (von *Abba:* Vater) bzw. eine Äbtissin die Ordensgemeinschaft führen solle wie Christus den himmlischen Hofstaat. Demut und unbedingter Gehorsam gegenüber Abt und Äbtissin galten für Mönche und Nonnen als oberste Tugend. Niemand durfte das Kloster ohne Erlaubnis verlassen. Alles Lebensnotwendige wurde innerhalb des Klostergeländes produziert. Nur vertrauenswürdigen Personen wurde das Amt des Pförtners übertragen. Feste Gebetszeiten, *Horen* (*hōra:* Stunde), bestimmten den Tagesablauf. Gebetet wurde in der *Antiphon* (Wechselgesang). Zwischen den Horen gingen die Klosterbewohner ihren Arbeiten nach. Sie wurden ihren Begabungen entsprechend eingesetzt, mussten aber auch Dienste für die

Gemeinschaft leisten. Mittags gab es für alle eine zweistündige Ruhezeit. Gegessen wurde außer in den Fastenzeiten zweimal am Tag. Der Sonntag war der Lektüre und Abschrift religiöser Schriften vorbehalten. Überhaupt waren Schreiben und Lesen wichtige Bestandteile des Klosterlebens. Das galt für Männer- und Frauenklöster. Es gab damals viele sehr gebildete Benediktinerinnen, wie die Äbtissin Eadburg, die mit Bonifatius (vgl. Informationstext 36) in regem theologischen Briefwechsel stand. Die Benediktinerregel wurde 742 verbindliche Ordensregel für alle Klöster auf fränkischem Boden.

Germanisches Christentum

Die Christianisierung der Germanen war anders verlaufen als die der Griechen und Römer. Oft hatte ein handfestes Ereignis wie das Fällen der Donareiche durch Bonifatius gereicht, um Germanen von der Stärke des Christengottes zu überzeugen. Trat ein Fürst zum Christentum über, so wurden auch die Gefolgsleute Christen. Das geschah nicht immer ohne Zwang, wie bei der Bekehrung der Sachsen. Dennoch waren die Germanen tief gläubig. Ihre Frömmigkeit nahm allerdings mitunter etwas fremdartige Züge an. So ließen sich beispielsweise Frauen als *Inclusen (inclūdere:* einschließen) in Hütten einmauern und wurden dafür hoch geehrt.

1. Informiere dich über die Gebetszeiten der Benediktiner.
2. Schau dir die Abbildung der mittelalterlichen Klosteranlage von St. Gallen an und beschreibe, was du siehst.
3. Auch heute noch gibt es zahlreiche Benediktinerklöster. Die meisten verfügen über eine eigene Homepage. Wähle ein Kloster aus und vergleiche es mit dem mittelalterlichen Klosterleben in St. Gallen. Was ist geblieben und was hat sich geändert?

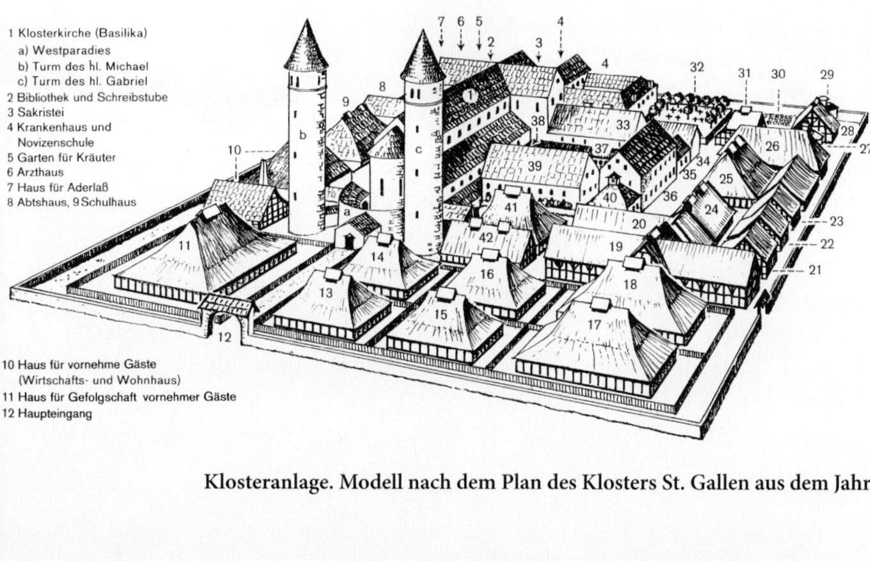

1 Klosterkirche (Basilika)
a) Westparadies
b) Turm des hl. Michael
c) Turm des hl. Gabriel
2 Bibliothek und Schreibstube
3 Sakristei
4 Krankenhaus und Novizenschule
5 Garten für Kräuter
6 Arzthaus
7 Haus für Aderlaß
8 Abtshaus, 9 Schulhaus
10 Haus für vornehme Gäste (Wirtschafts- und Wohnhaus)
11 Haus für Gefolgschaft vornehmer Gäste
12 Haupteingang
13 Gesindehaus
14-18 Stallungen für: Schafe (14), Schweine (15), Ziegen (16), Stuten (17), Kühe (18)
19 Wärterunterkunft, Stall f. Ochsen u. Pferde
20 Küferei, 21 Darre
22 Stampfe, 23 Mühle
24 Brauerei und Bäckerei
25 Handwerkshaus
26 Kornscheune
27 Gänsestall
28 Haus der Geflügelzüchter
29 Hühnerstall
30 Gemüsegarten
31 Gärtnerhaus,
32 Friedhof und Obstgarten
33 Wohnhaus der Mönche
34 Abort, 35 Badehaus
36 Eßsaal (Refectorium)
37 Kreuzgang, 38 Kapitelsaal
39 Keller und Vorratskammer
40 Küche
41 Pilger- und Armenhaus
42 Küche für das Armenhaus

Klosteranlage. Modell nach dem Plan des Klosters St. Gallen aus dem Jahre 980.

Kulturelle Errungenschaften

Lektion 38

*Intrā!

verērī, vereor, veritus sum: 1. fürchten 2. verehren

Temporibus Benedictī hominēs deum valdē verēbantur.
Benedictus, cum deum amāret et verērētur,
monastērium condidit.

Nē hominēs veritī sītis!
Utinam deum vereāminī!

*I

Verkehrte Welt

Beachte die Wortangabe und vergleiche die lateinische Form mit der deutschen Übersetzung. Beschreibe die Unterschiede.

Text 1

Dē homine sānō

lēx, lēgis *f.*: (besondere) Vorschrift
iātralīptēs, ae *m.*: Masseur, Physiotherapeut
rūrī: auf dem Land
saepius *Adv.*: öfter
frequentius *Adv.*: häufiger
hebetāre: schwächen
mātūrus, a, um: vorzeitig
unguī: sich einsalben
convictus, ūs *m.*: Geselligkeit, Gesellschaft
retrahere, ō: zurückziehen
melius est … quam: es ist besser … als
quam plūrimum: möglichst viel

Sānus homō nūllās lēgēs sequī dēbet
neque medicō neque iātralīptā eget.

Hunc ipsum opus est varium habēre vītae genus:
modo rūrī esse, modo in urbe, saepius in agrō;
nāvigāre, vēnārī, quiēscere interdum,
sed frequentius sē exercēre.

Nē labōrēs vereātur.
Īgnāvia enim corpus hebetat, firmat labor;
illa mātūram senectūtem,
hic longam adulēscentiam reddit.
Prōdest interdum lavārī, interdum aquīs frīgidīs ūtī,
modo unguī, modo id ipsum neglegere.

Sānus homō eōsdem cibōs sūmere dēbet,
quibus populus ipse ūtitur.
Prōdest interdum in convictū esse,
interdum ab eōdem sē retrahere.
Melius est bis diē quam semel cibum capere
et semper quam plūrimum.

Mittelalterliche Illustration zu der Schrift »Über die Gliedmaßen« von Hippokrates.

Text 2

Ex epistulā Senecae

Quibusdam interrogantibus,
cūr vir bonus ēbrius fierī nōn dēbeat,
dīc,
quam turpe sit stomachī suī nōn nōvisse mēnsūram.
Ēbrietās mentem perturbāns
nihil aliud esse vidētur quam voluntāria īnsānia.

stomachī nōvisse mēnsūram: das Maß des Bauchs/Magens kennen

Vitia ēbrietāte nōn fiunt, sed latentia in lūcem vocantur.
Adice illam īgnōrātiōnem suī, incertōs oculōs,
gradum errantem, caput dolēns.
Mūrī domūs ipsīus mōbilēs videntur.
Corpore istōs dolōrēs patiente
animus sānus esse nōn potest.
Mīrārisne
iam auctōrēs Rōmānōs
dē hominibus vīnō immodicē ūtentibus
scrībere solitōs esse?

īgnōrātiō, iōnis **suī** *f.*: Trübung des Bewusstseins
gradus, gradūs *m.*: Schritt
immodicē *Adv.*: maßlos

Fīat lūx!

Rōma locūta, causa fīnīta.

Duōbus lītigantibus tertius gaudet.

lītigāre: (sich) streiten

1 Für Textspürnasen

Zu Text 1

1. Um welches Thema geht es in diesem Text? Zitiere lateinisch.
2. Welche Sätze enthalten Ratschläge, welche Verbote? Enthält der Text mehr Ratschläge oder mehr Verbote? Was schließt du daraus?

Zu Text 2

3. Der Text enthält sieben Partizipien; schreibe sie zusammen mit ihren Beziehungswörtern heraus. Bei welchen vermutest du eine Verwendung im ablātīvus absolūtus, bei welchen als participium coniūnctum und bei welchen eine Verwendung in attributiver Funktion?

2 Für Textexperten

Zu Text 1

1. Zitiere lateinisch die Empfehlungen, die der Autor gibt.
2. Erläutere mit eigenen Worten, wie man nach Meinung des Autors am besten leben soll. Welche lateinische Formulierung fasst die Empfehlungen zusammen?
3. Mit welchen Wörtern und Stilmitteln veranschaulicht der Autor seine Empfehlungen?
4. Welche der Empfehlungen hältst du für richtig? Welche kommen dir merkwürdig vor? Suche eine Erklärung für die Merkwürdigkeit(en).
5. Beschreibe die Stellung der einzelnen Satzglieder in Zeile 8. Zeichne in dein Heft das folgende Schema und trage darin die Subjekte und Prädikate ein.

6. Beschreibe die Stellung der Satzglieder in Zeile 9 und 10.

Zu Text 2

7. Welche Folgen hat nach vorliegendem Senecabrief die Trunkenheit für den Körper, welche für den Geist? Zitiere lateinisch.
8. Überlege – ausgehend von diesem Text –, welche Eigenschaften nach Senecas Meinung wohl einen vir bonus auszeichnen.

3

Fürchten und fürchten

Ersetze die folgenden Formen von timēre durch die entsprechenden von verērī.

a) timētis b) timuistī c) timeat d) timērēmus
e) timē f) timuerant g) timēbimus h) timēbāmus
i) timēs j) timeās k) timuit l) timuissēs m) timuerās

4

Ausgerenkt

Bei folgenden Formen gibt es etwas »einzurenken«. Finde jeweils die Form heraus, die nicht in die Reihe passt, und »korrigiere« sie so, dass die Form bzw. Reihe stimmt.

a) sequor – sequēbar – secūtus sim – secūtus eram
b) sequerer – sequerēris – sequerētur – sequerēmus – sequerēminī – sequerentur
c) verēris – verērēris – veritus sīs – veritus essēs
d) verēberis – verēbātur – veritus est – veritus erat
e) ūtar – ūterer – ūsus essem – ūsus est
f) lavābiminī – lavābāminī – lavātus es – lavātī erātis
g) vēnāmur – vēnātūrus – vēnātus

5

Ab in die Chirurgie

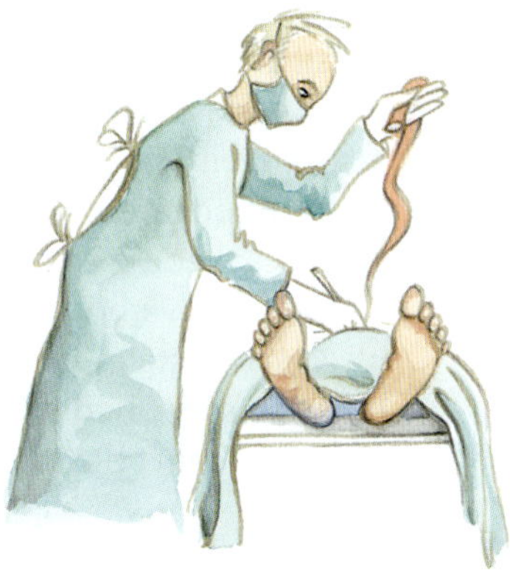

Bei folgenden Verbformen ist ein chirurgischer Eingriff erforderlich: Du musst jeweils einen oder zwei Buchstaben herausschneiden, damit sich eine sinnvolle Form ergibt.

a) verereremini b) vereare c) loquearis d) locutae sum e) loquintur f) utio g) sequebaristi
h) lavabesris i) lavarimini j) lavabunturi k) uteberis
l) gavisus essent m) venabintur n) loquir o) usus essemus p) utentris q) loquentesor

6 fierī: vielfältig verwendbar

Ordne den lateinischen Sätzen oder Satzteilen deutsche Sätze oder Redewendungen zu.

1. Id fierī potest.	A) … wie es meistens passiert.
2. Fīat lūx et facta est lūx.	B) Von nichts kommt nichts.
3. Imperātor mīlitibus dīxit, quid fierī cuperet.	C) … dass … ein Unglück passiert.
4. Fierī potest, ut fallar.	D) Das kann vorkommen.
5 …, sī fierī potest.	E) … nach Möglichkeit.
6. Ex nihilō[1] nihil fierī potest.	F) … was sie tun sollten.
7. …, ut fierī solet.	G) Ich kann mich natürlich irren.
8. Māter timet, nē malum fīliō fīat.	H) Es werde Licht, und es ward Licht.

1 **ex nihilō:** von nichts

7 Diese verflixten kleinen Wörter

Übersetze. – Vorsicht: Verwechslungsgefahr!

a) Hic liber – iste liber – īdem liber – liber eius
b) haec fēmina – huius uxor – uxor ipsa – uxor istīus
c) ei grātiās agimus – nōs ipsī ei grātiās agimus – num nōs istī grātiās agāmus?
d) ad portam ipsam – ad hanc portam – ad portam istam
e) bellum istum – id bellum
f) idem cōgitāre – haec cōgitāre – haec ipsa cōgitāre
g) amīcam eō verbō laedere – amīcam verbō istō laedere – amīcam verbō eōdem laedere
h) eā rē dēlectāre – eādem rē dēlectāre – rē ipsā dēlectāre
i) hoc ipsum tibi dīcō – tibi ipsī hoc dīcō – tibi ipse hoc dīcō – idem tibi dīcō – id tibi dīcō

8 Verstecktes Latein

1. Mit welchen lateinischen Vokabeln sind folgende Wörter verwandt?
2. Erkläre, eventuell mithilfe eines Lexikons oder des Internets, was die Wörter bedeuten.

a) Volontär b) Null c) Usus d) latent

9 Englisch-römisches Hanteltraining

Trainiere deine »Sprachmuskeln« wieder gleichmäßig, indem du für jede »Englisch-Hantel« eine passende »Latein-Hantel«, also ein verwandtes lateinisches Wort, findest.

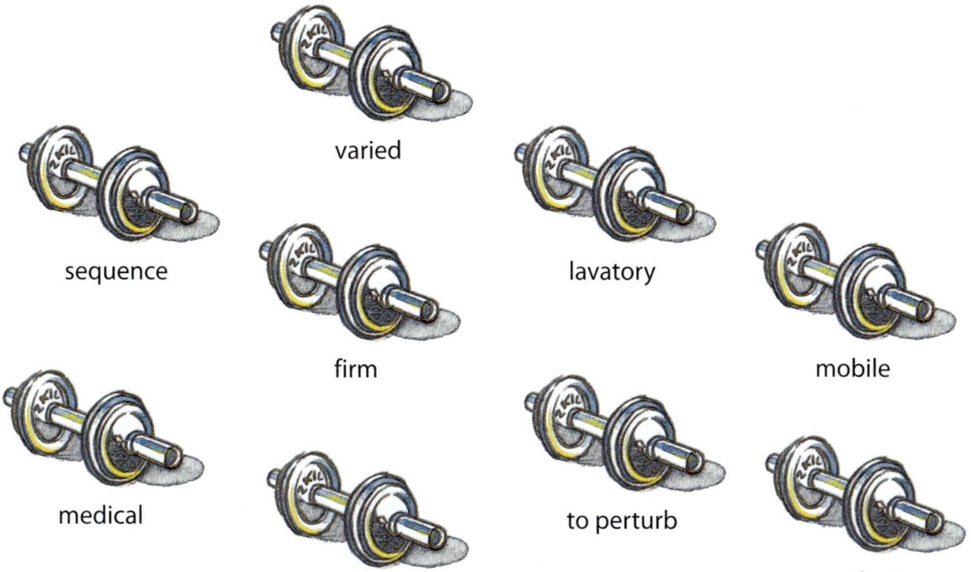

*10 Rund um die Medizin

Übersetze ins Deutsche.

nātūra, ae *f.*: Natur
sānāre: heilen
innumerābilis, e: unzählig
numerāre: zählen
sacer, sacra, sacrum: heilig
medicāmentum, ī *n.*: Medikament
contrā *m. Akk.*: gegen
vīs, *Akk.* vim: Kraft, Macht

a) Mens sana in corpore sano sit.
b) Medicus curat, natura sanat.
c) Innumerabiles morbos miraris? – Medicos numera!
d) Vita brevis, ars longa (est).
e) Non vivere, sed valere est vita.
f) Morbus sacer. – *So wurde die Epilepsie genannt, warum wohl?*
g) Medice, cura te ipsum!
h) Cura, ut valeas!
i) Quod medicamenta non sanant, sanat ferrum, quod ferrum non sanat, sanat ignis, quod ignis non sanat, sanat mors.
j) Contra vim mortis non est medicamentum in hortis.

Gegen jedes Leiden ist ein Kraut gewachsen!?

Du kennst das: Man wacht morgens auf, der Hals tut weh, die Mandeln sind geschwollen, das Aufstehen fällt schwer. Keine Frage: Du hast eine **Angina**, eine Halsentzündung, und da gibt es nur eins: Ab ins Bett oder – noch besser – auf zu einem **Mediziner**. Er verschreibt dir ein **Medikament**, um das für die **Angina** verantwortliche **Virus** zu bekämpfen. – Was das mit Latein zu tun hat? Sieh dir die Lehnwörter im Text einmal genauer an. Sie stammen nämlich alle aus dem Lateinischen: *Medicus*, »Arzt«, hast du in dieser Lektion neu kennengelernt. In *angīna*, »Halsentzündung«, verbirgt sich das Adjektiv *angustus*, »eng«. *Vīrus, vīrī* ***n.*** ist das lateinische Wort für »Gift« und *medicāmentum* heißt »Heilmittel«.

Celsus und die Anfänge der Medizin

In der Antike galt zwar die griechische Medizin als maßgeblich, aber deren Kenntnis verdanken wir einem Römer. Er hieß Aulus Cornelius Celsus und lebte von ca. 25 v.–50 n. Chr. Unter anderem schrieb er ein achtbändiges ärztliches Kompendium, in dem er das ganze damalige medizinische Wissen erfasste und dabei eine lateinische Terminologie (= Fachsprache) entwickelte, die zur Grundlage der heutigen medizinischen Fachsprache wurde. Wegen seines klaren Stils nannte man ihn *medicōrum Cicerō.*

Auch die alten Ägypter verfügten bereits über umfangreiche medizinische Kenntnisse, vor allem im Bereich der Pflanzenmedizin. Die ägyptische Stadt Alexandria galt in hellenistischer Zeit als Zentrum der medizinischen Wissenschaft. Hier trafen überkommenes ägyptisches Geheimwissen und »moderne« griechische Medizin aufeinander. Weit über die Grenzen Alexandrias hinaus bekannt waren die Ärzte Herophilos (ca. 325–255 v. Chr.), der erstmals öffentlich Leichen sezierte, und Erasistratos (ca. 305–250 v. Chr.), der die Nervenbahnen und den Unterschied zwischen Arterien und Venen entdeckte.

Hippokratischer Eid und Äskulapnatter

Aus Griechenland aber stammte der Mann, der wie kein anderer zum Inbegriff ärztlichen Selbstverständnisses wurde: Hippokrates von Kos (ca. 460–370 v. Chr.). Noch heute verpflichten sich Ärzte mit dem Hippokratischen Eid zur ärztlichen Schweigepflicht und zum Schutz des Lebens ohne Ansehen der Person. Hippokrates galt als Nachfahre des Aesculapius, eines Sohnes des Gottes Apollo. Aesculapius soll durch einen Blitz des Iuppiter getötet worden sein, weil er die Menschen von ihren Krankheiten heilte und sogar Tote zum Leben erweckte. Die dem Aesculapius heilige Äskulapnatter wählten Ärzte, Tierärzte und Apotheker zu ihrem Berufssymbol.

Die römische Medizin

Nicht zuletzt aufgrund ihrer militärischen Einsätze, die komplizierte Behandlungen bis hin zur Amputation erforderlich machten, beschritten die Römer vor allem im Bereich der Chirurgie neue Wege. Funde zeigen überraschend modernes chirurgisches Besteck, das bei Operationen in den unterschiedlichsten medizinischen Gebieten bis hin zur Zahnheilkunde Anwendung fand. Für die Schmerzbehandlung verwendete man den Saft der Weidenrinde, deren schmerzlindernde Wirkung bereits Hippokrates beschrieb (als Acetylsalicylsäure Grundsubstanz von Aspirin). Bei Operationen betäubte man mit Schlafmohn oder Alkohol. Dennoch müssen medizinische Behandlungen in der Regel sehr schmerzhaft gewesen sein. Denn eine Narkose im heutigen Sinne gab es noch nicht.

Ärztinnen und Giftmischerinnen

Oft ist es nur ein winziger Schritt vom Medikament zum tödlichen Gift. So ist das Gift der Digitalis, des Fingerhuts, in kleinen Mengen verabreicht ein hochwirksames Herzmedikament, in größeren Dosen aber führt es zum Tode. Viele Frauen besaßen hervorragende Kenntnisse in der Pflanzenheilkunde. Manche traten als Giftmischerinnen in Erscheinung, wie die berühmt-berüchtigte Locusta, die ihr pharmakologisches Wissen (Pharmakologie = die Lehre von den Heilmitteln) für zahlreiche Morde, darunter den an Neros Halbbruder Britannicus, missbrauchte. Kurios ist die Geschichte der Athenerin Agnodike. Da ihr als Frau in Athen jede Form medizinischer Betätigung untersagt war, studierte sie, als Mann verkleidet, bei Herophilos in Alexandria. Später behandelte sie überaus erfolgreich (als Mann!) in Athen Frauen. Als ihr »Betrug« aufflog, sollte sie zum Tode verurteilt werden. Doch ihre Patientinnen setzten nicht nur durch, dass sie frei kam, sondern dass von nun an medizinisch ausgebildete Frauen in Athen als Geburtshelferinnen tätig sein durften.

1. Hippokrates – Erasistratos – Herophilos – Celsus: Wähle einen Mann aus und informiere dich genauer über ihn. Dann verfasse einen Steckbrief. Der Steckbrief sollte natürlich auch ein Bild enthalten!
2. Die Äskulapnatter wurde zum Symbol aller medizinischen Berufe. – Sucht Äskulapnattern (z.B. an Apotheken, in Büchern, als Aufkleber usw.), fotografiert oder fotokopiert sie und bereitet eine kleine Ausstellung in eurem Klassenzimmer vor.
3. Sammelt Materialien zur römischen Medizin und gestaltet eine Informationstafel für den Schaukasten eurer Schule.

Lektion 39

*Intrā!

Rōmulum fīlium Mārtis deī esse fāma fert.
Rōmulus fīlius Mārtis esse dīcitur.

Prīmō paucōs pāstōrēs urbem Rōmam incoluisse cōnstat.
Prīmō paucī pāstōrēs urbem Rōmam incoluisse nārrantur.

Sabīnī, ōrum *m. Pl.*: Sabiner *(Volk nördlich von Latium)*
raptus, a, um: *PPP von* rapere
ultiō, ōnis *f.*: Rache

Sabīnī ā Rōmānīs invītātī nihil malī exspectāverant.
Fēminīs raptīs
māgnus numerus Sabīnōrum ultiōnem petēbat.

In Göttingen bediente jahrelang ein Friseur seine Kunden im Sommer im Freien – bis ihm das Gewerbeaufsichtsamt dies verbot. Vielleicht haben die Verantwortlichen von dem tödlichen Fall, der sich in der Antike ereignet hatte, gehört?

Tödliche Rasur

Aliquandō tōnsor
sellam suam in locō pūblicō posuisse dīcitur.
Cum tempestātem bonam esse vīdisset,
sub caelō quam in tabernā labōrāre malēbat.
Paulō post servus appāruit et in sellā cōnsēdit,
ut ā tōnsōre rāderētur.

Eōdem tempore māgnus numerus iuvenum
in hunc locum vēnērunt,
cum ē cōnsuētūdine Rōmānōrum
pilā lūdere vellent.

Cum ibī māgna cōpia hominum esset,
summō cum studiō currēbant, clāmābant,
pilās iactābant.
At nēmō eōrum tōnsōrem animadvertēbat,
quod locus plēnus mercātōrum et fabrōrum erat.

gula, ae *f.*: Kehle
praecīsus, a, um: *PPP zu* praecīdere: durchschneiden

Subitō pila ad manum
tōnsōris servum rādentis volāvit,
gulā praecīsā servus mortem obiit.
Dominus servī damnum sibi restituī voluit,
itaque iuvenēs in iūs vocāvit
et dē morte servī accūsāvit.
Illī calamitāte valdē afflīctī fuisse nārrantur.

iūris cōnsultus, iūris cōnsultī *m.*: Rechtsgelehrter
tenērī *m. Gen.*: *einer Sache* schuldig sein

Quamquam iūdicium iūdicum īgnōrāmus,
tamen causam cōgnōvimus,
quod nōnnūllī iūris cōnsultī dē eā respondērunt.
Aliī iuvenēs condemnārī nōluērunt,
sed tōnsōrem mortis servī tenērī voluērunt:
Sī tōnsor,
cum locum perīculōsum esse scīvisset,
sellam suam ibī nōn posuisset,
rēs dēlēta nōn esset.
Aliī contrā partem culpae etiam in servō esse dīxērunt:
Nisī in locō pūblicō sē rādī voluisset,
mortem nōn obīsset.

Ein juristischer Grundsatz:
Nē bis in idem

Eine Definition des römischen Autors Cicero:
Idem velle atque idem nōlle,
ea dēmum firma amīcitia est.

fac: *Imperativ Sg. von* facere

Ein Rat des Kirchenvaters Augustinus:
Amā et, quod vīs, fac.

fāta, ōrum *n. Pl.*: Schicksal

Seneca über das Schicksal:
Dūcunt fāta volentem, nōlentem trahunt.

1

Für Textspürnasen

1. Betrachte die Lernvokabeln und die Wortangaben in der Marginalspalte. Benenne das Sachfeld, zu dem auffällig viele Wörter gehören.
2. Untersuche den Text auf Konnektoren. Achte besonders auf Zeitangaben und logische Verknüpfungen. Was kannst du schon über den Aufbau des Textes sagen?

2

Für Textexperten

1. Fasse den Tatbestand mit eigenen Worten zusammen.
2. Stellt den Fall im Klassenzimmer nach (ohne dass Blut fließt!!).
3. Worum geht es dem Herrn des verstorbenen Sklaven? Zitiere lateinisch.
4. Wer ist eurer Meinung nach schuld am Tod des Sklaven? Versetze dich in die Rolle eines Richters, arbeite ein Urteil mit detaillierter Begründung aus und trage es deinen Mitschülern vor.
5. Im letzten Textabschnitt findet sich der Ausdruck »rēs dēlēta nōn esset«. Erläutere, warum dieser Ausdruck römischem, nicht aber heutigem Rechtsempfinden entspricht.

3

Wat den eenen sin Uhl, is den annern sin Nachtigall[1]

Ersetze die Formen von cupere durch die entsprechenden von velle/nōlle/mālle.

a) cupis b) cupiēbam c) cupīverant d) cuperēmus
e) cupiam f) cupīvisse g) cupientium h) cupiētis
i) cupīvistis j) cuperēs k) cupiās l) cupīvissētis

4

Rangierarbeiten

1. Hänge passende aci- und nci-»Waggons« an die Lokomotiven. Viele »Lokomotiven« können verschiedene Waggons ziehen. Vorsicht: Im »Lokomotivendepot« stehen auch untaugliche Attrappen!
2. Nenne die Attrappen.
3. Übersetze die entstandenen Sätze.

---

1 Niederdeutsch: Was des einen Eule ist, ist des anderen Nachtigall.

Lokomotiven	Waggons
restitūtus est	Herculēs fīlius Iovis fuisse
gāvīsus sum	duō serpentēs perīculōsī ab Hercule puerō interfectī esse
vidēris	Herculem ā serpentibus interfectum nōn esse
dīcitur	multa mōnstra ab Hercule necāta esse
vidētur	Herculēs etiam serpentem horribilem necāre
afflīctus est	virum praeclārum serpentī perniciem parāvisse
iussus est	is vir fortissimus fuisse
audīvī	Herculēs post mortem in Olympum sublātus esse
trāduntur	opera poētārum antīquōrum, quae mihi valdē placent, īgnōrāre

5

Der Genitiv – ein vielfältiger Kasus

1. Schreibe die Sätze in dein Heft und setze die Genitive an die richtigen Stellen.
2. Übersetze die Sätze.
3. Schreibe hinter jeden Satz die semantische Funktion des Genitivs.

a) Nōmina ~ ad praetōrem dēlāta sunt.
b) Praetor eōs imāginī ~ immolāre voluit. Studium ~ māgnum erat.
c) Sed nōn multī ~ adducī potuērunt, ut imāginī ~ immolārent.
d) Māgnus numerus ~ perīculō ~ nōn terrēbātur.
e) Quamquam perīculum māgnum fuisse cōnstat, multī ~ in arēnam ducī quam Chrīstō maledīcere māluisse dīcuntur.
f) Num amōre ~ commōtī ~ perīculum adībant?

vītae mortis mortis eōrum eōrum imperātōris imperātōris multōrum Chrīstiānōrum Chrīstiānōrum praetōris

6 Kästchen

Übertrage das Schema in dein Heft. Welcher Satz des letzten Textabschnitts passt hinein? Trage ihn ein.

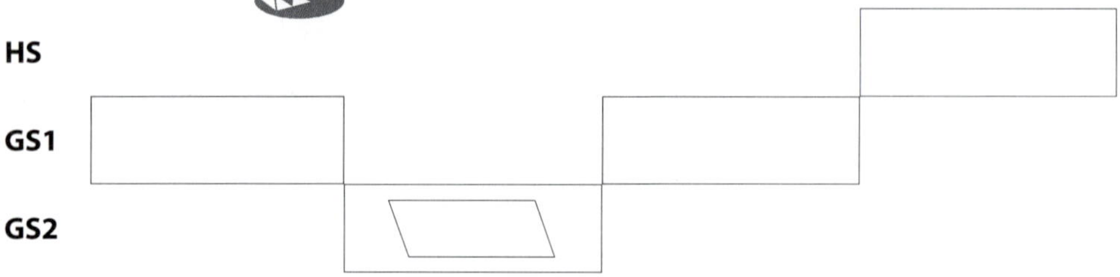

7 Wörterlernen mit Köpfchen

1. Übernimm die Tabelle in dein Heft und ergänze jeweils das Gegenteil.

mortālis	im~
dīgnus	in~
fīrmus	
nocēns	
iussū	
ūtilis	
victus	
amīcus	

2. Das Gegenteil von sānus hast du noch nicht als Vokabel gelernt. Erschließe es.

8 Offensichtlich Latein!

1. Übersetze die folgenden, im Deutschen öfter vorkommenden lateinischen bzw. lateinisch-deutschen Ausdrücke.
2. Erkläre, was diese Ausdrücke bedeuten.
3. Verfasse auf Deutsch eine kleine Geschichte, in der du alle vier Ausdrücke sinnvoll anwendest, und lies sie deiner Klasse vor.

a) nolens volens b) Mea culpa! c) Homo faber
d) Pro und Contra

9

Exportschlager nci

Sprachwissenschaftler haben bewiesen, dass die Engländer im frühen Mittelalter den nci aus dem Lateinischen in ihre Sprache übernommen haben. Er wird auch heute noch häufig von den Engländern benutzt.

1. Nenne Unterschiede und Gemeinsamkeiten in der Bildung des nci in den lateinischen und englischen Beispielsätzen a und b.
2. Übersetze die lateinischen Sätze in c und d ins Englische.

crassus, a, um: fat

iussī sunt: were ordered

Lateinisch	Englisch
a) *Rōma urbs pulcherrima esse* dīcitur.	*Rome* is said *to be the most beautiful city.*
b) *Servī* ā dominō *vitūperātī esse* trāduntur.	*The slaves* are said *to have been criticized* by their master.
c) Horātius crassus fuisse dīcitur.	~
d) Mīlitēs domum redīre iussī sunt.	~

***10**

Juristenlatein

Im Juristenlatein finden sich interessante, für Laien zum Teil erstaunliche Aussagen und Definitionen.

Übersetze ins Deutsche.

vulgō: nach allgemeiner Ansicht
causam praebēre: verursachen
quīlibet, quaelibet, quodlibet: welcher auch immer

a) Volenti non fit iniuria.
b) Dominus membrorum suorum nemo videtur.
c) Occidisse dicitur vulgo quidem, qui mortis causam quolibet modo praebuit.

Was Recht ist, muss Recht bleiben

»Sie sitzen hier, weil sie ihrer Pflicht nachkommen, aber sie schweigen, weil sie der Gefahr ausweichen …«

Ein offensichtlicher Rechtsbruch

Im Jahre 80 v. Chr. kam es in Rom zu einem spektakulären Prozess. Ein junger Anwalt wagte es, die Verteidigung eines Mannes zu übernehmen, dessen Verurteilung zum Tode eigentlich schon vor dem Prozess beschlossene Sache war. Der Prozess fand während der Diktatur Sullas statt. Ihr waren bereits zahllose Menschen zum Opfer gefallen. Man hatte sie auf sogenannten Proskriptionslisten (*prōscrībere:* aufschreiben) für vogelfrei erklärt, ihr Vermögen eingezogen und zum Teil an die jeweiligen Denunzianten (*dēnūntiāre:* anzeigen) ausgezahlt. Die Angehörigen von Denunzierten aber waren grundsätzlich enterbt worden.

Worum ging es nun in diesem Prozess? Ein Mann namens Sextus Roscius aus der Kleinstadt Ameria war wegen Mordes an seinem Vater angeklagt worden. Angeblich habe dieser ihn enterben wollen. Auf Vatermord stand die Todesstrafe. Tatsächlich aber versuchten zwei Verwandte, Sextus Roscius den Mord an seinem Vater in die Schuhe zu schieben, um an dessen Vermögen zu kommen. Der Fall war hochbrisant. Denn der eigentliche Drahtzieher des Verbrechens war ein Günstling Sullas. Er hieß Chrysogonus und sorgte dafür, dass der ermordete Vater nachträglich auf die Proskriptionsliste gesetzt wurde. Damit verlor der Sohn sein ganzes Vermögen, darunter dreizehn Landgüter, die Chrysogonus anschließend »legal« für einen Spottpreis vom Staat erwarb.

Sicherheitshalber wollte man den Sohn allerdings noch endgültig beseitigen. So bezichtigte man ihn einfach des Mordes an seinem Vater. Seine Ankläger gingen nämlich davon aus, dass aus Angst vor Sulla niemand dessen Verteidigung übernehmen würde. Doch in einer fulminanten Rede erwirkte der junge Anwalt nicht nur den Freispruch des Sextus Roscius, sondern entlarvte auch die wahren Mörder und ihre Motive.

Giovanni Domenico Tiepolo (1727–1804): »Kaiser Justinian als Gesetzgeber«, 1751. Würzburg, Residenz.

Römische Prozessordnung

Juristischer Sachverstand, sprachliche Brillanz und vor allem Mut zeichnen die Rede aus. Sie geht heftig mit den politisch Verantwortlichen ins Gericht. Diese hätten im Wissen um das offenkundige Unrecht Sextus Roscius verteidigen müssen. Stattdessen säßen sie zwar artig, wie es sich gehöre, in der Verhandlung, hielten aber den Mund, weil sie Angst vor den Anklägern hätten.

Dass es überhaupt zu einem ordentlichen Prozess kommen konnte, war im Grunde allein einer einflussreichen Frau mit Namen Caecilia Metella zu verdanken. Sie hatte erwirkt, dass wenigstens offiziell Anklage gegen Sextus Roscius erhoben und ihm damit das Recht auf Verteidigung zugesprochen wurde. Während der Verhandlung trugen Ankläger und Verteidiger ihre Argumente vor und versuchten gleichzeitig, die Argumente der Gegenseite zu entkräften. Anschließend fällten die Richter das Urteil.

Zwölf-Tafel-Gesetz und CIC

Grundlage des römischen Rechts bildete das Zwölf-Tafel-Gesetz. Es war um 450 v. Chr. im Zuge der Ständekämpfe zwischen Plebejern und Patriziern verfasst worden und stellte beide Stände rechtlich gleich. Als *iūs cīvīle* galt das Zwölf-Tafel-Gesetz allerdings ausschließlich für römische Bürger. Es wurde daher durch das *iūs gentium* (»Völkergemeinrecht«) ergänzt, das den Umgang mit Nichtrömern regelte.

Im Laufe der Zeit wurde das Zwölf-Tafel-Gesetz überarbeitet und erweitert, blieb aber dennoch Grundlage der römischen Rechtsprechung und fand sogar seinen Niederschlag in unserem Bürgerlichen Gesetzbuch (BGB). Zwischen 527 und 534 fasste Kaiser Justinian I. das gesamte römische Recht im *Corpus Iūris Cīvīlis* (CIC) zusammen. Damit wurde die Grundlage der modernen Rechtswissenschaft gelegt. Denn seit dem hohen Mittelalter bestimmt das CIC die Rechtskultur Kontinentaleuropas und der früheren Kolonialstaaten.

Übrigens: Der junge Anwalt, von dem eingangs die Rede war, war niemand anderes als Marcus Tullius Cicero, der damit den Grundstein seiner späteren Karriere legte.

1. Cicero fragt die Ankläger des Sextus Roscius im Zuge seiner Argumentation: »*Cui bonō?*« – Übersetze diesen Ausdruck und überlege, warum Cicero den Anklägern gerade diese Frage stellt.
2. Informiere dich über Sulla und seine Proskriptionen. Verfasse darüber einen kurzen Artikel für ein Schulbuch.

Lektion 40

*Intrā!

Celsus: *römischer Arzt und Schriftsteller des 1. Jahrhunderts n. Chr.*
valētūdō, inis *f.*: Gesundheit(szustand)

Sī praecepta Celsī auctōris servāveris,
bonā valētūdine ūtēris.
Sī praecepta Celsī ab omnibus servāta erunt,
medicī vacuī negōtiīs erunt.

lātus, a, um: breit, ausführlich

Philosophī dē vitiīs longē lātēque scrībere solent.
Ita Seneca vīnō immoderātē ūtentēs vehementer vituperat.

*I

Was geschieht wann?

1. In welchem zeitlichen Verhältnis steht in den ersten beiden Sätzen jeweils der Inhalt des sī-Satzes zum Inhalt des Hauptsatzes? Zeichne in dein Heft einen Zeitstrahl und trage die Prädikate von Haupt- und Gliedsatz ein.

Vergangenheit ← Gegenwart → Zukunft

2. Untersuche die Prädikate der sī-Sätze: Aus welchen Bestandteilen ist die Form jeweils gebildet?
3. Wie fragt man nach longē lātēque, immoderātē und vehementer im 3. und 4. Satz? Um welche Satzglieder handelt es sich also?

Text 1

Plīnius Maximō suō salūtem dīcit

Maximus, ī *m.*: Eigenname

Amor in tē meus cōgit,
nōn ut praecipiam (neque enim praeceptōre egēs),
amīcē admoneam tamen,
ut ea, quae scīs, dīligenter observēs.

merus, a, um: rein, unverfälscht
frūgēs, um *f. Pl.*: Ackerbau

Ubī prīmum in prōvinciam tuam advēneris, intellegēs
Achāiam illam vēram et meram Graeciam esse,
in quā prīmum hūmānitās, litterae,
etiam frūgēs inventae esse crēduntur.

Habēbis ante oculōs terram,
quae nōbīs iūra mīsit,
quae lēgēs nōn victīs,

Lacedaemōn, onis *f.*: *anderer Name für die griechische Stadt Sparta*
conditor, ōris *m.*: Gründer

sed petentibus benīgnē et līberāliter dedit.
Athēnās Lacedaemonemque adībis.
Recordāre, quid quaeque cīvitās fuerit!
Reverēre conditōrēs dīvīnōs et nōmina deōrum,
reverēre glōriam veterem!
Sī Graecīs umbram māgnitūdinis antīquae
et lībertātis reliquae ēriperēs,
dūrē, ferē, barbarē agerēs.

asperitās, ātis *f.*: Schroffheit, Grobheit
valentior, iōris: wirkungsvoller
ad obtinendum, quod velīs: zur Durchsetzung deines Willens

Absit ergō superbia, asperitās!
Longē valentior amor ad obtinendum, quod velīs,
quam timor.
Prōvinciālēs,
sī tē hūmānum, bonum, probum esse vīderint,
tē, cum Achāiam relīqueris, semper reverentur.
Sī prōvincia ā tē bene administrāta erit,
etiam Rōmae māgnum honōrem habēbis.
Valē.

Sogenannter Poseidontempel in Paestum (Süditalien), der aber wohl eher Hera (und vielleicht auch Zeus) geweiht war. Um 460 v. Chr.

Text 2

Cicero über die Griechen

Ei generī hominum praesumus,
in quō ipsa est et
ā quō ad aliōs pervēnisse putātur hūmānitās.
Itaque certē iīs eam potissimum praestāre dēbēmus,
ā quibus accēpimus.
Omnia, quae cōnsecūtī sumus et adeptī erimus,
iīs studiīs et artibus dēbēmus et dēbēbimus,
quae sint nōbīs Graeciae monumentīs disciplīnīsque trādita.

sint: sie sind

Quidquid agis, prūdenter agās,
et respice fīnem!

quidquid: was auch immer

Suum cuique.

Suae quisque fortūnae faber (est).

fortūna, ae *f.*: Glück

Ein Grundsatz Ciceros:
Salūs populī suprēma lēx estō!

estō: er/sie/es soll sein

1

Für Textspürnasen

Zu Text 1

1. Lies den lateinischen Text: Was deutet darauf hin, dass es sich um einen Brief handelt?
2. Suche lateinische Wörter, anhand derer man auf das Verhältnis von Plinius zu Maximus schließen kann.

Zu Text 2

3. Nenne den zentralen Begriff des Textes. Welche Pronomina nehmen ihn auf?

2

Für Textexperten

Zu Text 1

1. Wie leitet Plinius seinen Brief ein? Beschreibe die Art und Weise, wie er Maximus anspricht. Zitiere lateinisch.
2. Wie unterstreichen Wortstellung und Stilmittel sein Anliegen?
3. Welche Besonderheiten der Provinz Achaia hebt Plinius hervor? Zitiere lateinisch.

4. Welche Vorgehensweise empfiehlt Plinius?
5. Welche Chancen bietet die Provinzverwaltung Maximus?

Zu Text 2

6. Was haben die Römer den Griechen zu verdanken?
7. Woran wird Cicero bei »studiis et artibus« wohl gedacht haben? Ziehe auch Text 1 zurate.

3 Gewürz

Adverbien sind das Sinn-Gewürz der Sätze. Würze folgende Sätze mit passenden Adverbien aus dem Regal und übersetze dann. Manchmal gibt es mehrere Möglichkeiten.

a) Daedalus īnsulam Crētam relinquere et in patriam redīre ~ cupit.
b) ~ pūgnāns Herculēs Hydram superāvit.
c) Herculēs sagittās suās sanguine Hydrae ~ tīnxit.
d) Venēnum Hydrae corpus Herculis ~ invāsit.
e) Nioba numerum fīliōrum fīliārumque ~ laudābat.
f) Diāna et Apollō, līberī Lātōnae, fīliōs fīliāsque Niobae ~ occīdērunt.
g) Ēchō ~ in montēs recessit, ubī in saxum mūtāta est.
h) Iūnō et Minerva ~ ferēbant, quod Paris Venerem pulcherrimam deam esse dīxerat.
i) Ulixēs ~ dolum invēnit.

Ulixēs, is *m.*: Odysseus

4 Formen-Wippe

Übertrage die Tabelle in dein Heft und verwandle in die Adverbform bzw. in die Adjektivform (Nom. Sg. m.).

ācriter	~
~	asper
bene	~
~	benīgnus
breviter	~
~	certus
contentē	~
~	dīgnus
dīligenter	~
~	dīvīnus
ēgregiē	~
~	fēlīx
firmē	~
~	fōrmōsus
graviter	~
~	hūmānus
immoderātē	~
~	ingēns
īrātē	~
~	lentus
līberē	~
~	nocēns
permāgnē	~
~	pūblicus

5

Zukünftiges – und Zukünftigeres??

Suche aus den beiden lateinischen Texten jeweils die Formen des Futur 2 heraus und überlege, in welchem zeitlichen Verhältnis die Handlung des Hauptsatzes zu der des Gliedsatzes steht.

Zeichne einen Zeitstrahl wie in Aufgabe I, 1 in dein Heft und trage die Prädikate der Satzgefüge, die eine Form des Futur 2 enthalten, ein.

6

Zukunftsideen

Übersetze die Satzhälften und ergänze jeweils eine passende deutsche erste bzw. zweite Hälfte.

Latīnus, a, um: lateinisch

a) Cum māgnās dīvitiās adeptus erō, ~.
b) Cum ē scholā abierō, ~.
c) Cum linguam Latīnam didicerō, ~.
d) ~, vōbīs vēra dīcam.
e) ~, etiam egō tibi epistulam scrībam.
f) ~, tē numquam adiuvābō.

7

Verstecktes Latein

1. Mit welchen lateinischen Vokabeln sind folgende Wörter verwandt?
2. Erkläre, was die Wörter bedeuten.

a) Konsequenz b) Rekorder c) Reverenz d) glorreich

*8

Cicero vergleicht Griechen und Römer

Übersetze ins Deutsche.

sapientius *Adv.*: weiser
melior, meliōris *m./f.*: besser
meliōra facere: (Dinge) besser machen
rēs mīlitāris, reī mīlitāris *f.*: Militärwesen
valēre: leisten
quī: irgendwelche

Meum iudicium semper fuit nos omnia aut sapientius invenisse quam Graecos aut ab illis accepta meliora fecisse. Rem publicam maiores nostri certe melioribus legibus administraverunt. Quid de re militari loquar? In qua multum valuimus. Sed artibus litterisque Graecia semper nos superavit. Si qui poetae aut philosophi magnis ingeniis fuerunt, tamen gloriae Graeciae non responderunt.

Finde einen deutschen Ausdruck für »non responderunt« (Z. 7), der in diesem Zusammenhang passt.

Hūmānitās

Graecia capta ferum victōrem (= Sieger) *cēpit.* – Ein Satz, der Fragen aufwirft! Wer ist dieser *ferus victor* und wieso hat *Graecia capta* eine solche Macht über ihn?

Humanistische Bildung

Lernt ein Schüler Latein und Griechisch auf der Schule, so heißt es auch heute noch oft, er genieße eine »humanistische Schulausbildung«. Woher kommt diese eigenartige Bezeichnung? Historisch stammt sie aus einer Zeit, als man in Deutschland zwischen dem neu- und dem altsprachlichen (= humanistischen) Gymnasium unterschied. Der Begriff selbst stammt aus dem 19. Jahrhundert und geht auf den Bildungsreformer Wilhelm von Humboldt zurück. Dieser vertrat die Auffassung, dass Schulbildung nicht allein auf wirtschaftlichen Nutzen hin ausgerichtet sein dürfe, sondern ein möglichst breites Allgemeinwissen vermitteln solle, so wie es in der Antike und besonders im alten Griechenland üblich war.

Humanismus

Humboldt knüpfte mit seinem Bildungsziel an die Gedanken des *Humanismus* an. Diese Bewegung nahm im 14. Jahrhundert in Italien ihren Ausgang und verbreitete sich bald über ganz Europa. Anliegen der Humanisten war die Rückbesinnung auf Sprache und Kultur der (römischen) Antike. Ihr Motto lautete: »*ad fontēs*« (= »zurück zu den Quellen«). Die Humanisten waren überzeugt, dass erst eine fundierte Ausbildung in den alten Sprachen Menschen befähige, (antike) Texte nicht nur fehlerfrei zu übersetzen, sondern auch inhaltlich so zu verstehen, dass ein persönlicher Nutzen daraus gezogen werden könne. Sie richteten ihr Hauptaugenmerk auf die individuellen Fähigkeiten und Neigungen des Menschen und ersetzten das *theozentrische* (= auf Gott hin ausgerichtete) Weltbild des Mittelalters durch ein *anthropozentrisches* (von griechisch *anthropos* = Mensch).

Die Kirche stand all dem sehr skeptisch gegenüber. Sie befürchtete eine Aufweichung des christlichen Glaubens. Das aber war nie die Absicht der Humanisten. Wie sonst wäre es zu erklären, dass ausgerechnet ein Humanist, nämlich der Griechischprofessor Philipp Melanchthon, im Jahre 1520 dem Reformator Martin Luther den Anstoß zu seiner Übersetzung des Neuen Testaments gab, und zwar des griechischen Originaltextes und nicht der damals gebräuchlichen lateinischen Bibelfassung, der *Vulgata*, die selbst schon eine Übersetzung aus dem Griechischen war.

Hūmānitās

»*Homō sum, hūmānī nihil ā mē aliēnum putō*«. – »Ich bin ein Mensch und ich glaube, dass mir nichts Menschliches fremd ist.«– Wer so spricht, kennt die guten und weniger guten Seiten des Menschen. Die Kenntnis der eigenen Schwächen hindert ihn aber daran, sich über seine Mitmenschen zu erheben. Der Philosoph Seneca sagt, dass jeder Mensch Teil eines großen Körpers sei und sich niemand der Verantwortung für seinen Mitmenschen entziehen dürfe. Menschlich handeln heißt nach Seneca, dem Schiffbrüchigen die Hand zu reichen, dem Verirrten den Weg zu zeigen und mit dem Hungrigen das Brot zu teilen, ohne zu vergessen, dass man vielleicht auch einmal der »humanen« Geste eines anderen bedarf.

Die Vokabel *hūmānus* ist dir seit Lektion 4 bekannt. Damals haben wir sie mit »menschlich«, »freundlich« übersetzt. Aber *hūmānus* bedeutet mehr. Im Lexikon findest du Begriffe wie »mild«, »ruhig« und »gebildet«. Ja, auch »gebildet«! Aber nicht nur bezogen auf erlerntes Wissen; *hūmānitās* schließt auch die Fähigkeit zu Selbstkritik und Respekt vor dem Mitmenschen ein. Das klingt vielleicht sehr philosophisch, ist aber im Grunde ganz einfach. Im Deutschen gibt es dafür den etwas altmodisch klingenden Ausdruck »Herzensbildung«. Was aber hat das mit dem Zitat zu Anfang des Textes zu tun? Nun, das Wort *hūmānitās* hat seinen Ursprung in der griechischen *Philanthropia*, wörtlich übersetzt der »Liebe zum Menschen«. Zur Philanthropia gehörten für die Griechen auch Kunst, Kultur und Bildung, Werte, die den Menschen innerlich reich und frei machen können, weil sie sein unveräußerliches Gut bleiben.

In diesem umfassenden Sinn verstanden auch die Römer seit Cicero den Begriff *hūmānitās*. Der Dichter Terenz (um 200 v. Chr.), auf den das Zitat am Textanfang zurückgeht, sagt also nichts anderes, als dass das eroberte Griechenland *(= Graecia capta)* seine ungehobelten *(= ferī)* römischen Eroberer mit seinen Wertvorstellungen seinerseits erobert (und zivilisiert) hat.

1. Humanistische Bildung – Humanismus – *hūmānitās:* Erläutere den Zusammenhang dieser drei Begriffe.
2. Nenne mögliche Gründe für Melanchthons Anregung für die Bibelübersetzung aus dem griechischen Neuen Testament.
3. Schlage in einem lateinischen Wörterbuch die Vokabel *hūmānus* nach. Verfasse eine kleine »philosophische« Abhandlung über die verschiedenen Bedeutungen.
4. Fertige eine Collage an zum Thema »griechische Kultur«.

Lektion 41

*Intrā!

Colōnia Agrippīnēnsis, Colōniae Agrippīnēnsis *f.*: Köln

Colōnia Agrippīnēnsis urbs antīqua est, Rōma antīquior quam Colōnia Agrippīnēnsis est; antīquissimae sunt Athēnae.

metallum, ī *n.*: Bergwerk

Vīta servōrum saepe misera erat. Vīta eōrum, quī agrōs colēbant, miserior erat vītā eōrum, quī in urbe vīvēbant. Miserrima erat vīta eōrum, quī in metallīs labōrābant.

Errōrēs servōrum sevērē vituperābantur, vitia eōrum sevērius, fuga autem sevērissimē pūniēbātur.

Alumnus, ī *m.*: *Eigenname*
Brennus, ī *m.*: *Eigenname*
Ursius, iī *m.*: *Eigenname*

Alumnus gladiātor fortis est. Brennus fortior est quam Alumnus. Ursius fortissimus gladiātōrum est.

Gladiātōrēs fortiter pūgnant. Brennus fortius pūgnat Alumnō. Ursius fortissimē pūgnat.

Büste des Seneca von der Doppelherme mit Sokrates. Berlin, Antikensammlung der Staatlichen Museen Preußischer Kulturbesitz.

Ē Senecae litterīs

capere, iō: aufnehmen (können)

Vōbīs dominīs agrī tam vāstī sunt,
ut populum capiant,
tamen agrōs vāstiōrēs cupitis
neque contentī estis,
sī flūmina illūstrissima per prīvātum fluunt
et ā fonte ūsque ad ōstium vestra sunt.
Hoc quoque parum est,
nisī lātifundiīs vestrīs maria cīnxistis.

imminēre *m. Dat.*: ragen über
cōnstrātum: *PPP von cōnsternere:* auffüllen

Nunc vōbīscum loquor,
quōrum luxuria māior est quam avāritia eōrum.
Mox nūllus lacus erit,
cui nōn vīllae vestrae quam splendidissimae
immineant,
nūllum litus,
ubī vōs marī cōnstrātō fundāmenta nōn iaciētis.

subvertere, subvertō, subvertī, subversum: einebnen
cubiculum, ī *n.*: Schlafzimmer

Etsī montēs subverteritis et aedificia exstrūxeritis,
quae et altiōra et pulchriōra erunt aedificiīs omnium,
tamen et singula corpora eritis et minima.
Quid prōsunt plūra cubicula? In ūnō iacētis.

scrūtārī: durchsuchen, durchforschen
quantulum: wie wenig
nauseāns, antis: sich ekelnd, angewidert
advectīs: *PPP von advehere:* herbeischaffen

Ad vōs deinde trānseō,
quōrum avāritia īnsatiābilis
maria et terrās dīligentissimē scrūtātur.
Nūllīs animālibus nisī ē fastidiō pāx est.
Sed quantulum ex istīs ferīs perīculōsissimē captīs
dominus nauseāns gūstat?
Quantulum ē tot piscibus longissimē advectīs
per ista viscera īnsatiābilia lābitur?
Utinam quam celerrimē intellegātis
maiōrem vōs famem habēre quam ventrem!

In nūllum hominem avārus bonus est, in sē pessimus.

exercitātiō, iōnis *f.*: Übung

Exercitātiō optimus magister

Das olympische Motto:
Altius, citius, fortius

1

Für Textspürnasen

1. Untersuche die erste Zeile jedes Textabschnitts auf Konnektoren und stilistische Besonderheiten. Formuliere deine Beobachtungen und ziehe Rückschlüsse auf den Textaufbau.
2. Untersuche das Wortmaterial der einzelnen Abschnitte. Ziehe dazu auch das Vokabelverzeichnis hinzu. Formuliere Erwartungen an den Inhalt der Abschnitte.

2

Für Textexperten

1. Erläutere, wie der Text aufgebaut ist und mit welchen Mitteln der Aufbau deutlich gemacht wird.
2. Zitiere aus dem Text die beiden Eigenschaften, auf denen das kritisierte Fehlverhalten in seinen unterschiedlichen Erscheinungsformen beruht.
3. Zeige, mit welchen Mitteln im Verlauf des Textes eine Steigerung der Aussage erreicht wird.
4. Schreibe alle Attribute mit ihren Beziehungswörtern aus dem Text heraus. Versuche, die ermittelten Wortgruppen zu ordnen (z. B.: Welche von ihnen enthalten Mengenangaben?). Was wird durch die Verwendung der Attribute beim Leser erreicht?
5. Sieh dir unsere heutige Welt mit den Augen Senecas an. Verfasse einen Zeitungskommentar aus der Sicht eines modernen Seneca.

3

Fülle das Regal auf

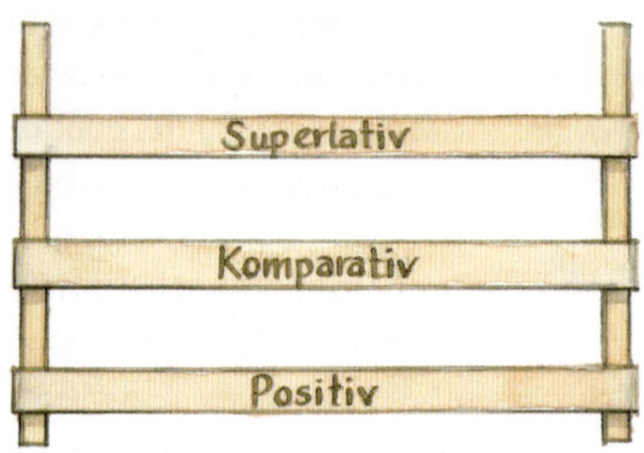

1. Zeichne das Regal in dein Heft. Ordne die Formen ein und fülle das Regal auf.
2. Welche der Formen sind Adverbien?

a) prīvātā b) splendidissimē c) illūstriōra
d) māgnārum e) vāstissimōs f) minōris (n.)
g) plūrimās h) graviter

4

Schneewittchen

Setze die richtige Form aus dem Wortspeicher ein und übersetze die lateinischen Sätze.

celerrimē fōrmōsissimae pulchrior (2x) pulcherrima (2x)

a) Eine Königin befragte täglich ihren Spiegel: »Spieglein, Spieglein an der Wand: Tū cūnctās mulierēs virginēsque, quae hāc in cīvitāte habitant, bene nōvistī. Quae mulier ~ omnium est?«

b) Der Spiegel pflegte zu antworten: »Ō rēgīna, in hāc cīvitāte multae mulierēs virginēsque ~ habitant. Quārum omnium tū ~ es.«

c) Die Königin war täglich von Neuem sehr geschmeichelt und ließ nicht ab zu fragen: »Quae mulier mē ~ est? Quam ~ respondē!«

d) Da sagte eines Tages der Spiegel: »Ō rēgīna, nōn est mulier ~ quam tū. Sed …«
»Sed?« fragte die Königin drohend. Und da musste der Spiegel husten. So geschah Schneewittchen nichts.

5

Stelle die richtigen Fragen

1. Übersetze.
2. Frage nach den ablativischen Ausdrücken und nenne die Bezeichnung der Ablative in der Fachsprache.

a) Imperātor Rōmānus ducem Gallōrum cum patientiā exspectābat.
b) Tandem dux hostium nōnnūllīs cum mīlitibus appropinquāvit,
c) ut cum imperātōre Rōmānō ageret.
d) Gallus iste ingeniō ferōcī esse vidēbātur.
e) Sē tālibus condiciōnibus pācem facere nōlle dīxit; tum abiit.
f) Paucīs diēbus post castra oppūgnāta sunt.
g) Mox cūnctī gladiīs pūgnāre coepērunt.
h) Certātum est cum temeritāte atque audāciā.
i) Gallī, quamquam Rōmānōs numerō superābant, victī sunt.
j) Num Rōmānī fortius pūgnāvērunt Gallīs?
k) Fortasse Rōmānī fēlīciōrēs Gallīs erant.
l) Paucī Gallōrum ē caede effūgērunt.
m) Hostēs captī noctibus atque diēbus cūstōdīrī dēbēbant.
n) Etiam dux Gallōrum in vinculīs et catēnīs erat.
o) Imperātor Rōmānus victōriā exsultābat.

6

Wörterlernen mit Köpfchen

1. Benenne das Sachfeld, zu dem die Wörter piscis und fera gehören. Nenne weitere Wörter aus diesem Sachfeld.
2. Entwirf eine bebilderte Mindmap mit möglichst vielen lateinischen Wörtern des Sachfeldes »Natur«.

7

Wort-Körbe

Zeichne 7 Körbe in dein Heft und ordne die Substantive, Adjektive, Pronomina, Verben, Adverbien, Präpositionen und Konjunktionen in ihrer Grundform ein.

diligentissime, heri, me, demum, mercator, turri, initio, inficio, incendio, cum (2), inflammari, ala, voluntarius, tu, infimus, dulcius (2), creber, de, imber, ini, illi, sic, maior, sequor, advola, altiora, dum, per, mane, istius, nondum, odium

8

Vokabelhappen

Suche in den folgenden fremdsprachlichen Vokabelhappen die jeweils enthaltene lateinische »Zutat«!

*9 Midas

Übersetze ins Deutsche.

Midās, ae *m.*: Midas *(Name eines mythischen Königs)*
Phrygia, ae *f.*: Phrygien *(Landschaft in Kleinasien)*
Sīlēnus, ī *m.*: Silen
Bacchus, ī *m.*: Bacchus *(Gott des Weines)*
implōrāre: anflehen
aurum, ī *n.*: Gold
vertī, vertor, versus sum: sich verwandeln
Pactōlus, ī *m.*: Paktolus, *(Fluss in Kleinasien)*

Midas, rex Phrygiae, Silenum, magistrum Bacchi dei, ceperat. A deo autem imploratus Silenum dimisit. Bacchus, ut Midae gratias ageret, »Tibi«, inquit, »dabo, quod optaveris.«
Rex maximo cum gaudio dixit: »Utinam omnia, quae tetigero, in aurum vertantur!« Et ita factum est.
Rex autem gaudio exsultans dixit: »Quam felix sum! Quis me felicior est? Me felicissimum omnium hominum esse puto. Mox maximae divitiae mihi erunt, ornamenta pulcherrima uxori meae dabo, villa mea sole splendidior erit. Nunc autem cenare cupio.«
Sed cibi, quos Midas tetigerat, statim in aurum versi sunt. Vinum, quod bibere temptaverat, in aurum vertebatur. Terrore commotus rex dives miserque Bacchum deum implorabat: »O Bacche, miserrimus omnium hominum sum. Mox fame sitique peribo. Auxilium mihi fer!«
Deus autem respondit: »O rex, immoderata cupivisti. Si meliora optavisses, nunc melius cenares. Tamen auxilium tibi feram. Audi me diligentissime! In fonte Pactoli fluminis lavari debes. Te quam celerrime ad fontem ascendere opus est.« Et rex ad illam fontem properavit. Cum in fonte lavaretur, aurum aquam tinxit et humano de corpore in flumen cessit. Midas autem liber erat.

Überlege dir eine schönere Übersetzung für

a) Et ita factum est (Z. 6).
b) Terrore commotus (Z. 14).

Geht man so mit seiner Mutter um?

»Wir vergiften unsere Flüsse und unsere natürlichen Ressourcen und wenden selbst das, wovon man lebt, in unser Verderben.«

Nein, dieser Satz stammt nicht von Greenpeace! Niedergeschrieben hat ihn vor ca. 2000 Jahren ein römischer Flottenkommandant. Sein Name war Plinius. Er erstickte an den giftigen Emissionen während des Vesuvausbruchs 79 n. Chr. Durch seinen Neffen Plinius (»den Jüngeren«) kennen wir die genauen Umstände seines Todes: Wissenschaftliche Neugierde hatte ihn während der Evakuierung der vom Vulkan betroffenen Städte allzu nahe an den Gefahrenherd getrieben. Als begeisterter Hobbyforscher gehörte er zu den Menschen, die gelegentlich vor lauter Forschertrieb alle »Vernunft« ablegen. In seiner Freizeit widmete sich Plinius nämlich der Naturwissenschaft. Seine Forschungsergebnisse fasste er in einem Werk, den *Natūrālēs Historiae* (»Naturwissenschaftliche Forschungen«), zusammen. Er nennt als erster Römer die Natur *parēns* (= Mutter). Deshalb prangert er auch immer wieder den rücksichtslosen Umgang mit der Natur an. Die Probleme kommen uns bekannt vor: Verseuchung von Luft und Wasser, Aussterben von Tierarten, Verkarstung der Landschaft – die Liste ist lang und wird von anderen antiken Schriftstellern erweitert. Hier nur einige Beispiele:

Metallverarbeitung – der Anfang vom Ende?

Ovid erinnert in seinen Metamorphosen an den Mythos von den vier Weltaltern. Im ersten, dem Goldenen Zeitalter, lebte der Mensch in Einklang mit der Natur. Dann begann er die Erde zu bearbeiten. Doch je mehr er in die Abläufe der Natur eingriff, desto mehr wandelte sich die Welt zum Schlechteren. Als er schließlich auch noch in das Innere der Erde vordrang und lernte, aus Metall Werkzeuge herzustellen, tat er zwar den entscheidenden Schritt zur Zivilisation, brachte aber gleichzeitig Krieg und Zerstörung in die Welt. Damit begann das letzte, das Eiserne Zeitalter. Der Mythos lässt keinen Zweifel: Die Zeche für den menschlichen Fortschritt zahlt die Natur.

Saurer Regen

Der Übergang von der Stein- in die Kupferzeit (ca. 4000 v. Chr.) gilt als wichtigster Meilenstein in der Geschichte der Menschheit. Die Antike machte sich beim Erzabbau bereits chemisches Wissen zunutze. Man gewann zum Beispiel aus schwefelhaltigem Kupfersulfid Kupfer und aus bleihaltigem Silberglanz Silber, indem man bei der sogenannten Röstung die chemischen Bestandteile voneinander trennte. Dabei entstanden allerdings hochgiftige Emissionen wie das Schwefeldioxid, das als »saurer Regen« schon damals für das Sterben von Pflanzen mitverantwortlich war.

Doch das ist längst nicht alles

Wurde ein Stollen aufgegeben, schlug man die Stützpfeiler um und riskierte einen Bergeinsturz. Aber diese Art des Bergbaus war nicht der einzige gravierende Eingriff in die Natur. Für ihren enormen Wasserbedarf benötigten die Römer riesige Wasserleitungen. Damit das Wasser im gleichbleibenden Fallwinkel durch die Rohre fließen konnte, baute man die Wasserleitungen je nach Landschaftsstruktur mal über- und mal unterirdisch. Innerhalb der Häuser benutzte man Bleirohre. Blei, ein Abfallprodukt der Edelmetallschmelze, war ein billiger und vielseitig verwendbarer Werkstoff. Das eigentlich ungiftige Blei wird allerdings zur tickenden Zeitbombe, wenn es mit Säure in Berührung kommt. Römische Trinkgefäße, aus denen der säurehaltige Wein getrunken wurde, enthielten häufig Blei. Beliebt – und gesundheitsschädlich – waren auch Bleizucker (Bleiacetat) zum Süßen von Wein (noch im 19. Jahrhundert [!] in Gebrauch) und das von den Frauen zum Schminken bevorzugte Bleiweiß, das auf die Dauer Schäden an den Zähnen und Mundgeruch verursachen kann. Der römische Architekt Vitruv warnte – allerdings vergeblich – vor den gesundheitlichen Risiken von Blei und riet dazu, Wasserrohre und Trinkgeschirr aus Ton herzustellen.

Rom – »Traum« einer Großstadt

Es gab im antiken Rom mit der *Cloāca Maxima* eine gut funktionierende Kanalisation. Da aber alles ungefiltert in den Tiber geleitet wurde, war er zumindest im Sommer wahrscheinlich eine stinkende Kloake. Auch in der *Subūra* muss der Geruch manchmal unerträglich gewesen sein. Denn viele Leute gossen ihre Abwässer kurzerhand auf die Straße. Durch die Hitze war es ohnehin schon sehr stickig. Der Rauch der Garküchen, die beinahe täglichen Wohnungsbrände und der Gestank von Gerbereien und Wäschereien taten ein Übriges. Dazu kam der Stressfaktor Großstadtlärm. Selbst nachts fanden die Menschen wegen des Güterverkehrs keine Ruhe. Rücksichtnahme war ein Fremdwort. Manche Leute rissen ihre Mitmenschen sogar absichtlich aus dem Schlaf. Übrigens: Leise geht es in Rom auch heute noch nicht zu …

1. Zivilisation und Umweltzerstörung in der Antike: Beschäftigt euch im Rahmen einer Projektarbeit mit diesem Thema. Stellt eure Arbeitsergebnisse in Form einer kommentierten Collage, eines bebilderten Vortrags oder einer PowerPoint-Präsentation dar.

Lektion 42

nātus, a, um **ad:** geboren zu
aptus, a, um: geeignet

*Intrā!

Docēre saepe iuvat;
sed nōn omnēs ad docendum nātī et aptī sunt.
Ars docendī ars difficilis.
Docendō magistrī ipsī discunt.

*I

Durch Fragen ans Ziel
Frage in den einzelnen Sätzen nach den Formen von docēre. Um welchen Kasus und um welches Satzglied muss es sich jeweils handeln?

Vitrūvius, iī *m.:* Vitruv *(Architekt und Ingenieur, lebte zur Zeit Caesars)*
Pontus, ī *m.: Gebiet um das Schwarze Meer*
septentriōnālis, is, e: nördlich
fuscus, a, um: dunkel
crispus, a, um: gekräuselt
rōscidus āēr, rōscidī āēris *m.:* taureiche Luft
septentriōnēs, um *m. Pl.:* Norden
rūfus, a, um: rothaarig
caerulus, a, um: blau

Die Einflüsse des Klimas

Vitrūvius sextō librō, quī dē architectūrā īnscrībitur,
haec ferē dīxit:
In arte domōs cōnstruendī
prīmō interrogātur,
in quibus regiōnibus domūs cōnstituantur.
Regiōnibus cursuī sōlis nōn eōdem modō subiectīs
aedificia aliter in Aegyptō, aliter in Hispāniā,
aliter in Pontō, aliter Rōmae aedificantur.

Eōdem librō explicat,
quā dē causā gentēs septentriōnālēs
longē distent ā merīdiānīs.
Regiōnēs ūrendō
sōl terram hominēsque ūmōre prīvat.
Itaque gentēs, quae sōlī ārdentī subiectae sunt,
brevibus corporibus, colōre fuscō, crispō capillō,
oculīs nigrīs, sanguine exiguō sunt
et facile ad rebellandum moventur.
Ad fortiter autem pūgnandum merīdiānī
aptī nōn sunt,
quod habent exhaustās ā sōle animōrum vīrēs.

In regiōnibus autem frīgidīs
ūmor ā sōle ārdente nōn exhaurītur,
sed ē caelō rōscidus āēr in corpora fundit ūmōrem.
Itaque gentēs, quae sub septentriōnibus vīvent,
māgnīs corporibus, candidīs colōribus,
dīrēctō capillō et rūfō, oculīs caerulīs,

sanguine multō, māgnīs vīribus sunt.
Sanguinis abundantiā cupidiōrēs pūgnandī sunt merīdiānīs.

Incolae autem Italiae,
quod inter septentriōnēs et merīdiem sita est,
et māgnā fortitūdine et optimō animō sunt.
Populum Rōmānum in temperātā regiōne collocandō dīvīna mēns
Rōmānōs dominōs orbis terrārum futūrōs esse voluit.

Haussa-Haus aus Lehm, Niger (die Haussa sind eine der großen Volksgruppen in Niger).

Mortsund, ein Fischerdorf auf den Lofoten (im Nordmeer Norwegens).

Emmentaler Haus in Bern, Schweiz.

Hütte mit Strohdach in Südindien.

Et videndī et audiendī causā

Ars bene vīvendī

Ars loquendī et tacendī

gutta, ae *f.*: Tropfen
cavāre: (aus)höhlen

Gutta cavat lapidem nōn vī, sed saepe cadendō.

1 **Für Textspürnasen**

Zum ersten Textabschnitt

1. Welche Wissenschaft muss nach Vitruvs Ausführungen besonders die Einflüsse des Klimas berücksichtigen? Ziehe gegebenenfalls das Vokabelverzeichnis hinzu und zitiere die lateinischen Formulierungen.

Zum zweiten bis vierten Textabschnitt

2. Worauf nimmt das Klima nach Vitruvs Meinung Einfluss? Verwende auch hier das Vokabelverzeichnis, um die aussagekräftigen lateinischen Formulierungen zu zitieren.

2 **Für Textexperten**

Zum ersten Abschnitt

1. Zeige auf, worauf es bei der »ars domōs cōnstruendī« besonders ankommt.
2. Beschreibe, wie Vitruv seine Anweisungen stilistisch gestaltet.
3. Nenne die Adressaten für seine Anweisungen.
4. Erläutere, warum Vitruvs Anweisungen für seine Zielgruppe besonders wichtig waren.

Zum zweiten bis vierten Textabschnitt

5. Lege eine Tabelle nach folgendem Muster an:

Gruppen von Menschen	Klimatische Verhältnisse	Eigenschaften der Menschen	Wertung Vitruvs	Eigene Stellungnahme
~	~	~	~	~

Bearbeite folgende Aufgaben und fülle die Tabelle aus, nach Möglichkeit mit Zitaten aus dem Text:

- Zwischen welchen Gruppen von Menschen unterscheidet Vitruv?
- Welche besonderen klimatischen Verhältnisse herrschen in deren Region?
- Welche Eigenschaften werden dadurch nach Vitruvs Meinung hervorgerufen bzw. verstärkt?
- Welche Wertung über diese Menschen nimmt Vitruv jeweils vor?
- Nimm Stellung zu Vitruvs Analyse und zu den Konsequenzen, die er daraus zieht.

3

Alles muss eine Ordnung haben

Schreibe die lateinischen Ausdrücke, die ein Gerundium enthalten, aus dem Text heraus und ordne sie nach dem jeweiligen Kasus des Gerundiums.

4

Die Kunst ist lang, das Leben kurz …

1. Es gibt so viele Künste, z. B. die ars vīvendī oder die ars bene scrībendī. Schreibe auf Lateinisch zehn weitere Künste auf.
2. … und so viele Dinge, durch die wir lernen, z. B. docendō discimus. Schreibe auf Lateinisch fünf weitere Möglichkeiten zu lernen auf.
3. … und so viel, was wir vorhaben, z. B. parātī sumus ad discendum. Schreibe auf Lateinisch zehn weitere Unternehmungen auf, zu denen wir bereit sind.

5

Das Wandern ist des Müllers Lust

Übersetze:

migrāre: wandern
mōlītor, ōris *m.*: Müller

a) Migrāre mōlītōrī gaudiō est.
b) Mōlītor migrāre amat.
c) Mōlītor cupidus migrandī est.
d) Mōlītor migrandō dēlectātur.
e) Mōlītor semper ad migrandum parātus est.

6

Lexikonarbeit mit Köpfchen

1. Folgende Sätze enthalten ein Wort, das du noch nicht gelernt hast: contendere. Übersetze mithilfe des Lexikons. Achte dabei auf gutes Deutsch!

Tertulliānus, ī *m.*: Tertullian

Carthāginiēnsis, is *m.*: Karthager

a) Tertulliānus contendit, ut Chrīstiānī iniūriīs līberārentur.
b) Statim domum contendere dēbeō.
c) Meam vītam cum tuā contendere nōlō.
d) Hoc vērum esse contendō.
e) Rōmānī cum Carthāginiēnsibus multīs bellīs contendērunt.
f) Cīvēs omnī studiō dē salūte reī pūblicae contendērunt.

2. Unter welcher Form stehen die Verben im Lexikon?
3. Worauf muss man achten, um die passende Bedeutung zu finden?
4. Was bedeuten folgende Abkürzungen:
   a) *poet.* b) *abs.* c) *m. ut od. m. Akk.* d) *alqd.*?

7

Verstecktes Latein

1. Mit welchen lateinischen Vokabeln sind folgende Wörter verwandt?
2. Erkläre, was die Wörter bedeuten.

a) Subjekt b) Kasus c) Distanz d) Nigeria
e) konstruieren f) regional

8

Seeing is believing: Das englische *gerund*

Das Gerundium kennst du eigentlich schon längst aus dem Englischunterricht.

1. Ordne die folgenden englischen Ausdrücke ihren lateinischen Entsprechungen zu.

a) quaerendī causā
b) docendō
c) videndō crēdere
d) parātus ad scrībendum
e) in legendō
f) ars bene vīvendī

2. Übersetze die folgenden Ausdrücke ins Englische.

a) in cēnandō b) movendō c) explicandī causā

*9 Diogenes und Alexander

Übersetze ins Deutsche.

Alexander, Alexandrī *m.*: Alexander *(König der Makedonen)*
Macedō, ōnis *m.*: Makedone *(Makedonien liegt im Norden Griechenlands)*
Sinōpē, Sinōpēs *f.*: Sinope *(Stadt am Schwarzen Meer)*
Diogenēs, Diogenis *m.*: Diogenes *(griechischer Philosoph im 4. Jh. v. Chr.)*
pōculum, ī *n.*: Becher
haurīre: schöpfen
abicere, abiciō, abiēcī, abiectum: wegwerfen
dōlium, iī *n.*: Fass
īnstitūtum, ī *n.*: Grundsatz
abdūcere, ō (*Imperativ Sg.*: abdūc): abbringen
obstāre ā *m. Abl.*: stehen vor

Aliquando Alexander, maximus ille imperator Macedonum, in oppidum Sinopem venit, quod Diogenem philosophum videre volebat. Ille omnibus rebus dimissis etiam id poculum, quo aquam haurire solitus erat, abiecerat, cum ad bibendum manibus uti mallet.
Diogenes autem, qui in dolio habitabat, in sole sedebat, cum Alexander apparuit. Qui postquam philosophum salutavit, a Diogene interrogatus est, quam causam veniendi haberet. Alexander: „Te pauperem esse scio. Itaque quid optas, ut tibi donem?« Diogenes ridens: »Noli donando me a meis institutis abducere. Si interrogas, quid optem: Hoc solum opto, ne mihi a sole obstes.«

»Alexander der Große und Diogenes«. Gemälde, 1782, von Thomas Christian Wink (1738–1797). Museum Georg Schäfer, Schweinfurt.

Colere, colō, coluī, CULTUS

»Dīvīna mēns Rōmānōs dominōs orbis terrārum futūrōs esse voluit.« Eine ordentliche Portion Selbstbewusstsein (oder eher Anmaßung?) spricht aus diesem Satz. Doch wie standen die Römer tatsächlich zu anderen Völkern und **Kulturen?**

Neque multum frūmentō, sed lacte et pecore vīvunt
»Sie ernähren sich nicht oft von Getreide, sondern von Milch und Kleinvieh.« Mit diesen knappen Worten beschreibt Caesar in seinem Werk *Dē bellō Gallicō* die Ernährungsgewohnheiten der germanischen Sueben. Ein Teil von ihnen stehe immer unter Waffen, so Caesar. Daher seien die Sueben nicht richtig sesshaft und bestellten ihre Felder nur unregelmäßig. Caesar wertet dies als Zeichen fehlender **Kultur.** Uns erscheint diese Auffassung etwas befremdlich, aber das Wort **Kultur** hat tatsächlich viel mit Ackerbau zu tun. *Colere* bedeutet nämlich zunächst einmal »den Acker bebauen«, und das geht nur mit festem Wohnsitz. Die **Kultivierung** von Pflanzen gehört zu den großen **Kultur**leistungen der Menschheit. Die Römer waren sehr stolz auf ihre Agrarprodukte. Sie aßen viel Brot. Dazu gab es **kultiviertes** (= gezüchtetes) Obst und Gemüse, Käse, Wein und Öl. Milch verarbeitete man zu Käse. Es gab eine regelrechte Käse**kultur.** Fleisch wurde dagegen vergleichsweise wenig gegessen. So ist es in Italien bis heute.

Ā cultū atque hūmānitāte prōvinciae longissimē absunt
»Sie sind von der Lebensweise und höheren Bildung der römischen Provinz am weitesten entfernt.« – So weit Caesars Beschreibung des keltischen Stammes der Belgen im 1. Buch von *Dē bellō Gallicō*. *Cultus* meint auch hier zunächst wieder den Ackerbau. In Verbindung mit *hūmānitās* erweitert sich der Begriff dann zu dem, was wir allgemein mit **Kultur** verbinden. Der **kultivierte** Mensch pflegt eine gewisse Wohn**kultur,** interessiert sich für Kunst und Wissenschaft und hat ein Gespür für **kultiviertes** (= gepflegtes) Aussehen und Benehmen. Caesar grenzt damit die Lebensart der Provinz von der »barbarischen« der Belgen ab – und rechtfertigt so seinen Anspruch, den Kelten **Kultur** beizubringen (Gallien dem *imperium Rōmānum* einzuverleiben?).

Ea, quae ad effēminandōs animōs pertinent …
»Das, was auf die Verweichlichung der Sinne abzielt …« Caesar bescheinigt den Belgen, dass sie schon allein räumlich weit davon entfernt sind, sich von Luxusgütern, der Kehrseite des *cultus,* verweichlichen zu lassen. Durch die Begegnung mit dem Orient und Griechenland hatten die Römer nämlich nicht nur Wissenschaft und Kunst kennengelernt, sondern auch eine Vorliebe für gehobene Ess**kultur** und ausgeprägten Körper-

kult entwickelt. Viele Römer sahen dies mit Sorge. Sie waren überzeugt, dass die einfache Lebensweise der *māiōrēs* Rom groß gemacht hatte.

Parcere subiectīs et dēbellāre superbōs, hae tibi erunt artēs
»Unterworfene zu schonen und Übermütige zu bekämpfen – das werden deine Stärken sein.« Trotz ihrer militärischen Überlegenheit respektierten die Römer die **Kultur** unterworfener Völker, wenn sie deren **kulturelle** Bedeutung für ihre eigene **Kultur** erkannten. Das galt besonders für Griechenland. Fühlten sie sich aber **kulturell** überlegen oder sahen in der fremden **Kultur** eine Gefahr, dann kannte ihre Zerstörungswut bisweilen keine Grenzen. Dafür gibt es erschütternde Beispiele, wie 146 v. Chr. die totale Zerstörung Karthagos, 52 v. Chr. die Belagerung Alesias oder 70 n. Chr. die Erstürmung Jerusalems. Fremde religiöse **Kulte** respektierten sie, solange sie keine Störung der öffentlichen Ruhe befürchteten. Eine Diskriminierung von Menschen aufgrund ihrer Hautfarbe war ihnen fremd.

Quōs nōn Oriēns, nōn Occidēns satiāverit …
Der schier unersättliche Eroberungsdrang auf Kosten fremder **Kulturen** stieß auch bei Römern auf Kritik. Der Schriftsteller Tacitus prangert den Umgang mit besiegten Völkern an, denen die Römer alles, vor allem aber ihre Würde, raubten. Er lässt in seinem Buch *Agricola* den britischen Häuptling Galgacus das sagen, was in der Abschnittsüberschrift steht, nämlich dass weder der Osten noch der Westen die Gier der Römer befriedigen könnten. Und außerdem: »*Ubī sōlitūdinem faciunt, pācem appellant.*«– »Sie hinterlassen verbrannte Erde und nennen das dann ›Frieden‹.« Für Galgacus (Tacitus) ist nicht die Lebensweise angeblich **unkultivierter** Völker Barbarei, sondern ein solches Verhalten der Römer selbst.

1. Schlage in einem Lexikon die Bedeutungen von *colere* nach und erläutere auf dieser Grundlage den Begriff **Kultur.**
2. Für die Römer gehört die Erfindung des Brotbackens zu den größten Kulturleistungen der Menschheit. Erkläre, warum.
3. Karthago – Alesia – Jerusalem: Informiere dich über das Schicksal dieser Städte und bereite Kurzreferate darüber vor.

Römischer Backofen in Kaiseraugst.

Lektion 43

*Intrā!

ars docendī – ars virtūtem docendī – ars virtūtis docendae

Librōs legendō nōn omnēs prūdentiōrēs fiunt.
Librīs legendīs nōn omnēs prūdentiōrēs fiunt.

Herculēs ad multōs labōrēs subeundōs parātus erat.
Hydrae interficiendae causā in Graeciam vēnit.
In Hydrā superandā auxiliō Iolāī amīcī ūsus est.

*I

Basislager
Schreibe die nd-Formen, gegebenenfalls mit ihren Beziehungswörtern, aus dem Text heraus. Gib jeweils an, ob ein Gerundium oder ein Gerundivum vorliegt und welche syntaktische Funktion die nd-Form erfüllt.

Sokrates. Marmorbüste. Kapitolinische Museen, Rom.

Aus der Verteidigungsrede des Sokrates

Iūdicēs! Audīvistis, quae probra et maledicta
accūsātōrēs in mē congesserint.
Itaque cōnsilium crīmina eōrum falsa refellendī cēpī.
Mē deōs esse negāre
et mōrēs adulēscentium corrumpere dīxērunt.

Praetereā īnfāmiae mihi īnferendae causā addidērunt:
»Iste sē ipsum sapientissimum hominum aestimat!«

Chairephōn, Chairephōntis *m.: Eigenname*

Quī?
Interrogāta ab Chairephōnte amīcō,
quis sapientissimus hominum esset,
Pӯthia quidem responderat
nēminem sapientiōrem esse Sōcrate.

quid: etwas

Ad haec verba probanda
multōs senātōrēs, poētās, fabrōs convēnī
et ex iīs quaerēbam, num quid scīrent.
Illīs īnspectīs atque inquīsītīs
intellēxī
illōs virōs māgnā cum sapientiā multa et pulchra perficere.
Sed etiam cēterīs in rēbus sē sapientissimōs exīstimābant –
quod nōn erant.

Hīs rēbus dēmōnstrandīs multīs cīvibus odiō fuī.
Mihi autem – nihil scientī – persuāsum est mē nihil scīre,
itaque iūre sapientior cēterīs esse videor.
Numquam vēritātem investīgāre et dīcere dēsinam.

Sī vōs ē cūstōdiā mē ēmissūrōs esse pollicitī sītis,
sī modo in urbe versārī et cum hominibus colloquī dēsistam,
tamen capitis damnārī mālim.
Cupiditās enim vēritātis investīgandae et dīcendae
mihi a deīs est īnsita;
bonī autem virī est deīs magis obtemperāre quam hominibus.

Ad mortem subeundum prōmptus sum,
praesertim cum nēsciam,
mors utrum malum an bonum sit.
Fortasse bonum summum est.
Agite nunc, ō iūdicēs,
cūstōdibus mē in carcerem dūcendum trādite!

Fortūna fortēs adiuvat.

1 **Für Textspürnasen**

Mach dich vor dem Übersetzen der Verteidigungsrede mit dem juristischen Vokabular vertraut, indem du die Lernvokabeln im Text aufsuchst.

2 **Für Textexperten**

1. Formuliere für jeden Abschnitt des Textes eine Überschrift.
2. Welche Vorwürfe werden gegen Sokrates erhoben? Zitiere aus dem Text.
3. Welchen dieser Vorwürfe versucht Sokrates direkt zu widerlegen? Zitiere die wichtigsten Schritte seiner Argumentation.
4. Zeige, inwiefern seine Argumentation paradox (= in sich widersprüchlich) erscheint. Versuche die Paradoxie aufzulösen und zu erklären.
5. Die übrigen Vorwürfe werden in diesem Text nicht direkt widerlegt. Es findet sich aber ein Indiz, das Aufschluss darüber gibt, wie einer der Vorwürfe zu bewerten ist. Zitiere die »verräterische« Stelle.
6. Sokrates wurde zum Tode verurteilt. Auf welchen Vorwurf oder auf welche Vorwürfe konnte sich eine solche Verurteilung deiner Ansicht nach gründen?
7. Platon stellt in seinem Werk Sokrates als vorbildliche Gestalt dar. Worin besteht deiner Meinung nach seine Vorbildlichkeit?

3 **Den nd-Formen auf der Spur**

1. Schreibe aus dem Text je ein Beispiel für ein adverbiales und ein attributives Gerundium heraus.
2. Schreibe aus dem Text je ein Beispiel für ein attributives, ein prädikatives und ein adverbiales Gerundivum heraus.

4 **nd-Formen-GPS**

A) Docendō discimus: Wir lernen durch (das) Lehren./Wir lernen, indem wir lehren.

B) ars domōs cōnstruendī: die Kunst des Errichtens der Häuser → die Kunst, Häuser zu errichten

C) ad domōs cōnstruendōs: zur Errichtung der Häuser → um Häuser zu errichten

D) cupiditās vērī dīcendī: das Verlangen des Sagens der Wahrheit → das Verlangen, die Wahrheit zu sagen

E) in domō exstruendā: beim Errichten des Hauses

F) Litterās legendās vōbīs dedī: Ich habe euch den Brief zum Lesen gegeben.

1. Gib für die Beispiele A bis F jeweils die syntaktische Funktion der nd-Form an.
2. In welchen Beispielen kommen Gerundiva vor?
3. Ordne die folgenden Sätze den Beispielen zu und übersetze entsprechend.

spēs, eī *f.*: Hoffnung

a) Gallum tibi cūstōdiendum trādidī.
b) Mīlitēs spem oppidī expūgnandī cēpērunt.
c) Imperātor parātissimus ad bellum gerendum erat.
d) Dīligentia tua in mūnītiōnibus faciendīs mihi nōta est.
e) Imperātor cōnsilium prōvinciae relinquendae cēpit.
f) Cupiditāte id videndī incēnsus advēnit.
g) Dandō multa accipiēs.
h) Potestāte Gallōrum opprimendōrum datā imperātor prōvinciam relīquit.

5

Hier dürft ihr euch die Meinung sagen!

Exīstimāsne tē *sapientem*? Egō tē *superbum* putō.

Fragt euch gegenseitig nach eurer Selbsteinschätzung und sagt einander die Meinung, indem ihr geeignete Adjektive, gern auch Steigerungsformen, einsetzt. Aber bleibt höflich!

6

Satzzauber

Lange nicht mehr gezaubert? Zaubere sinnvolle Sätze, indem du jeweils ein Wort oder eine Wortgruppe aus jeder Spalte auswählst, und übersetze.

Quis sē ipsum	fortiōrēs Rōmānīs	putō.
Multī Caesarem	praetōrem	putās?
Narcissus sē ipsum	pigrum	exīstimābat.
Num Gallōs	rēgnandī cupidum	putant.
Mē	pulcherrimum	exīstimat?
Hoc	vērum	creāte!

7 **Kästchen**

Analysiere die Sätze Z. 9–12 (Interrogāta ab … esse Sōcratē) und Z. 28–31 (Sī vōs … damnārī mālim), indem du für jeden ein Schema nach der Kästchenmethode erstellst.

8 **Wörterlernen mit Köpfchen**

aestimāre, probāre, refellere, inquīrere, exīstimāre, dēmōnstrāre, persuādēre, colloquī: Zu welchem Sachfeld gehören diese Wörter?

9 **Verstecktes Latein**

1. Mit welchen lateinischen Vokabeln sind folgende Wörter verwandt?
2. Erkläre, was die Wörter bedeuten.

a) probieren b) Inquisition c) perfekt d) Emissionen e) prompt f) Kolloquium

10 **Vokabelkarten**

In der Pause hat ein Windstoß mal wieder die Vokabel-Lernkarten der Schüler für den Englisch-, Französisch- und Spanischunterricht sowie für die Italienisch-AG im Klassenraum durcheinandergewirbelt. Nur die lateinischen Karten sind noch in ihren Lernboxen.

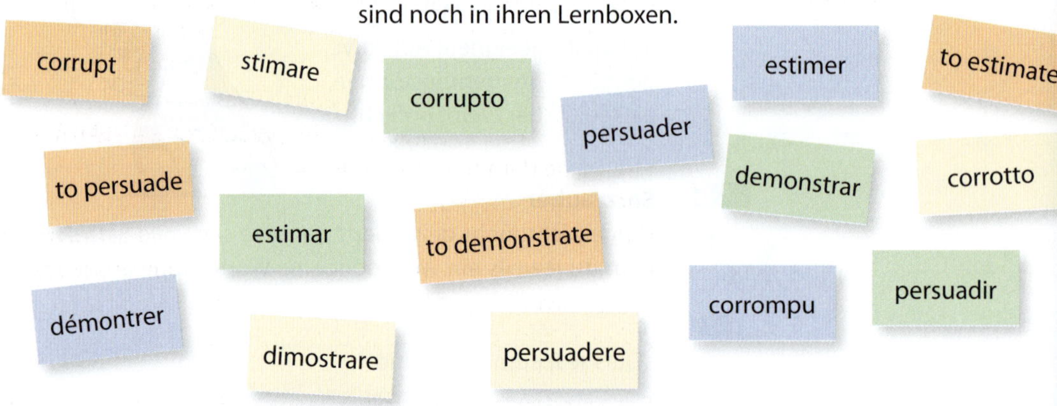

1. Übertrage die folgende Tabelle in dein Heft. Sortiere die Karten in die jeweils richtige Sprachspalte, sodass miteinander verwandte Wörter immer in einer Zeile stehen.

Lateinisch	Französisch	Italienisch	Spanisch	Englisch
~	~	~	~	~
~	~	~	~	~
~	~	~	~	~
~	~	~	~	~

2. Trage in die linke Spalte ein, was wohl auf den lateinischen Karten in der Lernbox steht. Achtung: Einmal musst du die Stammformen mit eintragen.
3. Wie haben sich die Endungen der Verben im Vergleich zum Lateinischen verändert?

***11** **Gehorsam gegenüber den Gesetzen**

Übersetze ins Deutsche.

Critō, ōnis *m.*: Kriton
occāsiōnem capere: die Gelegenheit nutzen

Socratem in carcerem coniectum Crito discipulus visitavit. Philosophum adducere temptabat, ut e carcere effugeret. Socratem obsecrabat, ut occasione fugae capiendae uteretur. Custodes parva pecunia corrumpi posse affirmabat. »Amice«, inquit, »si non fugis, timeo, ne cives amicos tuos avaros putent. Praeterea liberorum educandorum causa te vivere opus est. Ne liberos, ne discipulos deserueris! An falso crimine damnatus mortem obire mavis?«

Socrates autem respondit: »Semper paratus ad disputandum sum. Nam verum investigando discimus. Me autem pro liberis timere opus non est. Nam vobis amicis liberos alendos committo.« Cupiditate amici refellendi commotus philosophus diu cum eo disputabat. Tandem Crito se victum esse dixit.

Socrates denique »Legibus«, inquit, »obtemperabo; quo modo patriae debitam gratiam pro summis beneficiis habebo.«

Ich weiß, dass ich nichts weiß

Ein Satz, der mit der eigenen Unzulänglichkeit zu kokettieren scheint. Beliebt nicht nur bei Schülern. Aber Grund für eine Anklage?

Wer ist weise?

Athen im Jahre 399 v. Chr.: Der siebzigjährige Sokrates steht vor Gericht. Er verteidigt sich selbst. Seine Verteidigungsrede, die *Apologie*, ist der Nachwelt durch seinen Schüler, den Philosophen Platon, erhalten geblieben. Punkt für Punkt arbeitet Sokrates die Anklagepunkte ab, auch die Reaktion auf seinen wohl berühmtesten, aber in der Regel nur verkürzt wiedergegebenen Satz. Im Original lautet er: »Ich scheine also um dieses wenige doch weiser zu sein als er, dass ich, was ich nicht weiß, auch nicht glaube zu wissen.« Eine solche Aussage provoziert. Hier wird offen Kritik an der Selbstüberschätzung eines anderen geübt. Sokrates hatte seinem Gesprächspartner zwar gute Fachkenntnisse attestiert, ihn aber durch weitere Fragen zu der Erkenntnis gebracht, dass er ansonsten nicht viel wisse. Ähnlich war Sokrates auch bei anderen vorgegangen (vgl. Lektionstext), nachdem ihm das delphische Orakel bescheinigt hatte, der Weiseste zu sein, und er dies im Gespräch mit anderen »Weisen« überprüfen wollte. Kein Wunder also, dass Sokrates sich viele Feinde machte.

Gottlosigkeit?

Sokrates habe die Jugend zur *asebeia*, zur Gottlosigkeit, verführt, so lautete die offizielle Anklage. Er habe die staatlichen Götter geleugnet und gleichzeitig die Existenz von Dämonischem gelehrt. So ein Unfug, sagt Sokrates. Wenn es Dämonisches gibt, muss es auch Dämonen geben, die ja ebenfalls göttlichen Ursprungs sind. Entweder man glaubt an die Existenz von Göttern oder man bestreitet sie. Unlogisch aber sei es, von Gottlosigkeit zu reden, wenn man an die Stelle des Glaubens an die Staatsgötter ein anderes Gottesverständnis setzt. Er selbst sei nun in der Tat seit frühester Kindheit gewohnt, auf seine innere Stimme, die Stimme des Göttlichen, des *daimonion*, zu hören. Diese Stimme habe ihm abgeraten, in die Politik zu gehen. Denn sein konsequentes Eintreten gegen Unrecht und Machtmissbrauch habe ihn schon fast das Leben gekostet. Und tot hätte er den Menschen mit seinen Lehren nicht mehr nützen können.

Mäeutik: Hebammenkunst

Phainarete, die Mutter des Sokrates, war Hebamme. Sokrates hatte sie oft bei ihrer Arbeit erlebt. Daher verglich er sein philosophisches Vorgehen mit ihrer Kunst. Sokrates war überzeugt, dass alles Wissen in der Seele des Menschen verborgen sei. Dieses Wissen könne durch richtiges

Fragen hervorgeholt werden wie ein Kind von einer Hebamme aus dem Leib seiner Mutter. Allerdings dürfe man nicht dem Irrtum verfallen, dass man bereits alles wisse, wenn man in einem Fach wissend sei, so wie es Sokrates bei den Handwerkern, Staatsmännern und Dichtern erlebt hatte. Richtiges Fragen decke nämlich auch Nichtwissen auf. Vielmehr müsse man durch ständiges Nachdenken versuchen, immer mehr Wissen zu erlangen und Gelerntes durch neue Fragen zu vertiefen.

Praktische Philosophie

Vielleicht gehörst du zu den Schülerinnen und Schülern, die am Fach »Praktische Philosophie« teilnehmen. Dann ist dir das, was du hier liest, sicher nicht neu. Sokrates ist der Begründer der Praktischen Philosophie. Aber praktisch und Philosophie – passt das überhaupt zusammen? Viele stellen sich unter einem Philosophen jemanden vor, der wie die Figur des Sokrates in der Komödie des Aristophanes sprichwörtlich über den Wolken schwebt und sich dabei mit Dingen befasst, die für das praktische Leben eigentlich belanglos sind. Doch das widerspricht der Lehre des Sokrates zutiefst. Für ihn ist die Philosophie der Weg, das wahre Gute zu erkennen und diese Erkenntnis zum Wohl der Menschen einzusetzen. Beide Begriffe – »Philosophie« und »praktisch« – sind griechischer Herkunft. Ein Philosoph ist ein Freund *(philos)* der Weisheit *(sophīa)* und praktisch (*prattein* = handeln) ist Philosophie dann, wenn sie anderen nützt. Man spricht dann von ethisch gutem Handeln (von *ethos* = Sitte, Brauch). Daraus leitet sich das Wort Ethik ab, die Lehre vom rechten Tun und Wollen – und deshalb heißt das Schulfach, von dem oben die Rede war, in manchen Bundesländern auch »Ethik«.

Das Ende

Sokrates wurde zum Tode verurteilt. Er akzeptierte das Urteil und stellte sich seiner Hinrichtung, obwohl er die Möglichkeit zur Flucht gehabt hätte. Aber der Gehorsam gegenüber den Gesetzen Athens hatte für ihn höhere Priorität als die Rettung seines Lebens. Im Beisein seiner engsten Freunde trank er einen Becher mit Schierlingssaft und starb an der fortschreitenden Lähmung des Körpers infolge des Giftes. Kurz vor seinem Tod bat er noch um ein Opfer für den Gott Asklepios, das er selbst nicht mehr hatte bringen können. Selbst im Sterben ist Sokrates sich also treu geblieben.

1. Erläutere den Begriff »Praktische Philosophie«.

2. Mäeutik – erweitert eure Kenntnis zu diesem Begriff mithilfe eines philosophischen Lexikons oder des Internets und präsentiert eure Ergebnisse vor euren Mitschülern anhand eines kurzen Vortrags, einer Collage oder einer Spielszene.

Lektion 44

*Intrā!

Iūdex: »Iūstitia colenda est. Iniūria facienda nōn est. Scelera iūdicī pūnienda sunt.«

Imperātor mīlitibus: »Fortiter pūgnandum est. Aut bellō vincendum aut meliōribus pārendum est.«

Ausschnitt aus: »Die Schule von Athen«. Gemälde von Raffael, entstanden etwa 1510.

Dē iūstitiā

Ōlim lēgātī Athēniēnsium Rōmam vēnerant senātūs adeundī causā. Inter eōs erant trēs philosophī, quī senātū habitō ā Rōmānīs rogātī sunt, ut dē philosophiā dissererent. Carneadēs autem philosophus haec ferē dīxit:

Carneadēs, is *m.: griechischer Philosoph (2. Jh. v. Chr.)*

»Quirītēs! Semper philosophandum est! Nōn sōlum in scholīs philosophōrum nōbīs philosophandum est, sed philosophia ad tōtam vītam pertinet. Hodiē dē iūstitiā loquar et mōnstrābō iūstitiam stultitiam esse. Quī?

Homō occīdendus nōn est – nēmō hoc vērum esse negat. Quid ergō iūstus faciet, sī forte naufragium fēcerit

et aliquis imbēcillior vīribus tabulam cēperit?
Nōnne illum dē tabulā dēiciet, ut ipse cōnscendat,
praesertim cum sit nūllus mediō in marī testis?
Sī sapiēns et idem malus est, faciet,
etiamsī illī mortem afferet.
Ipsī enim pereundum est, nisī fēcerit.

idem: zugleich

Sī autem morī māluerit quam alterī tabulam ēripere, iam iūstus ille, sed stultus est,
cum vītae suae nōn parcat, dum parcit aliēnae.
Cōnstat igitur malitiam iūstitiae (ā) nōbīs praeferendam esse.
Cōnstat etiam iūstitiam stultitiam esse –
quod erat dēmōnstrandum.«

māluerit: er würde lieber wollen
alterī: *Dat. von* alter, altera, alterum
iam: dann

Rōmānī dicta Carneadis māgnō studiō audiēbant,
sed Mārcus Porcius Catō, vir māgnae sevēritātis et gravitātis, cēnsuit
lēgātiōnem Athēniēnsium quam celerrimē ex urbe expellendam esse,
nē animī cīvium sollicitārentur nēve corrumperentur.

Ein berühmter Ausspruch Catos:
Cēterum cēnseō Carthāginem esse dēlendam.

Der Beginn eines bekannten Horaz-Gedichtes:
Nunc est bibendum …

1 **Für Textspürnasen**

1. Wer? Wo? Wann? Was? Oft kann die Spürnase mit diesen W-Fragen aus einem fremden Text Informationen erschnüffeln. Wende diese Fragen vor dem Übersetzen auf unseren Text an und verschaffe dir dadurch einen Überblick. Ziehe ggf. auch das Vokabelverzeichnis zu Lektion 44 hinzu.
2. Woran ist zu erkennen, dass die Zeilen 1–6 die Funktion einer Einleitung haben?
3. Welche Abschnitte bilden den Hauptteil, welche den Schluss?
4. Informiere dich über Marcus Porcius Cato.

2 **Für Textexperten**

1. Zitiere lateinisch die Thesen, die Carneades vertritt.
2. Von welchem allgemein anerkannten Grundsatz geht er in seiner Beweisführung aus?
3. Beschreibe mit eigenen Worten die Situation, in die Carneades die Zuhörer mit seiner Argumentation versetzt.
4. Welche Möglichkeiten, in der beschriebenen Situation zu reagieren, diskutiert Carneades? Welche Folgerungen zieht er daraus?
5. Was versteht Carneades hier unter sapiēns, was unter stultus?
6. Scheint dir der Gedankengang schlüssig? Begründe deine Meinung.
7. Weshalb reagiert Cato in dieser Schärfe?

3 **… auch im Text grast ein schwarzes Schaf**

Schreibe aus dem Text alle nd-Formen mit Beziehungswort und – soweit vorhanden – Verneinung, dazugehörendem datīvus auctōris und Form von esse heraus. Übersetze die kurzen Formulierungen nochmals. Wo ist das schwarze Schaf?

4 **Regalsystem für nd-Formen**

1. Marcus, der Händler für nd-Formen aller Art, hat eine Lieferung kurzer Formulierungen mit Gerundiva erhalten und muss sie nun in Regale einordnen. Hilf ihm dabei, indem du notierst, in welches Regal eine Formulierung jeweils gehört.

a) tibi librum legendum dō b) parātus sum ad hoc negōtium subeundum c) ad rem pūblicam administrandam d) ad lūdōs spectandōs e) in agrīs colendīs f) amīcī quaerendī causā g) amīcārum quaerendārum causā h) iūstitia omnibus colenda est i) mihi agendum est j) dē bellō gerendō k) cōnsilium relinquendae Italiae l) studium rērum novārum cōgnōscendārum m) in itinere faciendō n) ad vīllam aedificandam o) cupidus aquae bibendae p) haec negōtia perficienda tibi trādō

2. Und weil der Laden des Marcus auch von internationalem Publikum besucht wird, musst du ihm die Ausdrücke a bis p für die Aufkleber an den Regalen übersetzen.

5

nd ist nicht gleich nd

Schreibe die Nummern der Formulierungen, die ein Gerundium enthalten, heraus und stelle sie so lange um, bis du eine für die römische Geschichte wichtige Jahreszahl erhältst.

ad patriam līberandam (1) epistula mihi scrībenda est (2) studium omnia cōgnōscendī (3) cōnsilium senātūs adeundī (4) ars scrībendī (5) diem reī gerendae cōnstituere (6) studium multa agendī (7) mihi philosophandum est (8)

6

Eine Schreibtafel mit Fehlern

Auf Lucius' Schreibtafel herrscht mal wieder Chaos. Ordne die Genitive einem Beziehungswort zu (es gibt mehrere Möglichkeiten), schreibe die Ausdrücke in dein Heft und übersetze sie.

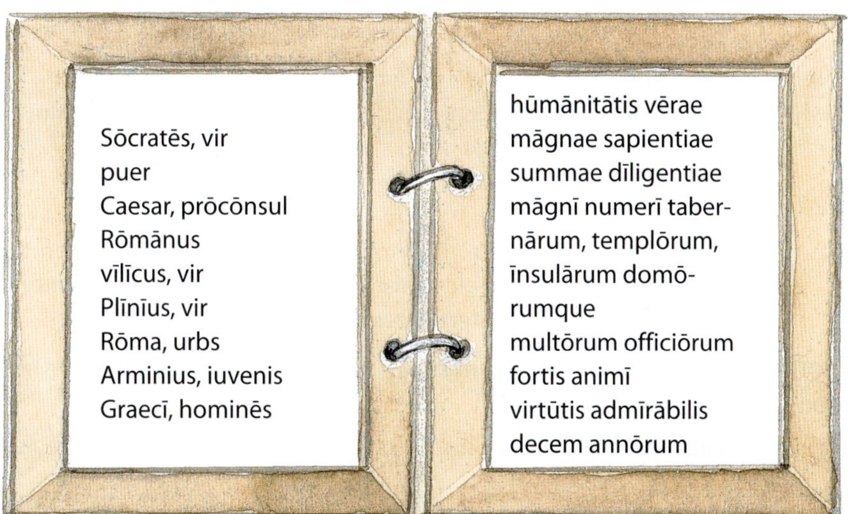

7

Von jedem genau eins …

Die folgenden Sätzchen enthalten jeweils ein Beispiel für den genitīvus quālitātis, subiectīvus, partītīvus und den datīvus possessīvus, commodī, fīnālis und auctōris. Ordne die Kasusfunktionen den Sätzen zu und übersetze.

a) Aenēās Anchīsem patrem ē Trōiā portāverat. Itaque Rōmānī eum semper virum māgnae virtūtis exīstimābant.
b) Timōre īrae deōrum commōtus Aenēās Dīdōnem relīquit.
c) Timor cēterīs puerīs dēpōnendus fuerat; tum cum delphīnō lūdēbant.
d) Tempestāte māgna pars nāvium Trōiānōrum periit.
e) Delphīnus mānsuētus puerō salūtī fuit.
f) Puerō timor nōn erat.
g) Delphīnus mānsuētus in marī puerō semper cōnsulēbat.

dēpōnere, dēpōnō, dēposuī: ablegen
delphīnus, delphīnī *m.*: Delfin
mānsuētus, a, um: zahm

Was fiel dir bei der Zuordnung der Kasusfunktionen auf?

8

Wirst du Millionär?

Logge dich bei der richtigen Antwort ein.

1. Eine **Dissertation** ist …

(A) ein Kochduell, in dem es um kreative Desserts geht.	(B) der Ausschluss eines Schülers aus der Klassengemeinschaft.
(C) die Flucht aus der Armee.	(D) eine Doktorarbeit.

2. In ihren Mathematikbüchern haben englische Schüler regelmäßig mit ***tables*** zu tun. Dabei handelt es sich um …

(A) gezeichnete Tische als Illustrationen.	(B) Geschichten über berühmte Mathematiker.
(C) Zahlentafeln.	(D) Fabeln, die eine Aufgabe einkleiden.

3. Bei Triumphzügen wurde den römischen Kaisern und Feldherren immer der Satz »**Memento mori!**« zugeflüstert. Übersetzt heißt das:

(A) Denke daran, dass du noch mehr kriegen kannst!	(B) Denke daran, dass morgen auch noch ein Tag ist!
(C) Denke daran, dass du sterblich bist!	(D) Denke daran, dass Möhren fit halten!

4. Wenn ein Arzt einem Patienten ein **Attest** gibt, dann …

(A) macht er mit ihm einen Sehtest.	(B) verordnet er ihm strenge Bettruhe.
(C) testet er die Belastbarkeit von dessen Kreislauf.	(D) bezeugt er mit einer Bescheinigung, dass der Patient krank ist.

5. In der Wissenschaft beschäftigt sich die **Gravitationslehre** mit …

(A) der Ausgrabung antiker Stätten.	(B) der Schwerkraft.
(C) Schnellhilfe bei Übergewicht.	(D) den Bestattungsritualen in den verschiedenen Kulturen der Welt.

6. Wenn man für etwas eine **Präferenz** hat, dann …

(A) hat man den Vorsitz in einem größeren Verein oder Club.	(B) verwahrt man etwas Kostbares sorgfältig und holt es nur selten hervor.
(C) gibt man einer Sache den Vorzug.	(D) hat man vom Chef ein Gutachten für seine gute Arbeit bekommen.

***9**

Ist das gerecht?

In dem platonischen Dialog »Gorgias« vertritt ein Gesprächspartner des Sokrates folgende unglaubliche These.

Übersetze ins Deutsche.

nātūra, ae *f.*: Natur; **nātūrā:** von Natur aus
ingenuus, ī *m.*: frei geborener Mann:
plūs: mehr
iniūstus, a, um: ungerecht

Natura turpius est iniuriam accipere quam iniuriam facere. Ingenuus nullam iniuriam accipit. Iniuria servo, cui melius esset mortuum esse quam vivere, accipienda est. Nam ipse iniuriam accipiens se ipsum adiuvare non potest. Multi homines, quod fortiores timent, plus habere turpe et iniustum esse dicunt. Sed natura ipsa haec demonstrat: meliorem plus habere quam peiorem et fortiorem plus habere quam infirmiorem iustum est. Haec in omnibus animalibus demonstrat. Itaque a fortioribus infirmioribus imperandum est.

Ō vītae philosophia dux!

Cicero hatte etliche schwierige Lebensphasen durchzustehen, aber der Tod seiner Tochter Tullia im Februar 45 v. Chr. traf ihn besonders schmerzlich. Trost fand er im Verfassen philosophischer Schriften, darunter der *Tūsculānae disputātiōnēs* (Gespräche in Tusculum). In diesem Werk setzt er sich besonders mit Tod und Trauer auseinander. Die Beschäftigung mit der Philosophie war für viele Menschen damals eine größere Lebenshilfe als die Religion. Oft schlossen sie sich einer bestimmten philosophischen Lehre an und versuchten, ihr Leben danach auszurichten. Es waren vor allem vier große, nach ihren Gründungsstätten benannte Philosophenschulen, die das antike Denken prägten.

1. Die Akademie

Platon richtete 388 v. Chr. als Erster eine Philosophenschule in Athen ein. Ihren Namen »Akademie« erhielt sie von dem Hain des attischen Heros Akademos. Philosophieren war bis dahin »Privatsache« gewesen. In der Akademie gab es einen festen Lehrplan. Lehrer und Schüler wohnten zusammen. Unterricht gab es in zahlreichen Fächern, darunter Mathematik, Physik, Sprachwissenschaft und Ethik. Grundlagenwissen war für Platon die Basis wahren Philosophierens. Er ging davon aus, dass es in der Seele das Bedürfnis nach Erkenntnis der Wahrheit weckt. Platon unterschied zwischen der dem Menschen sichtbaren Welt und der vollkommenen, göttlichen Welt, der Welt der Ideen. Die sichtbare Welt zeigt nur die Abbilder dieser Ideenwelt. Da die Seele *(psychē)* aber aus der Ideenwelt kommt, strebt sie nach deren Erkenntnis. Doch sie ist im Grab *(säma)* des Körpers *(soma)* gefangen und kann erst nach dem Tod in diese ihre wahre Heimat zurückkehren.

2. Der Perípatos

Diese Schule geht auf Aristoteles, den Schüler Platons und späteren Lehrer Alexanders des Großen, zurück. Wie Platon legte auch Aristoteles großen Wert auf Grundlagenwissen, vor allem auf die Mathematik. Die Ideenlehre ersetzte er jedoch durch die Lehre der Einheit von Idee (Form) und Materie (Stoff). Nach Aristoteles verschmelzen im Seienden (= Ding) Form und Materie. Das Wesen des Dings sei im Ding selbst zu finden, aber die Formen existierten unabhängig von ihrer Realisierung. Nach Aristoteles ist die Seele an den Körper gebunden und existiert nur so lange, wie der Körper lebt. Ziel menschlichen Lebens ist die Glückseligkeit. Die kann aber nur erreicht werden, wenn die Menschen im Einklang miteinander leben. Denn der Mensch ist auf Gemeinschaft hin angelegt und soziales Handeln ist demnach eine Frage der Vernunft.

Als Begründer der Logik formuliert Aristoteles zwei logische Grundprinzipien: Eine Aussage ist entweder wahr oder falsch (Prinzip vom ausgeschlossenen Widerspruch) und eine dritte Möglichkeit gibt es nicht (Prinzip vom ausgeschlossenen Dritten).

3. Die Stoa

ie wiederaufgebaute »Stoa« auf dem Markt-
atz von Athen.

Die Stoa hat ihren Namen von einer Säulenhalle in Athen. Die Stoiker lehren, dass dem Kosmos ein vernünftiges, göttliches Weltgesetz *(logos)* zugrunde liegt. Es gebe keine Zufälle, sondern nur ein vorbestimmtes Schicksal, das zu kennen Grundbedürfnis der Menschen sei. Die Stoa sagt, der Mensch sei das einzige Wesen, das den im Kosmos waltenden Logos (Gott) erkennen könne. Menschlich zu leben heiße daher vernunftgemäß zu leben, sich nicht von Gefühlen leiten zu lassen und zu lernen, das Schicksal von einer höheren Warte aus zu betrachten. Man solle es annehmen, ohne aufzubegehren, wenn es schlecht ist, und nicht überheblich werden, wenn es gut ist. Das Schicksal könne sich jeden Tag ins Gegenteil verkehren. Oberstes Prinzip sei daher die Erfüllung der Pflichten, die das Schicksal dem einzelnen Menschen auferlegt.

4. Der Kepos

Kepos = Garten, so lautete der ursprüngliche Name der philosophischen Richtung, die wir heute »Epikureismus« nennen. Epikur, der Begründer dieser Lehre, sagt, dass es für die Menschen gleichgültig sei, ob es Götter gebe, da sie sich ohnehin nicht um die Menschen kümmerten. Deswegen sei jeder Mensch selbst dafür verantwortlich, seinem Leben einen Sinn zu geben. Da aber die Sorge für ein edles Leben und einen edlen Tod nach Epikur ein und dieselbe ist, muss der Junge sterben und der Alte leben lernen. Denn niemand weiß, wann er sterben muss. Man muss also so leben, dass jeder Tag der letzte sein könnte. Gut zu leben heißt für Epikur genussvoll zu leben und sich von dem fernzuhalten, was das Wohlgefühl beeinträchtigt. Dazu gehören auch Unzufriedenheit, Missgunst und Streit. Die größte Beeinträchtigung des Lebens aber sieht Epikur in der Todesangst. Sie müsse man in besonderer Weise bekämpfen. Epikur sagt, solange wir existierten, sei der Tod nicht da, und wenn der Tod da sei, existierten wir nicht mehr. Warum sollten wir den Tod dann fürchten?

1. Schau dir das Bild S.158 mit dem Ausschnitt aus dem Gemälde von Raffael genau an. Recherchiere im Internet, wähle einen der dargestellten Philosophen aus und fertige einen Steckbrief an.

Lektion 45

Dē mōribus

Cornēlius Nepōs, Cornēliī Nepōtis *m.: Verfasser von Biografien, in denen Griechen und Römer einander gegenübergestellt werden (1. Jh. v. Chr.)*

Cornēlius Nepos in librō dē vītā imperātōrum nōbilissimōrum
haec ferē scrīpsisse trāditur:
Sunt Rōmānī,
quī leve et nōn satis dīgnum virīs summae gravitātis putent,
cum lēgerint
Graecōs quōsdam optimē saltāvisse et optimē tibiīs cantāvisse.
Sed iī erunt ferē,
quī expertēs litterārum Graecārum nihil rēctum exīstimābunt,
nisī quod ipsōrum mōribus conveniat.

putent: sie halten für
saltāre: tanzen
tibiīs cantāre: Flöte spielen
expers, expertis *m. Gen.*: frei von, ohne
Graecus, a, um: griechisch
rēctus, a, um: richtig, sittlich gut
conveniat *m. Dat.*: es stimmt überein *mit*

Vorbereitungen zu einem Satyrspiel mit Schauspielern in den Rollen des Herakles und des Papposilenos. Griechische Vasenmalerei, um 410 v. Chr. Nationalmuseum Neapel.

iūdicāre: beurteilen

Iīs cōgnōscendum et intellegendum est nōn eadem omnibus populīs esse honesta atque turpia, sed omnia mōribus māiōrum iūdicanda esse.

victor, ōris *m.:* Sieger
Olympia, ae *f.:* *Ort in Griechenland*
scaenicus, ī *m.:* Schauspieler

In Graeciā victōrēs Olympiae multō honōre afficiuntur et scaenicī multīs māgnae admīrātiōnī sunt; quī omnēs ā māgnō numerō Rōmānōrum dērīdentur. Contrā ea plūrima nostrīs mōribus sunt pulchra, quae apud Graecōs turpissima putantur.

mē pudet: ich schäme mich
convīvium, iī *n.:* Gastmahl, Dinner
māter familiās, mātris familiās *f.:* Hausherrin
propinquus, ī *m.:* Verwandter

Quem enim Rōmānōrum pudet uxōrem dūcere in convīvium? Aut quis īnfāmiae dēpellendae causā vetat mātrem familiās in omnibus partibus domūs versārī et ab amīcīs et propinquīs salūtārī?

adhibēre: hinzuziehen, zulassen
interior, iōris: innerer
accēdere, ō: Zutritt haben
propinquā cōgnātiōne coniūnctus, ī *m.:* enger Verwandter

Quod multō aliter fit in Graeciā. Nam uxor in convīvium adhibērī nōn solet, sed eī sedendum est in interiōre parte domūs, quō nēmō accēdit nisī propinquā cōgnātiōne coniūnctus.

ratiō, iōnis *f.:* Vernunft

Eine Definition Ciceros:
Lēx est rēcta ratiō in iubendō et vetandō.

Ein Wahlspruch des Sokrates:
Morī mālle quam philosophārī dēsinere

1

Für Textspürnasen

1. Betrachte die Überschrift und die im Text vorkommenden Eigennamen und stecke so den inhaltlichen Rahmen des Textes ab.
2. »Scanne« den Text auf Verbformen. Nenne mindestens ein Sachfeld, dem mehrere Verben zugeordnet werden können. Grenze den inhaltlichen Rahmen des Textes weiter ein.
3. »Scanne« den Text auf Adjektive und Adverbien. Ordne die gefundenen Wörter nach ihrer Bedeutung an.

2 **Für Textexperten**

1. Welche griechischen Sitten kritisieren manche Römer? Welche römischen Sitten gelten in Griechenland als anstößig? Zitiere.
2. Nepos stellt die Erwägungen über Sitten und Gebräuche der Römer und Griechen als Einleitung seinen Biografien voran, in denen er jeweils die Vita eines Griechen der eines Römers gegenüberstellt. Formuliere, was er mit dieser Einleitung beim Leser erreichen will.
3. Welche Kulturkreise wären heute interessante Vergleichsobjekte? Begründe.

3 **Formen-Jongleur**

Jongliere mit den Formen entsprechend dem Beispiel.

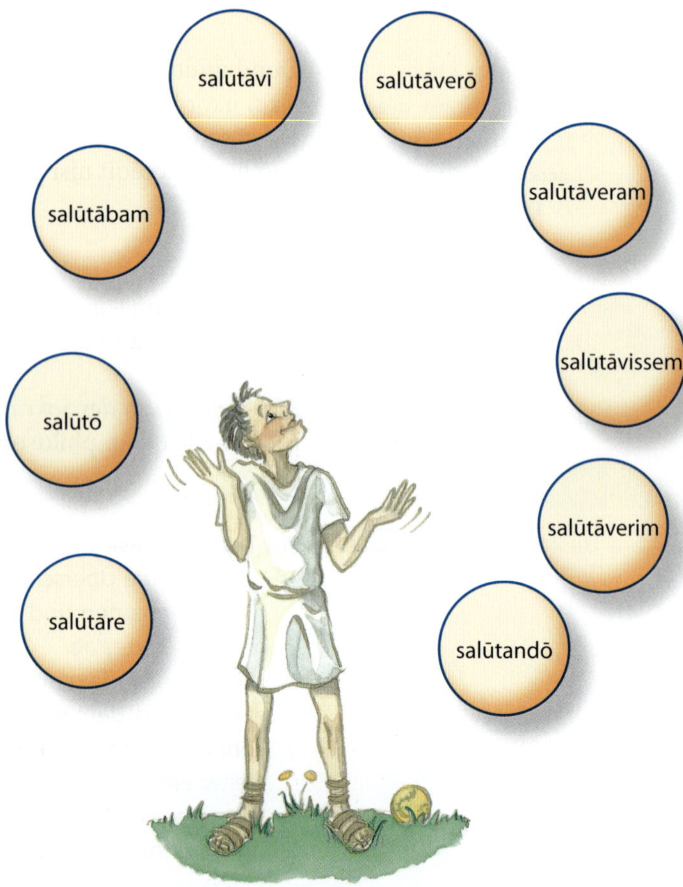

a) refellere b) nōlle c) versārī d) pollicērī e) fierī

4 **Spickzettel**

1. Übersetze die Wendungen und Sätze a bis l. Wenn du willst, darfst du den Spickzettel benutzen.
2. Benenne das »schwarze Schaf«.

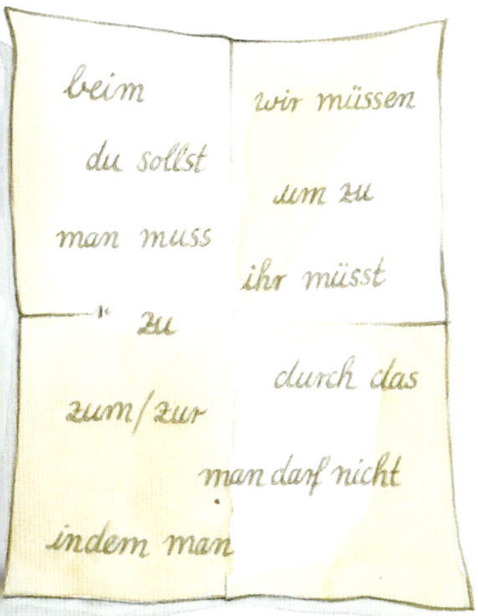

a) Haec vōbīs mūtanda sunt.
b) Puerī verberandī nōn sunt.
c) scrībendī officium
d) Nunc est cantandum.
e) Tacendō loquī vidētur.
f) Nōbīs abeundum est.
g) rīdendō dīcere vērum
h) cupiditās omnia cōgnōscendī
i) līberōrum quaerendōrum causā
j) Nauta esse dīceris.
k) in quaerendīs suīs
l) Prōvincia istī administranda trādita est.

5 **Falltraining für alle Fälle!**

Übersetze und bestimme die Funktion der *kursiv* gesetzten Wörter.

a) *Maestus* abiī.
b) Ille vir *summae senectūtis* est.
c) *Odiō* sum *Rōmānīs*.
d) *Rōmam* properant.
e) Illa *omnibus puellīs* fōrmōsior est.
f) Populus Rōmānus *tē amīcum* appellāvit.
g) Tū fortissimus *omnium Gallōrum* esse vidēris.

6 **Erkennst du die »schwarzen Schafe«?**

a) versātur – moriuntur – philosophāminī – vēnāris – lavāmur – mīror
b) philosophābitur – legētis – morientur – verentur – patiēminī – vēnābor
c) optimē – fēlīciter – facilius – līberāliter – praeclārissime – maximē
d) ōlim – cēterum – praesertim – aptē – profectō – tot
e) cōnscenderō – expulerō – perfēcerō – aderō – congesserō – trānsierō
f) verēris – corrumperis – ūteris – vidēris – loqueris – sequeris

7

Kleine Wörter für Kenner

Übersetze.

a) hic puer – ille philosophus – iste vir – īdem vir – dominus ipse
b) quīdam mē monuērunt – id quidem mihi gaudiō est – tertiō quōque annō – tertiō quoque annō
c) Eum fēlīciōrem aliīs imperātōribus putant. – Eum fēlīciōrem cēterīs imperātōribus putant.

8

Steckbrief

Gesucht wird jeweils das Präfix, das zu allen Verben unter a bzw. unter b passt. Bilde die Komposita und gib ihre Bedeutung an.

a) claudere, esse, facere, rogāre
b) capere, cēdere, cōgnōscere, creāre, dare, dūcere, facere, fallere, ferre, īre, mittere, quiēscere, scrībere, venīre, verērī

9

Computer-Alarm!

Ein Virus hat mal wieder das Latein-Deutsch-Vokabelprogramm mit anderen Vokabelprogrammen vermischt. Wie lautet jeweils die gelöschte lateinische Vokabel? Übersetze die lateinischen Wörter ins Deutsche.

Latein	Englisch	Französisch	Italienisch	Spanisch	Deutsch
~	~	~	~	explicar	~
~	to desist	~	~	~	~
~	~	philosophe	~	~	~
~	~	~	~	la malicia	~
~	to expel	~	~	~	~
~	~	la couleur	~	~	~
~	~	~	la stoltezza	~	~
~	~	~	~	inquirir	~
~	to perish	~	~	~	~
~	~	~	costituire	~	~
~	~	le cours	~	~	~
~	~	~	la fortuna	~	~
~	~	mourir	~	~	~
~	~	~	~	pronto	~

10 Griechischstunde

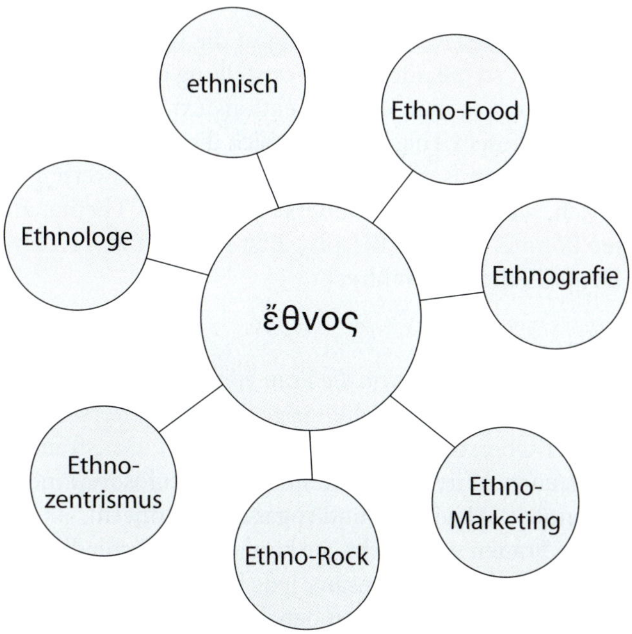

1. Ermittle die Bedeutung der Fremdwörter in der Wortrosette.
2. Erschließe die Bedeutung des griechischen Wortes ἔθνος.

*11 Ein Künstler und Sportsmann auf dem römischen Thron

Übersetze ins Deutsche.

in certāmina dēscendere: an Wettkämpfen teilnehmen
Neāpolis, is *f.:* Neapel *(griechische Stadt in Kampanien)*
theātrum, i *n.:* Theater
Graecē *Adv.:* auf Griechisch
Olympia, ae *f.:* Olympia *(Ort in Griechenland)*
licet *m. aci:* es ist erlaubt
taedium, ī, *n.:* Überdruss
dēsilīre, dēsiliō, dēsiluī, dēsultum: herabspringen
aurīga, ae *m.:* Wagenlenker
Olympia vincere: die Olympischen Spiele gewinnen

Nero Caesar Graecorum modo in certamina descendere solebat. Semper augendae vocis causa se exercebat.
Neapoli saepius per nonnullos dies cantabat; brevissimo tempore ad reficiendam vocem sumpto medio in theatro cenabat. Graece loquens iis, qui aderant, promisit se mox magna voce cantaturum esse.
Nerone autem Olympiae cantante nemini theatro exire licuit. Multi taedio audiendi laudandique portis clausis clam de muro desiluisse dicuntur.
Nero se ipsum etiam aurigam optimum existimabat. Etiam Olympia vicisse traditur. Victoria exsultans totam provinciam libertate donavit, iudices autem civitate Romana et magna pecunia.

Es ist nicht immer leicht, eine Frau zu sein …

»In vielen Paragraphen unserer Rechtsprechung ist die Lage für Frauen schlechter als für Männer«, so die nüchterne Feststellung des römischen Juristen Papinianus. Betrachtet man die im Lektionstext zitierten Ausführungen des Nepos zu diesem Thema, so liest sich dies auch nicht viel besser, selbst wenn es den römischen Frauen noch vergleichsweise gut ging. Aber mal ehrlich, war es bei uns anders? Ein heikles Thema, zu dem man viel sagen könnte. Nur ein Beispiel: Erst seit dem 20.11.1918 haben Frauen in Deutschland ein Wahlrecht.

Frauen in der Antike

Die Frau der Antike gibt es so wenig wie *die* Frau von heute. Uns begegnen mutige, liebevolle, gebildete, machthungrige, kluge und zerstörerische Frauen, Frauen der Oberschicht und einfache Frauen: Hausfrauen, Ärztinnen, Geschäftsfrauen, Wirtinnen, Priesterinnen, Philosophinnen, Malerinnen, Dichterinnen, Sklavinnen und sogar eine Rednerin.

Hier werden dir drei Frauen vorgestellt. Sie können unterschiedlicher kaum sein. Doch haben sie eines gemeinsam: Jede hat sich auf ihre Weise in einer von Männern dominierten Welt behauptet.

Clodia (um 94 v. Chr.–?)

Sie ist als der männermordende Vamp in die Geschichte eingegangen. Als junge, gebildete Witwe brillierte sie in jeder Hinsicht. Ihre Schönheit und Klugheit waren berühmt. Die Männer lagen ihr zu Füßen. Bekannt wurde sie durch den Dichter Catull, der sie als Lesbia in seinen Gedichten verewigte. Er zeichnet allerdings auch das Bild einer Frau, die mit Männern spielt und sie fallen lässt, wenn sie ihrer überdrüssig ist. Vielleicht hat auch Cicero sie so erlebt. Denn er nutzt die Verteidigung eines ehemaligen Geliebten der Clodia, um eine eigene Rechnung mit ihr zu begleichen. Dazu macht er sich ihren zugegebenermaßen schlechten Ruf in der Öffentlichkeit zunutze. Noch heute trüben Ciceros Attacken den Blick auf eine Frau, die so gar nicht dem Ideal der römischen Matrone, also der verheirateten Frau und Mutter, entsprach. Das machte sie suspekt für Männer, die der Macht solcher Frauen leicht erliegen, und für Frauen, denen genau das ein Dorn im Auge ist.

Livia (58 v. Chr.–29 n. Chr.)

Ganz anders Livia. Als mustergültige Gattin des *prīnceps*, des ersten Bürgers des Staates (so der offizielle Titel des Kaisers Augustus), unterstützte sie die Reformen ihres Mannes auf ihre Weise: Sie teilte seinen bescheidenen Lebensstil, verzichtete auf teuren Schmuck und kostbare Stoffe. Ja, sie stellte sogar eigenhändig seine Kleidung her. Im Gegensatz zu Clodia verkörperte sie in jeder Hinsicht die tugendhafte altrömische

Matrone und entsprach damit genau dem Ideal des Augustus. Livia war eine kluge Frau. Sie war sich ihres Einflusses auf Augustus bewusst. Schon nach der ersten Begegnung war er von ihr so fasziniert, dass er alles daran setzte, sie zu heiraten, obwohl sie – wie er – bereits verheiratet und im sechsten Monat schwanger war. Sie sah über seine zahlreichen erotischen Eskapaden hinweg, begleitete ihn auf Reisen und beriet ihn in politischen Fragen. Augustus selbst sagte einmal, dass er sich vor wichtigen Gesprächen mit ihr immer Notizen mache. Die Nachwelt ist sich bis heute nicht einig: War sie machthungrige Gattin oder liebevolle Partnerin des Augustus?

Helena (248/50–330 n. Chr.)

Wer weiß schon, dass der erste christliche Archäologe eine Frau war? Sie hieß Helena und wuchs als Tochter einer Gastwirtsfamilie auf. Ihr Leben liest sich wie ein Roman: Ein hoher römischer Offizier verliebt sich in sie. Sie heiraten, doch schon wenig später trennt er sich aus politischen Gründen von ihr. Ihr Sohn, übrigens kein Geringerer als Kaiser Konstantin der Große, holt sie an den Kaiserhof und macht sie zur *Augusta,* zur Kaiserin. 327 reist Helena nach Aelia Capitolina - so hieß Jerusalem seit der Niederwerfung des Bar-Kochba-Aufstandes durch Kaiser Hadrian im Jahre 135 n. Chr. –, um die Stelle zu suchen, wo sich alten Quellen zufolge der Golgothafelsen befinden sollte. Hadrian hatte ihn seinerzeit aufschütten und ein Venusheiligtum darauf errichten lassen. Helenas Grabungen haben Erfolg. Sie findet nicht nur den Golgothafelsen, sondern auch - so die Überlieferung - drei Kreuze und die Kreuzesinschrift Jesu. Konstantin ließ ein goldenes Kreuz auf dem Felsen errichten und daneben eine Kirche bauen. Ein Bruchstück der – archäologisch allerdings umstrittenen – Kreuzesinschrift befindet sich heute in der Kirche St. Croce in Gerusalemme in Rom.

1. Wähle eine der drei Frauen aus und versuche, mehr über sie in Erfahrung zu bringen. Schreibe eine Kurzbiografie, füge nach Möglichkeit auch Bilder ein.

2. Suche nach einer anderen bedeutenden Frau der Antike. Stelle sie deinen Mitschülern anhand einer aussagekräftigen Spielszene vor.

Latein nach der Antike

Lektion 46

Dē Karolō Māgnō

Teil 1

prōcēritās, ātis *f.*: Wuchs
antequam dēcēderet: vor seinem Tod
claudicāre: hinken, lahm sein

Karolus corpore rōbustō fuit, māgnā statūrā,
quae tamen mēnsūram iūstam nōn excēdēbat –
nam septem pēdum prōcēritātem eius
cōnstat habuisse mēnsūram.
Valētūdine bonā erat, praeter quod, antequam dēcēderet,
per quattuor annōs saepe febribus corripiēbātur
et ūnō pede claudicābat.

assa *n. Pl.*: gebratenes Fleisch
assuētus, a, um: gewohnt
dīmittere, ō: aufgeben
postquam dēcubuit: nach seiner Erkrankung
septuāgēsimus, a, um: siebzigster
quadrāgēsimus, a, um: vierzigster
V. Kalendās Februāriī = ante diem quīntum Kalendās Februāriī: am 5. Tag vor den Kalenden des Februar = am 28. Januar

Et tunc quidem plūra suō arbitrātū
quam medicōrum cōnsiliō faciēbat,
quōs paene ōderat,
quod ei in cibīs assa, quibus assuētus erat,
dīmittere suādēbant.

Septimō, postquam dēcubuit, diē dēcessit,
annō aetātis suae septuāgēsimō secundō
et ex quō rēgnāre coeperat quadrāgēsimō septimō,
V. Kalendās Februāriī, hōrā diēī tertiā.

Teil 2

Francī, ōrum *m. Pl.*: Franken
Saxōnēs, ōnum *m. Pl.*: Sachsen
daemōn, onis *m.*: Dämon, Götze
contrārius, a, um: feindlich gesinnt

Numquam ūllum bellum saevius Francōrum populō gerendum erat
quam bellum Saxōnum.
Nam Saxōnēs, sīcut omnēs ferē incolae Germāniae,
et nātūrā saevī et cultuī daemonum quōrundam dēditī
nostraeque religiōnī contrāriī
neque dīvīna neque hūmāna iūra trānsgredī
turpe arbitrābantur.

poterat: er hätte können
patī, patior, passus sum: zulassen
prōmissīs manēre: Versprechen halten

Id bellum per trīgintā trēs annōs gerēbātur.
Poterat quidem breviōrī tempore fīnīrī,
sī Saxōnum hoc perfidia passa esset.
Cōnstat autem illōs iterum atque iterum pollicitōs esse
sē sē imperātōrī dēditūrōs, cultum daemonum dīmissūrōs,
sē ad Chrīstiānam religiōnem convertere velle.
Cōnstat etiam nēminem eōrum prōmissīs mānsisse.

Cum dēnique Karolus omnēs, quī resistere solēbant, vīcisset
et decem mīlia hominum,
quī utramque rīpam Albis flūminis habitāverant,
per tōtam Galliam et tōtam Germāniam distribuisset,
Saxōnēs ad Chrīstiānam fidem conversī et Francīs adūnātī
ūnum cum eīs populum effēcērunt.

Albis, is *m.*: Elbe
adūnāre *m. Dat.*: vereinigen *mit*

Statue Karls des Großen vor dem Historischen Museum in Frankfurt am Main.

lītigāre: streiten

Duōbus lītigantibus tertius gaudet.

Doctor iūris utrīusque

Ein Ausspruch des mittelalterlichen Philosophen Thomas von Aquin:

Timeō hominem ūnīus librī.

Ein Zweizeiler des Dichters Catull (1. Jh. v. Chr.):
Ōdī et amō. Quārē id faciam, fortasse requīris.
Nesciō, sed fierī sentiō et excrucior.

excruciāre: quälen, peinigen

1 Für Textspürnasen

Zu Teil 1

1. Um welche Themen geht es? Bilde Sachfelder zu diesen Themen und ordne ihnen lateinische Formulierungen zu. Ziehe ggf. das Vokabelverzeichnis hinzu.

Zu Teil 2

2. Stelle alle Informationen über die Sachsen, die du dem lateinischen Text entnimmst, zusammen. Ziehe ggf. das Vokabelverzeichnis hinzu.

2 Für Textexperten

Zu Teil 1

1. Zitiere aus dem lateinischen Text Formulierungen, die eine Bewertung über Karl den Großen beinhalten; beschreibe, wie der Autor ihn darstellt.
2. Nenne die Passagen des Textes, in denen die nüchterne Darstellung überwiegt. Erkläre, wodurch hier die Sachlichkeit erzeugt wird.

Zu Teil 2

1. Werte die Ergebnisse aus Aufgabe 1, 2 aus: Beschreibe, wie die Sachsen dargestellt werden.
2. Welches Ziel verfolgt nach Einhards Schilderung Karl der Große in dem Krieg gegen die Sachsen? Zitiere lateinisch.
3. Beschreibe, wie die Franken mit den besiegten Sachsen verfahren sind.
4. Schreibe einen fiktiven Brief eines Sachsen an einen Freund, in dem er beschreibt, wie er die Kriegsereignisse erlebt.

3 Zahlenwirrwarr

Ordne alle im lateinischen Text vorkommenden Zahlen in einer Tabelle nach Grund- und Ordnungszahlen und nach ihrem Wert.

Grundzahlen	Ordnungszahlen
~	~

4 Irgendeiner – oder keiner?

Ordne zu von a bis z.

a) utrīusque	1) Das Glück der **ganzen** Welt
b) tōtī	2) Siehst du da den **anderen** der beiden Brüder?
c) alterīus	3) Da sagte **irgendeiner** …
d) nūllīus reī	4) Nie war **irgendein** Tag schöner.
e) nūllī	5) Kevin **allein** zu Hause
f) quaeque	6) Die Frau **eines anderen**
g) sōlī	7) **Niemand** kennt den Tag und die Stunde.
h) aliqua	8) **Nichts** Genaues weiß man nicht …
i) quemque	9) **Jeder** ist seines Glückes Schmied.
j) tōtīus	10) Die Macht **beider** Konsuln
k) ūnam	11) Der Mensch ist nicht für sich **allein** auf der Welt.
l) in utrāque	12) Etwas **anderes** muss ich erwähnen …
m) nēmō	13) **Jede** Sache muss genau überlegt sein.
n) quoddam	14) **Irgendeine** Schülerin sagte mir …
o) ā nūllō	15) **Ein anderer** meinte aber …
p) alterum	16) Das kann **jeden** treffen.
q) aliquis	17) Für den **ganzen** Erdkreis
r) sōlus	18) **Eine einzige** Frau war dabei.
s) nihil	19) Auf **beiden** Seiten des Flusses
t) ūllus	20) Das bleibt **keinem** erspart.
u) aliī	21) Für **kein** Geld der Welt
v) nūllī	22) **Andere** waren klüger.
w) ūna	23) Er liebte **nur eine** Frau.
x) alius	24) **Keiner Sache** Ausgang kennst du.
y) quisque	25) Von **keinem** darfst du Hilfe erwarten.
z) aliud	26) Ein **gewisses** Quäntchen Glück

5 Im Trevi-Brunnen

Was sind nach römischem Recht die Münzen, die die Touristen in den Trevi-Brunnen in Rom geworfen haben? Wenn du die Anfangsbuchstaben aller Genitiv-Singular-Formen aneinanderreihst, erhältst du die Antwort.

alius – altius – fīlius –fortius – ūtī – turrī – reī – deus – meus – eius – gladius – nūllus –sevērius – sōlīus – utrīque – tōtī – virtūs – dominus – pulchrius – nūllīus – ūnī – nēminī – ūllīus – vīlicus – mītī – lēgī – librī – sōlī – mihi – locī – illī – ei – ipsīus – iocus – metus – ūnīus – satis – rēgī – sapientis – utrīque

6 Wichtige Daten der Weltgeschichte

nātus, a, um: geboren
a. Chr. n.: ante Chrīstum nātum: vor Christi Geburt

Übersetze ins Deutsche.

a) C. Iūlius Caesar annō a. Chr. n. centēsimō nātus et annō a. Chr. n. quadrāgēsimō quārtō ab inimīcīs occīsus est.
b) Karolus Māgnus annō septingentēsimō et duodēseptuāgēsimō Francōrum rēx creātus, annō octingentēsimō Rōmae Imperātor Rōmānōrum corōnātus, annō octingentēsimō decimō quārtō Aquīsgranī mortuus est.
c) Bellum trīgintā annōrum annō mīllēsimō sescentēsimō duodēquīnquāgēsimō pāce Monastēriēnsī et Osnabrugēnsī fīnītum est.

Francī, ōrum *m.*: die Franken
corōnāre: krönen
Aquīsgranum, ī *n.*: Aachen
Monastēriēnsis, e: von Münster
Osnabrugēnsis, e: von Osnabrück

7 Familienbande

Folgende Wörter gehören alle zu einer Wortfamilie:

iūdex, iūdicium, iūrāre, iūs, iūstitia, iūstus.

Suche Familienmitglieder zu

a) līber (frei) b) cupere c) māgnus d) mors
e) nāvigāre f) ōrnāre g) rēx h) vestīre

8 Wörterlernen mit Köpfchen

Du hast bereits das Wort pars gelernt; aber es kann sehr verschiedene Bedeutungen haben – je nach Zusammenhang.

1. Verwende ein Lexikon, schlage auch die kursiv gesetzten Vokabeln nach und übersetze.

a) Pars hominum ōrātiōnem ā Cicerōne habitam laudāvit.
b) *Avis* ā *sinistrā* parte advolāvit.
c) Cicerō suās partēs bene implēvit.
d) Aliī in senātum vēnērunt, pars domī mānsit.

Cicerō, ōnis *m.*: Cicero

e) Cicerō nōn ā parte Caesaris fuit.
f) Puer cēnam māgnā ex parte *ēdit.*
g) Egō prō meā parte eam rem *recūsāre* dēbeō.

2. Unter welcher Form hast du die vier *kursiv* gesetzten Wörter gefunden?
3. Welches Problem kann sich beim Auffinden der Bedeutung von *ēdit* ergeben?
4. Was bedeuten folgende Abkürzungen?

a) *poet.* b) *nachkl.* c) *Pl.* d) *übtr.*

9

Verstecktes Latein

1. Mit welchen lateinischen Vokabeln sind folgende Wörter verwandt?
2. Erkläre, was die Wörter bedeuten.

a) Fieber b) arbiträr c) resistent d) robust

***10**

Karl der Große – ein gebildeter Mann

Übersetze ins Deutsche.

sermō patrius, sermōnis patriī *m.*: Muttersprache
lingua peregrīna, linguae peregrīnae *f.*: Fremdsprache
Latīnus, a, um: lateinisch
aequē *(Adv.)* **ac:** in gleicher Weise wie
Graecus, a, um: griechisch
artēs līberālēs, artium līberālium *f.*: die Freien Künste
Alcoīnus, ī *m.*: Alcuin
doctus, a, um: gelehrt
rhētorica, ae *f.*: Rhetorik
dialectica, ae *f.*: Dialektik
astronomia, ae *f.*: Astronomie
plūrimum: sehr viel
computāre: rechnen
impendere, impendō, impendī, impēnsum *m. Dat.*: aufwenden *für*
succēdere, succēdō, successī, successum: Erfolg haben

Karolus Magnus non patrio sermone contentus fuit, sed etiam linguis peregrinis studuit. In quibus linguam Latinam ita didicit, ut illa aeque ac sermone patria orare solitus sit. Linguam Graecam melius intellegere quam orare potuit. Artes liberales summo cum studio coluit. Alcoinum, virum doctissimum, magistrum habuit, apud quem et rhetoricam et dialecticam et astronomiam didicit. Plurimum temporis et laboris arti computandi impendit. Scribere temptabat, sed hic labor parum successit.

Ein Weihnachtsfest mit weltpolitischen Folgen

Karolus serēnissimus Augustus ā Deō corōnātus māgnus pācificus imperātor Rōmānum gubernāns imperium, quī et per misericordiam Deī rēx Francōrum et Langobardōrum

Darf man Christus abbilden?

Seit 324 war Konstantinopel die Hauptstadt und der Kaiser politisches und religiöses Oberhaupt des Römischen Reiches. Das *Exarchat* (Verwaltungsbezirk) Ravenna im Gebiet der heutigen Emilia Romagna bildete den Vorposten Ostroms in Italien. Rom hatte nur noch als Sitz des Papstes Bedeutung. 730 kam es in Konstantinopel zu einem Streit um die Verehrung von Ikonen (christliche Kultbilder). Während im Westen religiöse Bilder vor allem der Erbauung und Belehrung der Gläubigen dienten, galten die Ikonen in der oströmischen Kirche als Fenster zum Himmel. Man schrieb ihnen göttliche Kraft zu. Kaiser Leon III. vertrat jedoch die Ansicht, dass die Göttlichkeit Christi nicht bildlich darstellbar sei, und verbot die Ikonenverehrung. Sein Sohn Konstantin V. erklärte sie 754 auf dem Konzil von Hieraia sogar zur Häresie, zur Irrlehre. Papst Stephan II. als Vertreter der Westkirche war bei der Entscheidung übergangen worden. In seiner Kirche machte sich deswegen Unmut breit. Auf dem *ökumenischen* (= Welt umfassenden) Konzil von Nizäa 787 ließ man die Ikonenverehrung wieder zu. Die Leitung lag erstmalig in den Händen einer Frau mit Namen Irene, die seit dem Tod ihres Mannes allein regierende Kaiserin Ostroms war. Stephans Nachfolger Papst Hadrian II. war diesmal eingeladen worden, einen anderen aber hatte man vergessen …

Wer soll die Macht haben?

Mit dieser an Papst Zacharias gerichteten Frage hatte sich der fränkische Hausmeier Pippin im Jahre 749 seinen Anspruch auf den fränkischen Königstitel bestätigen lassen. 754 wurde er von Papst Stephan II. zum König gesalbt und erhielt den Ehrentitel *patricius Rōmānōrum*, Schutzherr der römischen Kirche. Als die Langobarden das Exarchat Ravenna bedrohten, bat Stephan II. Pippin um Hilfe, weil er sich von Ostrom im Stich gelassen fühlte. Pippin schlug die Langobarden zurück und sicherte so die Position des Papstes, der seinen Kirchenstaat nun auf die Gebiete der Langobarden und des Exarchats Ravenna ausdehnen konnte (sogenannte »Pippinische Schenkung«). Gleichzeitig ebnete er den machtpolitischen Weg für seinen Sohn Karl, der 774 nach seinem Sieg über den Langobardenkönig König der Langobarden wurde und die »Pippinische Schenkung« bestätigte.

Wer ist der rechtmäßige römische Kaiser?

Wie Pippin führte Karl den Ehrentitel *patricius Rōmānōrum*. Er sah in der auf Petrus gegründeten römischen Kirche die wahre Kirche Jesu Christi, die es zu schützen galt. Deswegen war er sehr verärgert, dass man weder ihn noch andere hochrangige fränkische Kirchenvertreter nach Nizäa eingeladen hatte. 794 lehnte er die Beschlüsse des Konzils auf einer eigenen Synode in Frankfurt ab. Ohnehin waren die Franken der Meinung, dass Irene als Frau nicht rechtmäßiger Kaiser und Oberhaupt der Kirche sein könne. Ihrer Meinung nach war der Kaiserthron also gar nicht besetzt. Papst Hadrian saß zwischen zwei Stühlen. Er sah, dass Karl das Papsttum durch seinen Sieg über die Langobarden gestärkt und die römisch-katholische Kirche im Frankenreich fest etabliert hatte. Dennoch stellte er Irenes Autorität als Kaiserin und Kirchenoberhaupt nicht infrage. Diesen Schritt wagte erst sein Nachfolger Leo.

War es Karls Wille?

Während des Weihnachtsgottesdienstes des Jahres 800 krönte Papst Leo III. den ahnungslosen (?) Karl zum Kaiser. So weit die Überlieferung. Was aber war wirklich geschehen? Leo III., den der römische Stadtadel wegen seines Lebenswandels heftig kritisiert und mit Verstümmelung bedroht hatte, floh 799 zu Karl nach Paderborn. Im Sommer 800 kam Karl nach Rom, um die Vorwürfe gegen Leo zu prüfen. Karl forderte zwar von Leo einen Reinigungseid, trat aber dennoch als sein Schutzherr auf. Hatten sie vielleicht in Paderborn schon über die Kaiserkrönung gesprochen? Auf jeden Fall stellte sie für Ostrom eine Provokation dar. Eine geplante (?) Heirat Karls mit Irene kam nicht zustande. Sie starb 803 in der Verbannung. Mit der Ernennung ihres Nachfolgers Nikephoros I. gab es jetzt zwei Kaiser und zwei christliche Kaiserreiche. Karl selbst verstand sich als der wahre Vollender des alten *Imperium Rōmānum* unter römisch-katholischen Vorzeichen. 812 erkannte Ostroms Kaiser Michael I. Karl offiziell an. Der Grundstein für das Heilige Römische Reich war gelegt.

1. Übersetze mithilfe eines Lexikons den eingangs zitierten Kaisertitel Karls des Großen und erläutere ihn.
2. Nenne die im Text genannten Faktoren, die zur Kaiserkrönung Karls führten.
3. Informiere dich anhand einer historischen Landkarte über die Ausdehnung des Frankenreichs unter Karl dem Großen und das Gebiet des Kirchenstaates.

Lektion 47

*Intrā!

Sī tacēs, philosophus manēs.
Sī taceās, philosophus maneās.
Sī tacērēs, philosophus manērēs.
Sī tacuissēs, philosophus mānsissēs.

*I

Wenn … dann

1. Bestimme alle Verbformen.
2. Bilde nach dem Beispiel dieser Sätze jeweils drei weitere Sätze zu den Sätzen a bis c.

a) Sī fessus est, requiēscere cupit.
b) Sī haec spernunt, etiam illa iīs nōn placent.
c) Haec sī neglegis, reī pūblicae nocēs.

Ex epistulā Abaelardī ad amīcum datā

Parīsius: Paris
canonicus, ī *m.*: Dom-, Stiftsherr
Fulbertus, ī *m.*: *Eigenname*

Erat in ipsā cīvitāte Parīsius
virgō pulcherrima nōmine Heloïsa,
neptis canonicī cuiusdam, quī Fulbertus vocābātur;
quī eam valdē dīligēbat
et eam in omnibus litterīs ērudīrī studuerat.
In huius itaque virginis amōrem tōtus īnflammātus
occāsiōnem quaesīvī,
quā eam mihi familiārem efficerem.

Itaque mēcum cōgitāvī:
Fulbertum, avunculum Heloïsae, avārum esse nōtum est.
Sī ei prōmittam
mē puellam grātuītō litterīs īnstructūrum esse,
mē domum libenter recipiat.
Puella, sī cottīdiē mē videat audiatque,
mē amāre incipiat.

disciplīna, ae *f.*: Unterricht

Cum Fulbertus mē doctōrem virginis accēpisset,
prīmum domō ūnā coniūnctī sumus, deinde animō.
Sub occāsiōne itaque disciplīnae nōs amōrī dēdēbāmus
et sēcrētōs recessūs, quōs amor optābat,
studium lectiōnis offerēbat.
Apertīs librīs
plūra erant ōscula quam verba.

concipere, concipiō, concēpī, conceptum: empfangen, schwanger werden

Ō quantus in hōc cōgnōscendō dolor avunculī!
Quantus in sēparātiōne amantium dolor ipsōrum!
Nōn multō autem post puella sē concēpisse comperit
et cum summō gaudiō mihi statim scrīpsit,
cōnsulēns, quid dē hōc ipse faciendum dēlīberārem.

Quādam itaque nocte
eam dē domō avunculī clam sustulī
et in patriam meam sine morā trānsmīsī;
ubi apud sorōrem meam tam diū versāta est,
dōnec pareret fīlium, quem Astralabium nōmināvit.

Astralabius, iī *m.*: *Eigenname*

Avunculus autem quasi in īnsāniam conversus est.
Quid autem in mē ageret, īgnōrābat.
Sī mē interficeret, id potissimum metuēbat,
nē dīlēctissima neptis in patriā meā pūnīrētur.

Ut īram eius lēnīrem, Fulbertum adībam dīcēns
mē Heloïsam in mātrimōnium dūctūrum esse,
dummodō id sēcrētō fieret,
nē fāmae meae dētrīmentum īnferrētur.

Grabmal von Heloïse und Abaelard auf dem Cimetière du Père-Lachaise in Paris (aus mittelalterlichen Spolien zusammengesetzt von Alexandre Lenoir, ursprünglich im Musée des Petits-Augustins, ab 1817 auf dem Père-Lachaise).

Aus der Spruchsammlung des Publilius Syrus (1. Jahrhundert v. Chr.):
Sī nihil velīs timēre, metuās omnia.

Minus saepe peccēs, sī sciās, quid nesciās.

Quid tibi pecūnia opus est, sī ūtī nōn potes?

1 Für Textspürnasen

1. Abaelards Werk trägt den Titel *Historia calamitātum*. Lies den Text und finde heraus, in welchem Bereich Abaelard offenbar eine calamitās erlebt.
2. Erschließe mithilfe des Vokabelverzeichnisses und der Vokabelangaben einen groben Gang der Ereignisse.

2 Für Textexperten

1. Es gibt im Lateinischen verschiedene grammatische Möglichkeiten, die Vorzeitigkeit auszudrücken. Zitiere aus dem Text und benenne die jeweilige grammatische Struktur.
2. Erstelle ein Tempusrelief des Textes (vgl. Lektion 31, Aufgabe 1, 1–3). Zeige anhand des Tempusreliefs erstens den Wechsel zwischen der Schilderung längerer Phasen und dramatischer Ereignisse und zweitens die inhaltliche Struktur des Textes. Erläutere drittens die Funktion des Imperfekts im letzten Textabschnitt.
3. Mit welchen grammatischen Mitteln werden im Text Pläne, die Zukunft betreffende Erwägungen und zukünftige Ereignisse ausgedrückt? Zitiere.
4. »nē fāmae meae dētrīmentum īnferrētur« – Diskutiert, was dieser Satz über Abaelardus verrät.
5. Was erfahren wir über den Onkel der Heloïsa? Zitiere aus dem Text.
6. Gehe vom letzten Textabschnitt aus und verfasse auf Deutsch einen Dialog zwischen Abaelardus und Fulbertus.

3

Tempora mūtantur

1. Ein Mädchen erzählt ihrer Freundin ein Geheimnis. Setze die richtigen Verbformen ein und übersetze.

a) Iuvenis quīdam fōrmōsus mē ~ (amāre).
b) Saepe mē obsecrat, ut cum eō in hortīs ~ (ambulāre).
c) Saepius mē interrogat, num aliīs dē amōre nostrō ~ (narrāre).
d) Saepissimē autem optat, ut semper mēcum esse ~ (posse).

2. Nach einem Jahr ist die Geschichte leider schon Vergangenheit. Das Mädchen erzählt sie einer neuen Freundin. Setze die richtigen Verbformen ein und übersetze.

a) Iuvenis quīdam fōrmōsus mē ~ (amāre).
b) Saepe mē obsecrābāt, ut cum eō in hortīs ~ (ambulāre).
c) Saepius mē interrogābat, num aliīs dē amōre nostrō ~ (narrāre).
d) Saepissimē autem optābat, ut semper mēcum esse ~ (posse).

4

Wenn … dann

Ordne passende Satzhälften einander zu, schreibe die vollständigen Sätze in dein Heft und übersetze sie.

A) Sī fūr essem,	a) Āenēās in Āfricā mānsisset.
B) Sī Aenēās in Āfricā mānsisset,	b) in flōrem mūtātus nōn esset.
C) Sī amor omnia vinceret,	c) amā!
D) Sī Narcissus foedus fuisset,	d) illa ā mē dōna accipiās.
E) Sī ōrnāmenta tibi placeant,	e) ōrnāmenta tua rapere cuperem.
F) Sī vīs amārī,	f) urbs Rōma condita nōn esset.

5 **Denkbare und undenkbare Konsequenzen**

Übersetze und ergänze auf Deutsch.

a) Piscibus sī pedēs essent, ~.
b) Nisī mē vexāvissēs, ~.
c) Sī ista puella dīves fuerit, ~.
d) Sī mē amās, ~.
e) Sī mē amārēs, ~.
f) Sī multī mundī sint, ~.
g) Sī ā magistrō saepius laudātus essem, ~.
h) Nisī discipulī grātuītō īnstruerentur, ~.
i) Sī avunculus hoc prius comperīsset, ~.
j) Sī etiam trāns montēs hominēs incolant, ~.

6 **Wörterlernen mit Köpfchen**

1. Ergänze.

a) pater – māter, frāter – ~, nepōs – ~
b) saepe – rārō, prīmus – ~, aperīre – ~
c) Quī nōn tacet, ~ *(mehrere Ergänzungen möglich)*

7 **Verstecktes Latein**

1. Mit welchen lateinischen Vokabeln sind folgende Wörter verwandt?
2. Erkläre, was die Wörter bedeuten.

a) Nominativ b) konjugieren c) instruieren
d) familiär e) Offerte f) Lektion

8 **If only …**

Konditionalsätze finden sich im englischen Alltag auf Schritt und Tritt.

1. Ordne folgende lateinische und englische Sätze einander zu.

A) Sī hoc cōgitās, errās.	a) If you thought that, you would be wrong.
B) Sī hoc cōgitēs/ cōgitāveris, errēs, errāveris.	b) If you think that, you could be wrong.
C) Sī hoc cōgitārēs, errārēs.	c) If you had thought that, you would have been wrong.
D) Sī hoc cōgitāvissēs, errāvissēs.	d) If you think that, you're wrong.

***9** **Wer spricht?**

Übersetze ins Deutsche. Weißt du, wer spricht?

1. »O mater, cur taces? Si mulier mitis ingenii esses, maritum multis cum lacrimis salutares. Specta istos mortuos: Unus ex istis te in matrimonium duxisset, nisi pater revenisset. Nunc autem pater eos necavit. Si maritum redisse gaudes, noli diutius tacere!« Illa autem dixit: »Si hic vir maritus meus sit, quasdam res non ignoret.«

diutius *Adv.*: länger

2. »Uxor mea cum pulcherrima omnium esset, multis viris admirationi erat. Etiam Troianus quidam amore uxoris meae captus eam obsecrabat, ut secum Troiam iret. Haec fere dixisse traditur: »Cum pulcherrima sis, mihi maximae admirationi es. Te obsecro, ut mecum Troiam eas.« Si iste tacuisset, multi Troiani necati non essent. Troia capta uxorem domum reduxi. Semper autem de fide eius dubitabam. Semper dubitabam, utrum uxor me reliquisset, cum iuvenem amaret, an vi coacta Troiam isset. Saepe illam interrogare volebam: »Scire velim, num amore iuvenis capta Troiam ieris.« Sed numquam interrogavi.

Gemälde von Guido Reni (1575–1642). Paris, Musée du Louvre. Die Entführung der Helena. Wer ist dargestellt?

Lēctiō – Quaestiō – Disputātiō

Das kennst du aus dem Unterricht: Ein Text soll bearbeitet werden. Man erfährt etwas über den Autor. Nach der ersten Lektüre werden unbekannte Wörter geklärt und schwierige Formulierungen besprochen. Schlüsselfragen richten das Augenmerk auf zentrale Aussagen und Inhalte des Textes. Es folgen Fragen zum Gesamtverständnis und zur Einordnung in einen größeren Zusammenhang. Bei den Fragen gibt es eine Hierarchie, die man unbedingt beachten sollte. Auch wenn bereits beim Lesen kritische Fragen (von griech. *krinein:* unterscheiden) aufgekommen sind, kann eine sachlich begründete inhaltliche Auseinandersetzung erst erfolgen, wenn der Text besprochen und verstanden wurde.

Die Scholastik

Was hier etwas trocken daherkommt, ist eine hilfreiche *Methode* (von griech. *methodos:* Wegfindung) zur Erschließung eines Textes. Sie stammt aus dem Mittelalter. Damals begann man, sich mit schwierigen theologischen und philosophischen Texten zu beschäftigen. Das Lesen nannte man *Lēctiō*, die verschiedenen Formen des Fragens *Quaestiō* und die inhaltliche Auseinandersetzung *Disputātiō*. Gelehrt wurde diese Methode an den damals allmählich entstehenden Universitäten (*ūniversus:* allgemein). Man bezeichnet sie als Scholastik (*scholasticus:* Schulmeister). Die Scholastiker waren überzeugt, dass es Mittel gibt, auch komplexere Textinhalte zu verstehen, dass dazu aber eine fundierte Bildung vonnöten sei. Besonders bei Priestern beklagten sie einen oft erschreckenden Mangel an Allgemeinwissen. Daher begann man an verschiedenen Fakultäten (*facultās:* Fähigkeit), Philosophie, Theologie, Naturwissenschaften, Ethik, Medizin und Jura zu lehren. Die ersten Universitäten entstanden übrigens in Bologna, Paris und Oxford, die erste deutsche Universität 1347 im damals noch deutschsprachigen Prag.

Lehrinhalte

Schwerpunkt der Scholastik war die Beschäftigung mit den Schriften des griechischen Philosophen Aristoteles (384–322 v. Chr.). In der medizinischen Fakultät setzte man sich aber auch mit jüdischer und arabischer Fachliteratur auseinander. Die juristische Fakultät studierte vor allem das *Corpus Iūris Cīvīlis* Kaiser Justinians (482–565 n. Chr.). Neben Latein wurden auch Griechisch und Hebräisch gelehrt, doch blieb Latein die eigentliche Wissenschaftssprache. Biblische und aristotelische Texte las man in – nicht immer fehlerfreien – lateinischen Übersetzungen. Verständnisprobleme versuchte man in Disputationen zu klären.

Lehrmethoden

Von den Griechen übernahm die Scholastik die Methode der *Dialektik* (*dialegesthai:* miteinander reden): Zwei Positionen, *These* und *Antithese,* werden einander gegenübergestellt. Anschließend versucht man, aus beiden eine eigene Sichtweise, eine *Synthese,* zu entwickeln. Das funktioniert natürlich nur, wenn man These und Antithese verstanden hat. Also muss der Verstand besonders geschult werden. Die Scholastiker waren überzeugt, dass man mit dem Verstand, der *Logik* (von griech. *logos:* Wort, Sinn, Verstand), sogar den christlichen Glauben, die Beschaffenheit der Engel und die Existenz Gottes erklären könne. Gearbeitet wurde *deduktiv* (*dēdūcere:* ableiten). Entsprechend der Lehre des Aristoteles schloss man vom beobachteten Einzelfall auf das Ganze: Dies bezeichnete man als *Syllogismus* (von griech. *syllogismos:* Zusammenrechnen): Zwei *Prämissen* (Voraussetzungen) führen zur *Konklusion* (Schlussfolgerung). Jede Aussage besteht aus einem syllogistischen Subjekt S und einem syllogistischen Prädikat P (keine grammatischen Begriffe!). Ein Syllogismus ist nur dann gültig, wenn beide Prämissen von einer richtigen Voraussetzung ausgehen.

Ein Beispiel:
Prämisse 1: Alle Blumen (S) blühen (P). – richtig
Prämisse 2: Alle Tulpen (S) sind Blumen (P). – richtig
Konklusion: Alle Tulpen (S) blühen (P). – richtig.

Der Universalienstreit

Zwei Denkschulen stritten miteinander: die Universalisten und die Nominalisten. Die Universalisten behaupteten, dass man vom Konkreten auf ein bereits in der bei Platon (427–347 v. Chr.) beschriebenen Ideenwelt existierendes universales Abstraktes schließen könne. Dem hielten die Nominalisten entgegen, dass aus dem Konkreten ein verallgemeinerndes Abstraktes abzuleiten sei. Das Beispiel des Tisches zeigt, worum es in diesem Streit ging. Die Universalisten sahen hinter der Konkretion des Tisches eine Idee von Tisch; die Nominalisten waren überzeugt, dass man aus der Konkretion eines Tisches ein Abstraktum Tisch entwickelt habe. Abaelardus versuchte, zwischen beiden Schulen zu vermitteln. In Anlehnung an Aristoteles sagte er, dass jedem Einzelbegriff ein Allgemeinbegriff innewohne. Spricht man also von einem Tisch, meint man immer beides, den realen und den universalen Begriff von Tisch.

1. »Durch Zweifeln nämlich kommen wir zur Untersuchung. Durch die Untersuchung aber vernehmen wir die Wahrheit.« – Erläutere diese Aussage des Abaelardus und nimm Stellung.
2. »Alle Vögel haben zwei Beine. – Caesar hat zwei Beine. – Folglich ist Caesar ein Vogel.« – Ist dies ein gültiger oder ungültiger Syllogismus? – Diskutiert in der Klasse.

Lektion 48

Fulbertus, ī *m.*: *Onkel der Heloïsa*

*Intrā!

Fulbertus, avunculus Heloïsae, quī avārus erat,
Abaelardum libenter domum recēpit.

Fulbertus, quī avārus esset,
Abaelardum libenter domum recēpit.

Heloïsa, quae avunculum amāret,
cum Abaelardō domō effūgit.

Fulbertus Abaelardum dīgnum putāvit, quī pūnīrētur.

Sunt, quī dīcant amōrem omnia vincere.

Erasmus von Rotterdam. Kleinbüste aus Bronze, von Wolf Spitzer. Sie wurde 2008 vom Deutschen Altphilologenverband dem Humanismuspreisträger Leoluca Orlando überreicht.

Text 1

Dē amātōriā epistulā

Nēmō est, quī nesciat
epistulās amātōriās ad puellās sibi conciliandās multum valēre.
Quod sī puellae animum ad mūtuum amōrem addūcēmus,
duābus potissimum ratiōnibus ūtēmur,
laude et misericordiā.

Laude enim cum omnēs hominēs,
tum puellae imprīmīs gaudent,
potissimum autem ā fōrmā,
in quā summum bonum cōnstituant,
tum ab aetāte, mōribus, genere, cultū
rēbusque similibus.
Amōrem nostrum quam honestissimum cōnābimur ostendere.

laude … ā fōrmā: über Lob, das sich auf die Schönheit bezieht

genus, generis *n.*: Familie

Deinde, quod puellae facile ad misericordiam commoventur,
quam miserrimī viderī studēbimus.
Summum amōrem cum summā dēspērātiōne coniūnctum
ostendēmus.
Nunc lāmentābimur, nunc blandiēmur, nunc dēspērābimus.
Nunc rūrsus nōs ipsōs callidē laudābimus,
ut dīgnī videāmur, quī amēmur.

Quod nisī impetrēmus,
dēcrētum est apud nōs,
quī iuvenēs sint,
quōvīs modō crūdēlem abrumpere vītam.

Text 2

Dē philautiā

philautia, ae *f.*: Eigenliebe

Quid autem aequē stultum atque tibi ipsī placēre?
Tē ipsum admīrārī?
Tamen necesse est,
ut sibi quoque quisque blandiātur
et sibi prius commendētur,
quam aliīs possit esse grātus.

Quaesō, num quemquam amābit,
quī ipse sēmet ōderit?
Num cum aliō concordābit,
quī sēcum dissideat?
Num ullī voluptātem afferet,
quī sibi ipsī sit gravis ac molestus?
Istud, opīnor, nēmō dīxerit,
nisī quī sit ipsā stultior stultitiā.

quaesō: ich frage (dich/euch)
sēmet: *verstärktes* sē
concordāre: in Eintracht/ Harmonie leben

Quam miser est, quī excūsāre sibi sē nōn potest!

1 Für Textexperten

Zu Text 1

1. Zeige, dass Erasmus seine Anweisung wie einen strategischen Plan aufbaut.
2. Gib den einzelnen Abschnitten Überschriften.
3. Erasmus arbeitet mit dem Stilmittel der Ironie: Belege dies aus dem Text.

Zu Text 2

4. Erläutere, was Erasmus mit dem Wortspiel »quī sit ipsā stultior stultitiā« in der letzten Zeile des Textes meint.
5. Welcher inhaltliche Aspekt soll durch die Anaphern und rhetorischen Fragen im letzten Abschnitt des Textes hervorgehoben werden?
6. Konrad Adenauer wurde vom Bundestag am 15. September 1949 zum ersten Bundeskanzler der Bundesrepublik Deutschland mit einer Stimme Mehrheit – einschließlich seiner eigenen – gewählt: Was hätte Erasmus zu Adenauers Wahlverhalten gemeint?
7. Interpretiere das Gebot »Du sollst deinen Nächsten lieben wie dich selbst« im Sinne des Erasmus.

2 qu-Wörtchen von A bis Z

Ordne den qu-Wörtchen der linken Spalte die richtige Bedeutung aus der rechten Spalte zu und übersetze.

A) Suum cuique.	a) Gibt es da einen, der …?
B) Quid novī?	b) Mir jedenfalls reicht das.
C) Mihi quidem hoc satis est.	c) welche Sache?
D) quia	d) durchaus nichts
E) senātor quīdam	e) Jedem das Seine.
F) quasi	f) auch du
G) quam pulchrum	g) aus diesem Grund
H) quam pulcherrimē	h) wie schön
I) Quam vītam agis?	i) Was für ein Leben führst du?
J) vītam, quam agis	j) zwar – aber

K) quā dē causā	k) Wie geschieht es …?
L) quamquam pulchra est	l) Es gibt Leute, die
M) quārē (?)	m) so – wie
N) quantus	n) wann?
O) quandō?	o) möglichst schön
P) Quō īs?	p) weshalb?; deshalb
Q) Quī fit …?	q) gerade die Besten
R) neque quisquam	r) wie groß
S) Estne quisquam, quī …?	s) obwohl sie schön ist
T) nihil quicquam	t) ein gewisser Senator
U) tū quoque	u) Was gibt's Neues?
V) Sunt, quī	v) weil
W) quae res?	w) und keiner
X) quidem – sed	x) Wohin gehst du?
Y) tam – quam	y) sozusagen
Z) optimus quisque	z) das Leben, das du führst

3

KKKF

Kausal, konsekutiv, konzessiv oder final? Schreibe die acht konjunktivischen Relativsätze mit ihrem jeweiligen Beziehungswort aus den beiden Lektionstexten heraus und gib jeweils ihre semantische Funktion an.

4

variātiō, iōnis *f.*: Abwechslung

Variātiō dēlectat

Übersetze und gib jeweils die semantische Funktion der kursiv gedruckten Satzglieder an.

a) Abaelardus occāsiōnem quaesīvit, *ut Heloïsam sibi familiārem efficeret.* – Abaelardus occāsiōnem quaesīvit, *quā Heloïsam sibi familiārem efficeret.* – Abaelardus occāsiōnem *Heloïsam cōgnōscendī* quaesīvit.
b) Abaelardus, *quī īram avunculī lēnīre vellet,* Fulbertum adībat dīcēns sē Heloïsam in mātrimōnium dūctūrum esse. – Abaelardus, *cum īram avunculī lēnīre vellet,* Fulbertum adībat dīcēns sē Heloïsam in mātrimōnium dūctūrum esse.
c) Philosophī, *quī senātū habitō ā Rōmānīs rogātī essent,* ut dē philosophiā dissererent, ex urbe expulsī sunt. – *Quamquam philosophī senātū habitō ā Rōmānīs rogātī erant,* ut dē philosophiā dissererent, ex urbe expulsī sunt.

Fulbertus, ī *m.*: *Onkel der Heloïsa*

Cato, ōnis *m.: römischer Politiker*

d) Catō cēnsuit: »Sunt, *quī animōs cīvium sollicitent et corrumpant*. Et istī hominēs ›philosophī‹ dīcuntur.« Catō cēnsuit: »Philosophī hominēs tot verbīs multīs perturbant, *ut animī eōrum sollicitentur et corrumpantur*.«

5

Nachschlagen im Lexikon – aber mit Köpfchen

Versuche aus dem Zusammenhang zu erschließen, was die kursiv gedruckten, dir noch unbekannten Vokabeln bedeuten könnten, schlage sie erst dann nach und übersetze die Sätze.

Philosophia animum fōrmat et *fabricat*, vītam *dispōnit*, *āctiōnēs* regit, agenda et *omittenda* dēmōnstrat, sedet ad *gubernāculum* et *dērigit* cursum. Sine hāc nēmō *intrepidē* potest vīvere, nēmō *sēcūrē* … Philosophandum est!

6

Verstecktes Latein

1. Mit welchen lateinischen Vokabeln sind folgende Wörter verwandt?
2. Erkläre, was die Wörter bedeuten.

a) lamentieren b) rational c) Dezernat d) Dissident

7

Vokabelhappen

Suche in den folgenden fremdsprachlichen Vokabelhappen die jeweils enthaltene lateinische »Zutat«! Welche modernen Vokabeln ähneln sich untereinander?

*8

Erasmus kritisiert die Philosophen

Übersetze ins Deutsche.

suāvis, e: süß
dēlīrāre: verrückt daherreden
innumerābilis, e: unzählig
mētīrī: vermessen
fulmen, minis *n.*: Blitz
inexplicābilis, e: unerklärlich
profitērī: öffentlich erklären
prīma māteria, prīmae māteriae *f.*: Urstoff
praedicāre: laut äußern
dēesse, dēsum, dēfuī: fehlen
praedīcere, ō: voraussagen

Quam suaviter isti delirant, cum innumerabiles mundos aedificant, dum solem, lunam, astra metiuntur, dum causas fulminum, ventorum, rerum inexplicabilium reddunt. Sunt, qui nihil certi invenerint, qui, cum nihil sciant, tamen se omnia scire profiteantur. Isti philosophi, qui nihil sciant, se primam materiam vidisse praedicant. Neque desunt, qui futura astris consultis praedicant, et homines inveniunt, qui haec quoque credant.

Erasmus von Rotterdam. Gemälde, 1523, von Hans Holbein d. J. (1497–1543). Musée du Louvre, Paris.

Mönchlein, Mönchlein, du gehst einen schweren Gang

»*Ad fontēs*«, so lautete der Wahlspruch der Humanisten. Denn die Wasser waren im Laufe der Zeit trübe geworden …

Kaiser oder Papst?

Mit Karl dem Großen war das Papsttum einst entscheidend gestärkt worden. Als *patricius* war der Kaiser allerdings berechtigt, auch geistliche Ämter zu vergeben. Im Laufe der Zeit entwickelte sich daraus ein gänzlich unfrommer Handel mit kirchlichen Besitztümern. Papst Gregor VII. versuchte, diesem Treiben auf der Fastensynode von 1076 ein Ende zu bereiten. Er schlug König Heinrich IV. in den Bann, der für sich sogar das Recht reklamiert hatte, den Papst des Amtes zu entheben. Für Heinrich bedeutete der Bann den Verlust der für das Seelenheil notwendigen kirchlichen Gnadenmittel. Deshalb leistete er im Büßergewand Abbitte und Gregor hob den Bann auf. Doch nun stand die Frage im Raum, wer die größere Macht von Gott erhalten habe, der Kaiser oder der Papst. Papst Innozenz III. (1160/61–1216) beantwortete diese Frage schließlich dahin gehend, dass der Papst als Stellvertreter Christi Mittler zwischen Gott und Mensch sei. Der Kaiser stehe somit unter dem Papst und müsse von diesem gekrönt werden. Die Einheit von Kaiser- und Papsttum wurde allerdings noch nicht infrage gestellt. Der Habsburger Karl V. war der Letzte, der von einem Papst zum Kaiser gekrönt wurde. Er hatte 1527 ein Heer gegen Rom geführt, weil er sich von Papst Clemens VII. hintergangen fühlte, dem er eine Schaukelpolitik zwischen Frankreich und dem Römischen Reich vorwarf. Es kam zu einem entsetzlichen Gemetzel in Rom, das als *Sacco di Roma* in die Geschichte eingegangen ist. Der Papst kapitulierte und Karl erzwang für 1530 seine Kaiserkrönung in Aachen. Die Idee vom Heiligen Römischen Reich unter römisch-katholischen Vorzeichen war endgültig zur Farce geworden. Denn nur wenige Jahre zuvor hatte bereits ein anderes Ereignis das Reich in seinen Grundfesten erschüttert.

1521

Auf dem Reichstag in Worms war es am 18. April 1521 zu einem Eklat gekommen. Ein kleiner Mönch aus Wittenberg hatte es gewagt, den Großen von Kirche und Reich die Stirn zu bieten. Er hieß Martin Luther und hatte am 31.10.1517 zu einer *disputātiō* über den (käuflichen) Sündenablass eingeladen. Der Hintergrund: Nach katholischer Lehre besitzt die Kirche einen Schatz, der durch die Verdienste Christi und der Heiligen angesammelt wurde und wird. Als Nachfolger des Petrus besitzt der Papst die Schlüsselgewalt über diesen Schatz und kann aus ihm Ablässe für Sündenstrafen gewähren.

Die mittelalterliche Kirche verfügte über ein kompliziertes Bußsystem. Ablass konnte man erlangen durch Beichten, Fasten, Messelesen, Almosen, Wallfahrten, Schenkungen und vieles mehr. Verbreitet waren auch stellvertretende Bußleistungen, beispielsweise durch Klosterleute. Hinter all dem stand die tiefe Angst der Menschen vor Fegefeuer und Höllenqual. Der Tod war allgegenwärtig. Doch »manche Geistliche täuschen ihre Beichtkinder nicht einmal im Irrtum, sondern aus Habgier in der Weise, dass sie ihnen für einen bestimmten Ablass an Geld die Strafen ihrer auferlegten Bußleistung erlassen oder herabsetzen; dabei halten sie sich nicht etwa an den Willen des Herrn, sondern an die Macht des Geldes«, so klagte schon Abaelardus. Die Scholastiker mahnten deshalb, dass ein Sündenablass nur wirksam sei, wenn der Büßende ehrlich bereue. Allmählich nahm der käufliche Ablass jedoch solche Ausmaße an, dass es nur noch eines Funken bedurfte, um einen Flächenbrand zu entfachen. Es wurden nämlich mit dem Papstsiegel gestempelte Ablassbriefe verkauft, deren Erlös allein dem Neubau der Peterskirche in Rom zugute kam. Die Päpste – mit Ausnahme von Papst Hadrian VI. (Amtszeit 1522/23) – waren zu prunksüchtigen Renaissancefürsten verkommen, die sich vor allem durch ehrgeizige Bauprojekte ein Denkmal setzen wollten.

Luther und Erasmus

Luther führte die kirchlichen Missstände unter anderem auf die mangelnde Bildung der Bevölkerung zurück. Seine volksnahe Bibelübersetzung ist vor allem auf diesem Hintergrund zu verstehen. Doch trugen auch die Humanisten zum Erfolg der Reformation bei. So benutzte Martin Luther für seine Bibelübersetzung den von Erasmus von Rotterdam (1465/69–1536) vorgelegten griechischen Originaltext des Neuen Testaments. Den Humanisten lag die Bildung aller Bevölkerungsgruppen sehr am Herzen. Erasmus vertrat die Auffassung, dass allein eine fundierte Allgemeinbildung Männer wie Frauen (!) befähige, ihren freien Willen verantwortungsvoll zu entfalten. Sein Credo: »… nach meinem Urteil ist nichts so unlenksam wie die Unwissenheit.«

1. Das 16. Jahrhundert war ein Zeitalter im Umbruch: Benenne einzelne Faktoren.
2. Luther, Karl V., Erasmus von Rotterdam: Wähle einen von ihnen aus und schreibe eine Kurzbiografie.
3. Die Peterskirche in Rom: Sammelt Material über Geschichte, Architektur und künstlerische Gestaltung. Fertigt eine Collage für euren Klassenraum an.
4. Was meint Erasmus, wenn er sagt, dass nichts so unlenksam sei wie die Unwissenheit? Nimm Stellung.

Lektion 49

*Intrā!

Abaelardus scrībit:
»Puellam, quae Heloïsa appellātur, amō.
Eam dē domō avunculī clam sustulī.
Mox eam in mātrimōnium dūcam, dummodō id sēcrētō fiat.«

Abaelardus scrībit
sē puellam, quae Heloïsa appellētur, amāre;
sē illam dē domō avunculī clam sustulisse;
mox sē eam in mātrimōnium ductūrum esse, dummodō id sēcrētō fiat.

Abaelardus scrīpsit
sē puellam, quae Heloïsa appellārētur, amāre;
sē illam dē domō avunculī clam sustulisse;
mox sē eam in mātrimōnium ductūrum esse, dummodō id sēcrētō fieret.

Text 1

Aus einem Brief des Kolumbus an den Schatzmeister des spanischen Königs Ferdinand II.

trīcēsimus, a, um: dreißigster
Gādēs, ium *f. Pl.:* Cádiz *(Stadt in Spanien)*
Indicus, a, um: indisch
innumerus, a, um: unzählig
Ferdinandus, ī *m.:* Ferdinand II. *(1479–1516 König des vereinigten Spanien)*
pudenda, ōrum *n. Pl.:* Scham
vīlla, ae *f.:* Dorf
Indī, ōrum *m. Pl.:* Inder

Trīcēsimō tertiō diē, postquam Gādibus discessī,
in mare Indicum pervēnī,
ubī plūrimās īnsulās ab innumerīs habitātās hominibus repperī.
Quārum omnium prō Ferdinandō,
fēlīcissimō Rēge nostrō,
contrādīcente nēmine possessiōnem accēpī.

Incolae utrīusque sexūs nūdī semper incēdunt
praeter aliquās fēminās,
quae foliīs pudenda tegunt.
Saepe ēveniēbat,
cum mīsissem duōs vel trēs hominēs ex meīs
ad aliquās vīllās,
ut cum eārum loquerentur incolīs,
exīsse Indōs et,
cum nostrōs appropinquāre vīdissent,
fugam celeriter cēpisse.

Cēterum, ubī sē crēvērunt tūtōs,
omnī metū repulsō
erant admodum simplīcēs ac bonae fideī
et in omnibus, quae habēbant, līberālissimī.
Dabant quaeque māgna prō parvīs,

Erste Landung des Kolumbus. Kupferstich von Theodor de Bry (1528–1598). Am 12. Oktober 1492 entdeckte eine kleine Gruppe der arawakischen Lucayos Christoph Kolumbus und seine Seeleute an der Ostküste ihrer Heimatinsel Guanahani.

vitrī fragmentum, vitrī fragmentī *n.*: Glasscherbe
clāvus, ī *m.*: Nagel
lingula, ae *f.*: (Schuh-)Riemen

cum minimā rē contentī essent.
Egō tamen prohibuī,
nē hīs tam minima et nūllīus pretiī darentur,
ut sunt vitrī fragmenta, clāvī, lingulae,
quamquam eīs, sī haec poterant adipiscī,
pulcherrimī mundī thēsaurī vidēbantur.

īdōlatrīa, ae *f.*: Götzendienst
serēnus, a, um: erlaucht

Nūllam hī nōvērunt īdōlatrīam.
Immō firmissimē crēdunt omnem vim,
omnem potentiam, omnia dēnique bona esse in caelō
mēque inde cum meīs nāvibus et nautīs dēscendisse.
Quae rēs ūtilissima est ad id,
quod, ut cēnseō,
serēnissimus Rēx noster praecipuē optat,
scīlicet eōrum ad sānctam Chrīstī fidem
conversiōnem.

arōma, atis *n.*: Gewürz, Wohlgeruch
bombȳx, bombȳcis *m.*: Seide
mastix, ichis *f.*: Mastix(harz)

Dēnique hoc polliceor:
Egō cum revertērō,
cum nāvēs meae salvae in patriam redierint,
nostrō Rēgī invictissimō
tantum aurī dabō, quantum ei fuerit opus,
tantum vērō arōmatum, bombȳcis, mastichis,
tantōs servōs,
quantōs Māiestās voluerit exigere …

Text 2

Ein historischer Bericht

trīcēsimus, a, um: dreißigster
Gādēs, ium *f. Pl.*: Cádiz *(Stadt in Spanien)*
Indī, ōrum *m. Pl.*: Inder
Indicus, a, um: indisch
Iōhanna, ae *f.*: Johanna
appellere, appellō, appulī *m. Akk.*: an Land gehen

Trāditum est
Chrīstophorum Columbum trīcēsimō tertiō diē,
postquam Gādibus discessisset,
ut ad Indōs nāvigāret,
in mare, quod ab illō Indicum appellābātur, pervēnisse
et aliquārum īnsulārum possessiōnem accēpisse.
Cum īnsulam, cui nōmen Iōhannae dedisset,
appulisset,
incolās tam territōs esse, ut fugam caperent.
Illōs autem armīs caruisse,
quod nātūrā pavidī et timidī essent.

Hispāniēnsēs, ium *m. Pl.*: Spanier

Columbus scrībit incolās utrīusque sexūs,
quī illam īnsulam habitent,
nūdōs semper incēdere
et omnī metū repulsō līberālissimōs esse;
illōs sibi suīsque omnia, quae ab illīs optāta essent,
dedisse;
incolās praetereā crēdere Hispāniēnsēs deōs esse,
quī ē caelō dēscenderint.
Itaque facillimum fore,
ut illōs ad Chrīstī fidem convertat.

In extrēmā epistulae parte Columbus pollicētur
sē post reditum rēgī tantum aurī datūrum esse,
quantum illī fuerit opus.

Aurī sacra famēs

Caelum, nōn animum mūtant, quī trāns mare currunt.

1 Für Textspürnasen

Zu Text 1

1. Schreibe alle Verben, die in der 1. Person Singular stehen, aus dem Text heraus. Betrachte ihr jeweiliges Umfeld und formuliere ein grobes Handlungsgerüst.
2. Im zweiten bis vierten Textabschnitt werden »incolae« beschrieben. Formuliere, welche Aspekte die Beschreibung umfasst.

Zu Text 2

3. Schreibe aus dem zweiten Text Wörter und Wortverbindungen heraus, die du aus Text 1 kennst. Formuliere, was dir an den Verbformen auffällt.

2 Für Textexperten

Zu Text 1

1. Gib jedem Textabschnitt eine Überschrift.

Zu den Texten 1 und 2

2. »mare, quod ab illō Indicum appellābātur«: Erläutere diese etwas komplizierte Formulierung im zweiten Text (Z. 5). Was kannst du aus ihr schließen?
3. Vergleiche die beiden Texte und nenne Gemeinsamkeiten und Unterschiede.
4. Beschreibe, welches Bild Kolumbus von den Bewohnern der Inseln, auf die er gestoßen ist, zeichnet.
5. Zeige am Text erstens, was Kolumbus konkret beobachtet, und zweitens, wo er interpretiert.
6. Informiere dich über das sogenannte »Zeitalter der Entdeckungen« und versuche herauszufinden, wie nach dem derzeitigen Kenntnisstand der Geschichtswissenschaft die Inselbewohner auf die Ankunft der Spanier reagierten.
7. Wie sehen die »incolae« die Spanier? Beantworte diese Frage, indem du ein Bild von den Spaniern aus der Sicht eines Inselbewohners zeichnest oder einen fiktiven Brief eines Inselbewohners an den spanischen König schreibst.

Zu den Texten und Sentenzen:

8. Setze die Sentenzen in Bezug zum Textinhalt: Erläutere, warum sie gut zu diesen Texten passen.

3 **Aglaias Klagen**

Mache die Sätze a bis e abhängig von
1. Aglaia dīcit
2. Aglaia dīxit

a) Phrygia ancilla, cum pavida sit, dominae admodum rārō contrādīcit.
b) Nūper Phrygia ā dominā verberāta est, quod fībulam, quam domina āmīserat, invenīre nōn poterat.
c) Tum parva Lūcilla, quae ōrnāmentum invēnerat, intrāvit et hortum thēsaurum esse dīxit.
d) Phrygia autem tantō metū commōta est, ut nihil dīceret.
e) Domina omnibus, quī ei servīre dēbent, odiō est.

4 **Griechischstunde**

Lies die griechischen Wörter laut vor. Finde mit ihnen verwandte Wörter im Lektionstext 1.

a) ἄρωμα (Gewürz)
b) εἴδωλον (Götzenbild), λατρεία (Dienst)
c) θησαυρός (Schatz)
d) μαστίχη (Harz des Mastixbaumes)

5 **Verstecktes Latein**

1. Mit welchen lateinischen Vokabeln sind folgende englische Wörter verwandt?
2. Erkläre, was die Wörter bedeuten.

a) event b) possessions c) timid d) to contradict
e) prohibition f) to revert

6 **Europäisches Familientreffen**

Um euren baldigen Abschluss des Lehrwerkes zu feiern, haben einige lateinische Vokabeln nochmals ihre Verwandten aus ganz Europa zum Familientreffen eingeladen. An den einzelnen Tischen fehlen jedoch wieder die lateinischen Gastgeber und die Gäste aus Deutschland! Schreibe zu den folgenden englischen, französischen, italienischen und spanischen Vokabeln jeweils ein lateinisches und ein deutsches Wort, mit dem sie nahe verwandt sind, in dein Heft.

***7** **Fremde Völker**

Übersetze ins Deutsche.

De incolis insularum a Columbo inventarum

Columbus, ī *m.:* Kolumbus

vescī, vescor *m. Abl.:* sich *von etw.* ernähren

Columbus scribit in omnibus his insulis quemque unam solum uxorem habere praeter reges, qui multas habeant. Feminas magis quam viros laborare.

Se nulla apud eos monstra repperisse, sed homines benignissimos. Esse autem quandam insulam, quae a gente quadam ferociore incolatur. Hos homines, ut ipse fama acceperit, corporibus humanis vesci.

Das Reich, in dem die Sonne nicht untergeht

Am 3. August des Jahres 1492 stechen drei Schiffe unter spanischer Flagge in See. Kommandiert werden sie von dem Genuesen Cristoforo Colombo. Er hat den Auftrag, einen Seeweg in westlicher Richtung nach Indien zu finden.

Scheibe oder Kugel?

Den Suezkanal gab es damals noch nicht und eine Umsegelung Afrikas kam für Spanien nicht infrage. Dies war portugiesisches Terrain; als Erster hatte 1488 nämlich ein Portugiese namens Diaz das Kap der Guten Hoffnung umsegelt. Die Idee lag also nahe, von Westen, sozusagen »von hinten«, Indien anzusteuern. Sollte dies klappen, so dachte man in Spanien, könne man sich nicht nur die langen und gefährlichen Handelsreisen über Land, sondern auch die hohen Zölle unterwegs sparen, die die Preise für Güter aus dem Orient in schwindelerregende Höhen trieben. Der letzte Beweis für die Kugelform der Erde fehlte zwar noch, aber im 15. Jahrhundert zweifelte niemand mehr ernsthaft daran. Schon Eratosthenes von Kyrene (etwa 284–202 v. Chr.) hatte nicht nur mathematisch bewiesen, dass die Erde eine Kugel sein muss, sondern auch den Erdumfang nahezu exakt errechnet.

Die Entdeckung Amerikas

Mittlerweile gilt als sicher, dass Kolumbus nicht der Entdecker Amerikas war. Für die Zeit um die Jahrtausendwende ist in den *Adami Gesta Hammaburgensis Ecclesiae Pontificum* eine Entdeckung Amerikas durch die Normannen (den Isländer Leif Erikson?) beschrieben, die auch archäologisch belegt ist. Diese Entdeckung war allerdings folgenlos geblieben. Erst mit dem Eintreffen der Spanier musste die Geschichte Amerikas neu geschrieben werden.

Am 12. Oktober 1492 ging Kolumbus bei einer der Inseln der Bahamas vor Anker und gab ihr den Namen *San Salvador* (heiliger Erlöser). Bei seiner Weiterfahrt lief er dann am Weihnachtstag 1492 mit seinem Flaggschiff *Santa Maria* vor *Hispaniola* (kleines Spanien, heute Dominikanische Republik und Haiti) auf Grund. Aus den Überresten des Schiffes errichtete er dort die erste Festung auf amerikanischem Boden und legte den Grundstein für die spanische Besiedlung. Die Festung nannte er *La Navidad* (Weihnachten).

Isabella von Kastilien (die Katholische)

Ohne sie hätte es die Fahrt des Kolumbus nicht gegeben. Isabella war eine kluge Frau. Sie erhoffte sich von den Plänen des Kolumbus Vorteile für Spanien, das durch ihr Verschulden finanziell angeschlagen war. Denn getrieben von der Idee einer Rekatholisierung Spaniens, der *Re-*

conquista, hatte sie nicht nur 1481 die berüchtigte *Inquisition* (*inquīrere:* prüfen) eingeführt, sondern 1492 auch alle Juden aus Spanien vertrieben (1502 vertrieb sie dann alle Mauren aus dem Land). Wichtige Wirtschafts- und Kulturbereiche waren dadurch entscheidend geschwächt worden. Ihr und ihrem Ehemann Ferdinand von Aragón waren zwar für ihre Verdienste um den katholischen Glauben von Papst Alexander VI. die Ehrentitel *Katholische Könige* verliehen worden, aber die *Reconquista* blieb für Spanien ein einziges Desaster. Als Kolumbus daher mit reicher Ladung am 15. März 1493 nach Spanien zurückkehrte, sicherte sich Isabella bei Alexander VI. umgehend die Rechte Spaniens auf die schon entdeckten und auf noch neu zu entdeckende Gebiete. Im anschließenden Vertrag von Tordesillas 1494 wies Alexander VI. den Spaniern Amerika und den Portugiesen Afrika und Asien zu.

Die Geschichte wiederholt sich

Lateinamerika – mit diesem Sammelbegriff sind die Länder Süd- und Mittelamerikas gemeint, deren Amtssprache entweder Spanisch oder Portugiesisch ist. Der Name lässt etwas von den Tragödien erahnen, die sich zur Zeit der Eroberung in den von den Spaniern besetzten Gebieten abgespielt haben. Isabella schickte *Religiosos,* fanatische Missionare, nach Amerika. Sie wurden von Leuten begleitet, die es vor allem auf die Schätze »Neuindiens« abgesehen hatten. Damit begannen – auch im Namen der Kirche – jene unseligen Eroberungen durch die *Conquistadores* (*conquīrere:* aufspüren), die den Untergang der altamerikanischen Kultur und die Romanisierung Südamerikas zur Folge hatten.

Die Verhältnisse von damals lassen sich mit den Eroberungen Caesars in Gallien vergleichen. Caesar hatte in kürzester Zeit die Kultur der Kelten so nachhaltig zerstört, dass wir heute kaum noch etwas über sie wissen. Bei den spanischen Eroberungen war es nicht anders. Nur wenige Jahre nach der ersten Landung des Kolumbus war die indigene (= einheimische) Bevölkerung in den entdeckten Gebieten in einem Maße dezimiert worden, dass sie auszusterben drohte. Erst der Dominikanermönch Bartolomé de Las Casas, der seit 1502 in Hispaniola lebte und 1506 (in Rom?) oder 1510 in Santo Domingo zum ersten Priester der Neuen Welt geweiht wurde, setzte sich für die Rechte der Ureinwohner ein.

1. Nenne Gründe für die Expedition des Kolumbus.
2. »Das Reich, in dem die Sonne nicht untergeht.« – So nannte man das Heilige Römische Reich zur Zeit Karls V. Was könnte mit diesem Satz gemeint sein?
3. Informiert euch genauer über Kolumbus und de Las Casas. Schreibt einen fiktiven Dialog zwischen beiden und führt ihn vor der Klasse auf.

Lektion 50

Kümmern sich die Götter um die Menschen?

bene/male est: es geht gut/schlecht

In einer Diskussion darüber, ob sich die Götter um die Menschen kümmern, sagt einer der Gesprächspartner: »Sī deī hominēs cūrent, bene bonīs sit, male malīs; quod nunc abest.« *Zur Begründung führt er Folgendes aus:*

Locrī, ōrum *m. Pl.: Stadt in Unteritalien*
expīlāre: plündern
Syrācūsae, ārum *f. Pl.:* Syrakus *(Stadt auf Sizilien)*
cursum tenēre: Kurs halten
dīs = deīs
nāvigātiō, iōnis *f.:* (See-)Reise, Fahrt

Dionȳsius tyrannus, cum fānum Prōserpinae Locrīs expīlāvisset, nāvigābat Syrācūsās; isque cum secundissimō ventō cursum tenēret, rīdēns »Vidētisne« inquit, »amīcī, quam bona ā dīs immortālibus nāvigātiō sacrilegīs dētur?«

classem appellere, appellō, appulī: mit der Flotte fahren
Olympius, a, um: von Olympia *(Stadt in Griechenland)*
amiculum, ī *n.:* Mantel
cavillārī in *m. Abl.:* sich lustig machen über
lāneus, a, um: aus Wolle
pallium, iī *n.:* Mantel
cum *m. Konj.:* wobei

Quī cum ad Peloponnēsum classem appulisset et in fānum vēnisset Iovis Olympiī, aureum ei dētrāxit amiculum grandī pondere atque in eō etiam cavillātus est aestāte grave esse aureum amiculum, hieme frīgidum eique lāneum pallium iniēcit, cum id esse ad omne annī tempus dīceret.

Aesculāpī = Aesculāpiī
barbātus, a, um: bärtig
imberbis, is, e: bartlos

Īdemque Aesculāpī Epidaurī barbam auream dēmittī iussit; neque enim convenīre barbātum esse fīlium, cum in omnibus fānīs pater imberbis esset.

Victōriola, ae *f.:* Siegesstatuette *(Statuette der Siegesgöttin Victoria)*
patera, ae *f.:* Schale

Īdem Victōriolās aureās et paterās corōnāsque, quae simulācrōrum porrēctīs manibus sustinēbantur, sine dubitātiōne tollēbat eaque sē accipere, nōn auferre dīcēbat.

tābēscere, ō: dahinsiechen
interimere, interimō, interēmī, interemptum: töten
lectulus = lectus
tyrannī: *Gen. zu* lectulō
inlātus = illātus
hērēditātis locō: als Erbe

Hunc igitur nec Olympius Iuppiter fulmine percussit nec Aesculāpius miserō diūturnōque morbō tābēscentem interēmit, atque in suō lectulō mortuus tyrannī dīs nōn invītīs in rogum inlātus est eamque potestātem, quam ipse per scelus erat nānctus, quasi iūstam et lēgitimam hērēditātis locō fīliō trādidit.

Aut Deus aut nihil

Vom Asklepios-Heiligtum in Epidauros (Peloponnes, Griechenland) kann man heute nur noch Reste sehen.

1 Für Textspürnasen

1. Zitiere die Orte und Personen, zu denen Dionysius reist. Zeige die Orte auf einer Karte. Was ist allen Personen gemeinsam?
2. Schau dir die Anfänge der einzelnen Abschnitte des Textes näher an; beachte dabei auch die Konnektoren. Welche Funktion haben wohl die ersten vier Abschnitte, welche hat der letzte?
3. Stelle die Sätze der ersten beiden Abschnitte grafisch dar (vgl. Intra Grammatik und Vokabeln II, Lekt. 35, § 147).
4. Informiere dich über die im Text genannten Göttinnen und Götter sowie die Kultstätten und bereite Kurzreferate darüber vor.

2 Für Textexperten

Zur Einleitung

1. Untersuche die Modi des Bedingungsgefüges »Sī deī … malīs.« Beschreibe, was sie für den Sinn des Satzes bedeuten.
2. Erläutere schriftlich, von welcher Ansicht über die Götter der Verfasser dieses Satzes ausgeht.

Zum Text

3. Lege eine Tabelle an und trage die lateinischen Stichwörter ein:

Ort der Handlung	Was tut Dionysius jeweils
~	~

4. Fasse zusammen: Wie verhält sich Dionysius gegenüber den Göttern?
5. Welche Folgen hat das Verhalten des Dionysius für ihn? Zitiere lateinisch.

6. Nenne die stilistischen Mittel, mit denen die Auswirkungen des Verhaltens des Dionysius hervorgehoben werden.
7. Wie interpretiert der Sprecher die Reaktion der Götter? Belege deine Antwort mit lateinischen Zitaten aus dem Text.
8. Lege dar, was der Sprecher über die Existenz der Götter und deren Verhalten denkt.
9. Lies die Ballade »Die Bürgschaft« von Friedrich von Schiller (in fast jeder Gedichtsammlung und im Internet zu finden). Beschreibe, wie Dionysius dort dargestellt wird.
10. Das Bild zeigt den Eingang zu den Steinbrüchen von Syrakus. Wie kamen wohl die Menschen dazu, den Ort »Ohr des Dionysius« zu nennen?

Sogenanntes »Ohr des Dionysius« bei den Steinbrüchen von Syrakus, Sizilien. In ihnen fanden viele Gefangene den Tod.

3 Wirst du Millionär?

Logge dich bei der richtigen Antwort ein.

1. Das Violinkonzert **L'Estate** stammt aus …

(A) Verdis »Aida«.	(B) Händels »Julius Caesar«.
(C) Vivaldis »Vier Jahreszeiten«.	(D) Mozarts »Zauberflöte«.

2. Ein **Sakrileg** ist ein …

(A) Multifunktionsgerät für die Küche.	(B) Verbrechen an einer religiösen Stätte oder einer religiösen Person.
(C) religiöses Fest der alten Römer.	(D) Körperteil der hochgiftigen südamerikanischen Sakri-Spinne.

3. Wenn etwas **grandios** ist, dann ist es …

(A) anmutig.	(B) üppig.
(C) großartig.	(D) einer kanarischen Insel zugehörig.

4. Wenn jemand für die **Perkussion** zuständig ist, dann …

(A) übernimmt er bei der Krankengymnastik immer die Rüttelmassagen.	(B) spielt er Schlagzeug in einer Band.
(C) muss er an der Bar immer die Cocktails schütteln.	(D) schüttelt er bei der Apfelernte die Bäume.

5. Eine Anforderung ist **legitim**, wenn sie …

(A) rechtmäßig ist.	(B) streng privat ist.
(C) auf hoher See von einem Kapitän gestellt wird.	(D) nicht vom Gesetzgeber unterstützt wird.

*4 Ein anderes Ende der Geschichte

Übersetze ins Deutsche.

vīvus, a, um: lebendig
supplicium (iī *n.*) **exsolvere** (exsolvō, exsolvī, exsolūtum): bestraft werden
dēdecus, dēdecoris *n.*: Schande *(der Sohn des Dionysius starb in der Verbannung)*
gradus, ūs *m.*: Schritt
vindicta, ae *f.*: Bestrafung
tarditās, ātis *f.*: Verzögerung
pēnsāre: ausgleichen

Qui etsi vivus debita supplicia non exsolvit, mortuus tamen dedecore filii poenas dedit. Lento enim gradu divina ira ad vindictam cedit tarditatemque gravitate supplicii pensat.

Warum Latein?

Zugegeben, eine etwas ungewöhnliche Frage für das *Ende* eines Lateinbuches. Normalerweise stellt man sie, *bevor* man sich für das Fach Latein entscheidet. Warum also erst jetzt?

Latein – eine tote Sprache!?

Du bist nun bei der letzten Lektion deines Lateinbuches angekommen. Erinnerst du dich noch an deine erste Lateinstunde und an all die Erwartungen, die an diese Stunde geknüpft waren? Seit damals hast du eine Menge gelernt und die Höhen und Tiefen des Spracherwerbs erlebt. Du hast viel über Geschichte, Mythologie und Philosophie erfahren und dich mit den Auswirkungen der römischen Antike auf die europäische Kultur beschäftigt. Für uns Buchautoren wäre es natürlich schön, wenn du dir während der ganzen Zeit das Interesse für das Lateinische bewahrt hättest. Vielleicht hast du aber auch Phasen erlebt, in denen du das Lateinbuch liebend gern einmal beiseite gelegt hättest. Denn, seien wir ehrlich, das Lernen von Formen und Vokabeln ist bisweilen schon recht mühsam und mancher lateinische Satz ist so knifflig, dass man viel Energie aufwenden muss, um ihn zu übersetzen. Kein Wunder, wenn man sich dann die Frage stellt: »Warum Latein? Warum diese tote Sprache, die sowieso kein Mensch mehr spricht?«

Nun, ich kann dich beruhigen, viele von uns Lateinlehrern haben diese Phasen auch durchlebt – womit die Frage, warum man Latein lernen soll, natürlich noch nicht beantwortet ist. Es gibt aber tatsächlich eine Reihe sehr triftiger Gründe dafür.

Latein – Muttersprache Europas

Viele Länder Europas gehören zur romanischen Sprachfamilie. Zu Zeiten des *Imperium Rōmānum* hatte sich hier das Latein gegenüber den ursprünglichen Sprachen durchgesetzt und lebt heute in modernen Formen weiter. Seit den großen Entdeckungsfahrten gehören auch die Länder Süd- und Mittelamerikas und weite Teile Afrikas dazu. Wer Latein kann, hat es beim Erlernen der romanischen Sprachen leichter – was du möglicherweise selbst schon gemerkt hast. Das gilt ebenso für das Englische, das ja von Wörtern mit lateinischem Ursprung sehr stark durchsetzt ist.

Latein – Lehrmeister der deutschen Sprache

Auch die deutsche Sprache lernt man am besten über das Latein. Die Übersetzung aus dem Lateinischen ins Deutsche verlangt nämlich nicht nur die präzise Wiedergabe eindeutig definierter Formen und Konstruktionen, sondern auch genaues Nachdenken über die Bedeutung eines lateinischen Wortes für den zu übersetzenden Text. Improvisieren kann beim Übersetzen ordentlich ins Auge gehen. Das beweisen die vielen Stilblüten in Übersetzungen, bei denen der Übersetzende eben *nicht* sorgfältig genug hingeschaut und über Inhalt und Sinn des Satzes nachgedacht hat.

Latein – Verständigungsmittel

??? Nein, nicht für Auslandsreisen. Gemeint ist die Verständigung mit Menschen, die vor vielen Jahrhunderten gelebt, gedacht, gehofft, getrauert und gelacht haben. Sich in ihre Gedanken hineinversetzen zu können, ist das eigentliche Faszinosum beim Erlernen antiker Sprachen. Es öffnet sich eine Welt, die trotz ihrer zeitlichen Ferne plötzlich ganz nahe ist und lehrt, dass sich zwar Verhältnisse, nicht aber die Menschen ändern.

Latein – Vorbild im Denken

Ciceros couragiertes Eintreten für Recht und Gesetz ist so zeitlos wie die lebensbejahende Bescheidenheit des Horaz. Vor dem konsequenten Verhalten des Sokrates und dem Mut von Agnodike und Epicharis können wir nur den Hut ziehen. Der universelle Forschergeist des älteren Plinius hat seinen Vorbildcharakter ebenso bewahrt wie die Sachlichkeit, mit der Minucius Felix sein höchst brisantes Thema aufarbeitet. Auch die nüchternen Analysen des Tacitus zur Tagespolitik und die feinfühlige Poesie des Ovid haben an Aussagekraft nichts verloren. Und diese Beispiele lassen sich beliebig erweitern.

Latein – Grundlage des Humanismus

Erasmus von Rotterdam und die Humanisten haben die Freiheit des Gewissens als höchstes Gut des Menschen wiederentdeckt und damit die Aufklärung maßgeblich mit vorbereitet. Sie sahen ihre Ideale im Denken der Griechen und Römer verkörpert und propagierten eine Rückbesinnung auf die Werte der Antike. Humanismus war für sie gleichzusetzen mit dem Anspruch des Menschen auf ein menschenwürdiges und selbstbestimmtes Dasein, das auf einer fundierten Allgemeinbildung und einer weitsichtigen und menschenfreundlichen Moral fußt. Unsere Gegenwart lehrt, dass die Menschheit noch meilenweit davon entfernt ist. Daher darf Schule nicht müde werden, an den Zielen der Humanisten weiterzuarbeiten.

Am Ende deines Sprachlehrganges kannst du dir selbst ein Urteil bilden, ob die genannten Gründe für dich relevant sind. Was spricht deiner Meinung nach für und was gegen das Lernen einer »toten« Sprache wie Latein?

Alphabetisches Verzeichnis der Vokabeln: lateinisch – deutsch

ā, ab *mit Abl.*	von, von … her 13
abesse, absum, āfuī	abwesend sein 36
abīre, abeō	weg-, fortgehen 9
abrumpere, abrumpō, abrūpī, abruptum	ab-, wegreißen 48
abstinēre, abstineō, abstinuī, abstentum *mit Abl.*	sich *einer Sache* enthalten, sich fernhalten *von* 32
abundantia, abundantiae *f.*	Überfluss, Fülle 42
ac	und 48
accidere	geschehen 3
accipere, accipiō, accēpī, acceptum	annehmen, empfangen 21; 29
accurrere, accurrō, accurrī	herbeilaufen 20
accūsāre dē *mit Abl.*	anklagen wegen 39
accūsātor, accūsātōris *m.*	Ankläger 43
ācer, ācris, ācre	scharf, heftig 23
ad *mit Akk.*	1. zu 2. bei 3. an 3
ad multam noctem	bis tief in die Nacht 8
ad tempus	rechtzeitig 8
ad vesperum	gegen Abend 6
addere, addō, addidī	hinzufügen 18
addūcere, addūcō, addūxī, adductum	1. herbei-, heranführen 2. veranlassen 20; 48
adesse, adsum, adfuī	da sein 11; 14
adhibēre, adhibeō, adhibuī	anwenden 14
adhūc *Adv.*	noch; bisher 16
adicere, adiciō, adiēcī, adiectum	hinzufügen 35
adipīscī, adipīscor, adeptus sum	erlangen, erreichen 40
adīre, adeō, adiī, aditum *mit Akk.*	1. herangehen *an* 2. angreifen 3. besuchen 4. sich wenden *an* 9; 16; 40
adiuvāre *mit Akk.*	unterstützen, helfen 14
administrāre	verwalten 40
admīrābilis, admīrābilis, admīrābile	bewundernswert 26
admīrārī	bewundern 48
admīrātiō, admīrātiōnis *f.*	Bewunderung 17
admodum *Adv.*	ziemlich, sehr, durchaus 49
admonēre	(er)mahnen, erinnern 40
adōrāre	anbeten 35
adulēscēns, adulēscentis *m.* (*Gen. Pl.* adulēscentium)	junger Mann 10
adulēscentia, adulēscentiae *f.*	Jugend 38
advenīre, adveniō, advēnī, adventum	ankommen 30

adventus, adventūs *m.*	Ankunft 35
advocāre	herbeirufen 2
advolāre	1. herbeifliegen 2. herbeieilen 23
aedificāre	bauen 13
aedificium, aedificiī *n.*	Gebäude, Bauwerk 41
aeger, aegra, aegrum	krank 9
aegrē *Adv.*	mit Mühe 21
aemula, aemulae *f.*	Rivalin, Nebenbuhlerin 15
aequē … ac	gleich/ebenso (wie) 48
aequē … atque	gleich/ebenso (wie) 48
aestās, aestātis *f.*	Sommer 50
aestimāre	schätzen, meinen 43
aetās, aetātis *f.*	(Lebens-)Alter 46
afferre, afferō, attulī	herbeibringen; hinzufügen 19
afficere, afficiō, affēcī, affectum *mit Abl.*	versehen/ausstatten *mit* 21; 24
affīgere, affīgō, affīxī, affīxum *mit Dat.*	anheften *an* 29
affirmāre	versichern; bestätigen 34
afflīgere, afflīgo, afflīxī, afflīctum	niederschlagen 39
age nunc	wohlan (denn) 43
ager, agrī *m.*	Feld; Acker 25
agere, agō, ēgī, āctum	1. tun, machen 2. treiben 3. betreiben 4. (ver)handeln 5; 26
agite nunc	wohlan (denn) 43
agricola, agricolae ***m.***	Bauer 6
āla, ālae *f.*	Flügel 13
ālea, āleae *f.*	Würfel 7
alere, alō, aluī, altum	(er)nähren 29
aliēnus	fremd, fremdartig 25
aliquandō *Adv.*	einmal, eines Tages 13
aliquem certiōrem facere, faciō, fēcī, factum dē *mit Abl.*	jemanden informieren über 28
aliquī, aliqua, aliquod *adjektivisch*	irgendein, irgendeine, irgendein; *Pl.*: manche, einige 28
aliquis, aliquid *substantivisch*	1. irgendeiner, irgendeine, irgendetwas 2. jemand, etwas 28
aliquot *nicht deklinierbar*	einige, etliche 21
aliter *Adv.*	anders 36
alius, alia, aliud	ein anderer 5; 46
alius … alius	der eine … der andere 20
alter, altera, alterum	der andere (von zweien) 15; 46

altus	1. hoch 2. tief 10
amāre	lieben, mögen 4
amātōrius	Liebes- 48
ambitiō, ambitiōnis *f.*	Ehrgeiz 26
ambulāre	spazieren gehen 5
amīca, amīcae *f.*	Freundin 30
amīcissimē *Adv.*	sehr freundlich 21
amīcitia, amīcitiae *f.*	Freundschaft 39
amīcus *Adj.*	freundschaftlich, freundlich 40
amīcus, amīcī *m.*	Freund 4
āmittere, āmittō, āmīsī, āmissum	verlieren 29
amor, amōris *m.*	Liebe 15
amphitheātrum, amphitheātrī *n.*	Amphitheater 9
amputāre	abschneiden 14
an?	oder etwa? 7
ancilla, ancillae *f.*	Sklavin; Dienerin 2
anima, animae *f.*	Seele 36
animadvertere, animadvertō, animadvertī, animadversum	bemerken 39
animal, animālis *n.*; *Abl. Sg.* animālī; *Nom./Akk. Pl.* animālia; *Gen. Pl.* animālium	Lebewesen 18
animus, animī *m.*	1. Geist 2. Herz 3. Mut 18
annus, annī *m.*	Jahr 15
ānser, ānseris *m.*	Gans 8
ante *mit Akk.*	vor 6
antīquus	alt, altehrwürdig 29
aperīre, aperiō, aperuī, apertum	öffnen 47
appārēre	erscheinen 2
appellāre	nennen 29
apportāre	(über)bringen 3
appropinquāre	sich nähern 4
aptē *Adv.*	geeignet, passend 33
aptus	geeignet, passend 42
apud *mit Akk.*	bei 21
aqua, aquae *f.*	Wasser 17
aquila, aquilae *f.*	Adler 18
arbiter, arbitrī *m.*	Schiedsrichter 19
arbitrārī	meinen, glauben, halten für 46
arbitrātus, arbitrātūs *m.*	Gutdünken, Wille 46
suō arbitrātū	nach seinem Gutdünken/Willen 46
arbor, arboris ***f.***	Baum 4
architectūra, architectūrae *f.*	Architektur 42
ārdēre, ārdeō, ārsī; *Part. der Nachzeitigkeit/Part. Fut. Akt.* ārsūrus	brennen 29
arēna, arēnae *f.*	Arena 9

arma, armōrum *n. Pl.*	Waffen 28
armāre	bewaffnen 24
ars, artis *f.* (*Gen. Pl.* artium)	Kunst 18
artifex, artificis *m.*	Künstler; Schöpfer 13
ascendere, ascendō, ascendī, ascēnsum	hinaufsteigen; besteigen 23; 35
asinus, asinī *m.*	Esel 6
asper, aspera, asperum	1. rau 2. mühsam, schwierig 24
astrum, astrī *n.*	Stern 24
at	aber, jedoch 39
atque	und 17
auctor, auctōris *m.*	1. Urheber 2. Stammvater, Ahnherr 3. Autor 21
auctōritās, auctōritātis *f.*	Ansehen, Einfluss 34
audācia, audāciae *f.*	Kühnheit, Frechheit 24
audīre	hören 3
auferre, auferō, abstulī, ablātum	wegtragen 50
aufugere, aufugiō, aufūgī, –	entfliehen 33
augēre, augeō, auxī, auctum	vermehren, vergrößern 34
aureus	golden 19
aurum, aurī *n.*	Gold 49
aut	oder 20
aut … aut	entweder … oder 20
autem	aber 5
auxilia, auxiliōrum *n. Pl.*	Hilfstruppen 30
auxilium, auxiliī *n.*	Hilfe 15
avāritia, avāritiae *f.*	Habgier, Geiz 25
avārus	(hab)gierig, geizig 41
āvertere, āvertō, āvertī, āversum	abwenden 35
āvolāre	weg-, davonfliegen 18
avunculus, avunculī *m.*	Onkel 47
avus, avī *m.*	Großvater 23
barba, barbae *f.*	Bart 50
barbarus	barbarisch 40
barbarus, barbarī *m.*	Barbar, Ausländer 30
beātus	glücklich 19
bellum, bellī *n.*	Krieg 19
bene *Adv.*	gut 4
beneficium, beneficiī *n.*	Wohltat 18
benīgnus	gütig, freundlich 40
bēstia, bēstiae *f.*	Tier; Bestie 8
bibere	trinken 7
bis *Adv.*	zweimal 38
blandīrī	schmeicheln 48
bonum, bonī *n.*	(geistiges/moralisches) Gut 43
bonus; *Komparativ:* melior, melius; *Superlativ:* optimus	gut 3; 41
bōs, bovis *m.*	Rind, Ochse 23
brachium, brachiī *n.*	Arm 5

brevis, brevis, breve	kurz 23
cadere, cadō, cecidī, *Part. der Nachzeitigkeit/Part. Fut. Akt.* cāsūrus	fallen 42
caedere	1. fällen 2. töten 4
caedēs, caedis *f.* (*Gen. Pl.* caedium)	Mord; Blutbad, Gemetzel 26
caelum, caelī *n.*	1. Himmel 2. Klima 13
calamitās, calamitātis *f.*	Unglück, Unheil 39
callidus	schlau, geschickt 48
campus, campī *m.*	Feld 10
candidus	weiß 42
cantāre	singen 7
capere, capiō, cēpī, captum	fangen 5; 24
capillus, capillī *m.*	Haar 42
caput, capitis *n.*	1. Kopf 2. Hauptstadt 10
capitis damnāre	zum Tode verurteilen 43
carcer, carceris *m.*	Gefängnis 43
carēre *mit Abl.*	nicht haben; entbehren, verzichten müssen *auf* 18
cārissimus	liebster; sehr lieb 19
carmen, carminis *n.*	1. Spruch 2. Gedicht 3. Lied 33
carrus, carrī *m.*	Karren 6
castellum, castellī *n.*	Kastell 30
castīgāre	züchtigen; zügeln 36
castra, castrōrum *n. Pl.*	Lager 24
catēna, catēnae *f.*	Kette 18
causā *mit vorausgehendem Gen.*	wegen; um zu 42
causa, causae *f.*	1. Fall 2. Grund, Ursache 20
cēdere, cēdō, cessī	gehen, weichen 17
celebrāre	feiern 23
celer, celeris, celere	schnell 41
celeritās, celeritātis *f.*	Schnelligkeit 20
cēna, cēnae *f.*	Essen, Mahlzeit 4
cēnāre	speisen, essen 7
cēnsēre	1. meinen 2. beschließen 16
cernere, cernō, crēvī, crētum	1. wahrnehmen 2. entscheiden 49
certāre	streiten, kämpfen 23
certē *Adv.*	sicher, gewiss 14
certus	sicher, entschieden 40
cervīsia, cervīsiae *f.*	Bier 30
cēterī, cēterae, cētera	die Übrigen 34
cēterum *Adv.*	im Übrigen, übrigens 44
cibus, cibī *m.*	Nahrung, Speise 4
cingere, cingō, cīnxī, cīnctum	umgürten, umgeben 41
circum *mit Akk.*	um … herum 5
circumdare, circumdō, circumdedī, circumdatum	umgeben 24
circumspicere, circumspiciō, circumspexī, circumspectum	betrachten, mustern 30
citus	schnell 41
cīvis, cīvis *m./f.* (*Gen. Pl.* cīvium)	Bürger/Bürgerin 20
cīvitās, cīvitātis *f.*	1. Gemeinde, Staat 2. Bürgerrecht 28
clādēs, clādis *f.* (*Gen. Pl.* clādium)	1. Niederlage 2. Unglück, Katastrophe 10; 35
clam *Adv.*	heimlich 18
clāmāre	rufen, schreien 2
clāmor, clāmōris *m.*	Geschrei 2
clāmōrem tollere	ein Geschrei erheben 2
claudere, claudō, clausī, clausum	(ver)schließen 32
cōgere, cōgō, coēgī, coāctum	1. zusammentreiben 2. zwingen 24
cōgitāre	(nach)denken 1
cōgnātus, cōgnātī *m.*	Verwandter 11
cōgnōmen, cōgnōminis *n.*	Beiname 24
cōgnōscere, cōgnōscō, cōgnōvī, cōgnitum	kennenlernen, erkennen, erfahren 28
colere, colō, coluī, cultum	1. pflegen 2. *einen Acker* bebauen 3. verehren 25
collēga, collēgae ***m.***	Kollege 6
collocāre	aufstellen, (hin)stellen, (hin)setzen 42
colloquī, colloquor, collocūtus sum	sich unterhalten 43
color, colōris *m.*	Farbe 42
cōmitās, cōmitātis *f.*	Freundlichkeit, Umgänglichkeit 30
commendāre	1. anvertrauen 2. empfehlen 48
committere, committō, commīsī, commissum	1. veranstalten, begehen 2. anvertrauen 34
commōtus	bewegt 13
commovēre, commoveō, commōvī, commōtum	bewegen, veranlassen 24
comperīre, comperiō, comperī, compertum	erfahren 18; 47
comprehendere, comprehendō, comprehendī, comprehēnsum	ergreifen 29
cōnārī	versuchen 48
conciliāre	gewinnen, erwerben 17
concordia, concordiae *f.*	Eintracht 19
concurrere, concurrō, concurrī	zusammenlaufen 20
condemnāre *mit Gen.*	*wegen etwas* verurteilen 29
condere, condō, condidī, conditum	gründen 31; 24
condiciō, condiciōnis *f.*	Bedingung 27

cōnferre, cōnferō, contulī	1. zusammentragen 2. vergleichen 19
cōnfugere, cōnfugiō, cōnfūgī, –	flüchten, fliehen 35
cōnfūsus	wirr, verworren 35
congerere, congerō, congessī, congestum	zusammentragen 43
congerere aliquid in aliquō	jemanden mit etwas überhäufen 43
conicere, coniciō, coniēcī, coniectum	1. werfen 2. vermuten 20; 29
coniungere, coniungō, coniūnxī, coniūnctum	verbinden 47
coniūrāre	sich verschwören 28
cōnscendere, cōnscendō, cōnscendī, cōnscēnsum	besteigen 44
cōnsentīre, cōnsentiō, cōnsēnsī	übereinstimmen, zustimmen 20
cōnsequī, cōnsequor, cōnsecūtus sum	1. nachfolgen 2. erreichen 40
cōnserere, cōnserō, cōnseruī, cōnsertum	zusammenfügen, verbinden 28
cōnsīdere, cōnsīdō, cōnsēdī, cōnsessum	sich niederlassen, sich setzen 39
cōnsilium, cōnsiliī *n.*	1. Rat 2. Plan, Absicht 23
cōnsilium capere, capiō, cēpī, captum	einen Entschluss fassen 43
cōnspicere, cōnspiciō, cōnspexī	erblicken, sehen 20
cōnstare	feststehen 24
cōnstat	es steht fest 24
cōnstituere, cōnstituō, cōnstituī, cōnstitūtum	1. festsetzen, beschließen 2. errichten 42
cōnstruere, cōnstruō, cōnstrūxī, cōnstrūctum	(er)bauen, errichten 42
cōnsuētūdō, cōnsuētūdinis *f.*	Gewohnheit 39
cōnsulere, cōnsulō, cōnsuluī, cōnsultum	1. *mit Akk.*: um Rat fragen 2. *mit Dat.*: sorgen *für* 23; 25
contentus	zufrieden 4
continēns, continentis *f.* (*Gen. Pl.* continentium)	Festland 27
continēre, contineō, continuī, contentum	1. festhalten 2. enthalten, umfassen 34
contrā *1. Adv.* *2. mit Akk.*	1. dagegen, im Gegenteil 2. gegen 39
contrādīcere, contrādīcō, contrādīxī, contrādictum	widersprechen 49
contrōversia, contrōversiae *f.*	Streit 19
contumēlia, contumēliae *f.*	Beleidigung, Beschimpfung 25
convenīre, conveniō, convēnī, conventum	1. zusammenkommen 2. treffen 10; 15; 27

convenīre, convenit, convēnit	sich gehören, angemessen sein 50
conversiō, conversiōnis *f.*	Bekehrung 49
convertere, convertō, convertī, conversum	1. wenden 2. umstürzen 46
convincere, convincō, convīcī, convictum	*eines Verbrechens* überführen 34
cōpia, cōpiae *f.*	1. Menge 2. Vorrat 24
cōpiae, cōpiārum *f. Pl.*	Truppen 24
cor, cordis *n.*	Herz 36
corōna, corōnae *f.*	Kranz; Krone 11
corpus, corporis *n.*	Körper 8
corrigere, corrigō, corrēxī, corrēctum	verbessern 27
corripere, corripiō, corripuī, correptum	zusammenraffen, ergreifen 29
corrumpere, corrumpō, corrūpī, corruptum	1. verderben 2. bestechen 43
cottīdiē *Adv.*	täglich 47
crās *Adv.*	morgen 10
creāre	1. (er)schaffen 2. wählen 18
creātūra, creātūrae *f.*	1. Geschöpf 2. Schöpfung 18
crēber, crēbra, crēbrum	zahlreich, häufig 30
crēdere, crēdō, crēdidī, crēditum	glauben; vertrauen 25
crēscere	wachsen 4
crīmen, crīminis *n.*	1. Beschuldigung 2. Vergehen 29
crūdēlis, crūdēlis, crūdēle	grausam 26
crux, crucis *f.*	Kreuz 29
crucī affigere	ans Kreuz schlagen 29
cubāre, cubō, cubuī, cubitum	liegen, ruhen 32
culpa, culpae *f.*	Schuld 39
cultus, cultūs *m.*	1. Pflege 2. Verehrung 3. Lebensart 46
cum *mit Abl.*	mit 5
cum *mit Ind.*	immer wenn 17
cum (subitō) *mit Ind.*	als (plötzlich) 16
cum *mit Konj.*	weil 34; als, nachdem; obwohl 35
cum … tum	sowohl … als auch (ganz besonders) 48
cūnctī, cūnctae, cūncta	alle 16
cupere, cupiō, cupīvī, cupītum	wünschen, wollen 5; 17; 26
cupiditās, cupiditātis *f.*	Verlangen, Begierde 43
cupīdō, cupīdinis *f.*	Begierde 23
cupidus *mit Gen.*	begierig *nach etwas/zu tun* 42
cupidus pūgnandī	begierig zu kämpfen 42
cūr?	warum? 1
cūrāre *mit Akk.*	sorgen *für*, sich kümmern *um* 4
cūria, cūriae *f.*	Rathaus 6

currere, currō, cucurrī, cursum	laufen 3; 39
cursus, cursūs *m.*	Lauf, Bahn 42
cūstōdia, cūstōdiae *f.*	1. Wache, Bewachung 2. Gefängnis 33
cūstōdīre	bewachen 5
cūstōs, cūstōdis *m.*	Wächter 43
damnāre	verurteilen 35
damnum, damnī *n.*	Verlust, Schaden 39
dare, dō, dedī, datum	geben 9; 15; 24
dē *mit Abl.*	1. von; von ... herab 2. über 5
dea, deae *f.*	Göttin 11
dēbēre	1. müssen 2. schulden 3
dēcēdere, dēcēdō, dēcessī, dēcessum	1. weggehen, sich entfernen 2. aus dem Leben scheiden, sterben 46
decem *nicht deklinierbar*	zehn 20
dēcernere, dēcernō, dēcrēvī, dēcrētum	entscheiden, beschließen 48
decimus	zehnter 8
dēdere, dēdō, dēdidī, dēditum	übergeben, ausliefern 26
dēdūcere, dēdūcō, dēdūxī, dēductum	wegführen 24
dēfendere, dēfendō, dēfendī, dēfēnsum	verteidigen, schützen 23; 26
dēferre, dēferō, dētulī, dēlātum	1. überbringen 2. anzeigen 34
dēicere, dēiciō, dēiēcī, dēiectum	herab-, hinunterstoßen 44
deinde *Adv.*	dann, darauf 36
dēlectāre	1. erfreuen 2. Spaß machen 1
dēlēre, dēleō, dēlēvī, dēlētum	zerstören 20; 29
dēlīberāre	1. erwägen, überlegen 2. beschließen 47
dēmittere, dēmittō, dēmīsī, dēmissum	1. hinablassen, -werfen 2. wegnehmen 50
dēmōnstrāre	darlegen, beweisen 43
dēmum *Adv.*	schließlich, erst 39
dēnique *Adv.*	schließlich 5
dēnuō *Adv.*	von Neuem, wieder 14
dēpellere, dēpellō, dēpulī, dēpulsum	vertreiben, verjagen 26
dērīdēre, dērīdeō, dērīsī, dērīsum	auslachen, verspotten 25
dēscendere, dēscendō, dēscendī, dēscēnsum	hinab-, hinuntersteigen 15; 49
dēserere, dēserō, dēseruī, dēsertum	verlassen; im Stich lassen 25
dēsīderium, dēsīderiī *n.*	Sehnsucht 17
dēsinere, dēsinō, dēsiī, dēsitum	aufhören 25
dēsistere, dēsistō, dēstitī, –	aufhören 7; 43
dēspērāre	verzweifeln 48
dēspērātiō, dēspērātiōnis *f.*	Verzweiflung 48
dēstināre	bestimmen, beschließen 33
dētrahere, dētrahō, dētrāxī, dētractum	herabziehen; wegnehmen 50
dētrīmentum, dētrīmentī *n.*	Schaden 47
dētrīmentum īnferre, īnferō, intulī, illātum	Schaden zufügen 47
deus, deī *m.*	Gott 11
dextra, dextrae *f.*	rechte Hand, Rechte 11
dīcere, dīcō, dīxī, dictum	sagen 10; 14; 28
dīc! *Imperativ Sg.*	sag! 10
dictāre	diktieren 1
dictum, dictī *n.*	Wort, (Aus-)Spruch 44
diēs, diēī ***m.***	Tag 16
difficilis, difficilis, difficile	schwierig 23
dīgnitās, dīgnitātis *f.*	Würde 25
dīgnus *mit Abl.*	würdig *mit Gen.* 9
morte dīgnus	des Todes würdig 9
dīlēctus	geliebt, geschätzt 47
dīligēns, dīligentis	sorgfältig, gewissenhaft 40
dīligenter *Adv.*	sorgfältig 36
dīligentia, dīligentiae *f.*	Sorgfalt 33
dīligere, dīligō, dīlēxī, dīlēctum	lieben, hochachten 36
dīmittere, dīmittō, dīmīsī, dīmissum	wegschicken, entlassen 24
dīrēctus	gerade 42
dīripere, dīripiō, dīripuī, dīreptum	plündern 35
discēdere, discēdō, discessī, discessum	weg-, auseinandergehen 49
disceptāre	entscheiden; schlichten 19
discere, discō, didicī, –	lernen 33
disciplīna, disciplīnae *f.*	1. Lehre 2. Zucht, Disziplin 32
discipula, discipulae *f.*	Schülerin 1
discipulus, discipulī *m.*	Schüler 1
disputāre	diskutieren 5
disserere, disserō, disseruī, dissertum dē	etwas erörtern, sprechen über 44
dissidēre, dissideō, dissēdī, –	uneinig sein, nicht übereinstimmen 48
distāre ā/ab *mit Abl.*	1. entfernt sein von 2. sich unterscheiden von 42
distribuere, distribuō, distribuī, distribūtum	verteilen 46
diū *Adv.*	lange 9
diūturnus	lange dauernd, langwierig 50
dīves, dīvitis	reich 35
dīvīnus	göttlich 16
dīvitiae, dīvitiārum *f. Pl.*	Reichtum, Schätze 19
docēre	lehren, unterrichten 16

doctor, doctōris *m.*	1. Lehrer 2. Doktor 46
dolēre	schmerzen; Schmerz empfinden 38
dolor, dolōris *m.*	Schmerz 17
rēs mihi dolōrī est	die Sache bereitet mir Schmerz 17
dolus, dolī *m.*	List 14
domāre, domō, domuī, domitum	1. zähmen 2. bezwingen 28
domī	zu Hause 8
domina, dominae *f.*	Herrin des Hauses 2
dominus, dominī *m.*	Herr des Hauses 2
domum	nach Hause 6
domus, domūs ***f.***	Haus 29
dōnāre	(be)schenken 28
dōnec *mit Ind.*	so lange als 47
dōnec *mit Konj.*	so lange bis 47
dōnum, dōnī *n.*	Geschenk 4
dormīre	schlafen 3
dorsum, dorsī *n.*	Rücken 15
dubitāre	1. zweifeln 2. zögern 34
dubitātiō, dubitātiōnis *f.*	Zweifel, Bedenken, Zögern 50
dūcere, dūcō, dūxī, ductum	führen 10; 28
dūc! *Imperativ Sg.*	führe! 10
dulcis, dulcis, dulce	süß, angenehm 30
dum *mit Präsens*	während 18
dummodo *mit Konj.*	wenn nur, sofern nur 47
duo, duae, duo; *Gen.* duōrum, duārum, duōrum; *Dat./Abl.* duōbus, duābus, duōbus; *Akk.* duōs, duās, duo	zwei 14; 46
duodecim *nicht deklinierbar*	zwölf 14
dūrus	hart 40
dux, ducis *m.*	Führer, Heerführer 26
ē, ex *mit Abl.*	aus 5
ē vītā cēdere, cēdō, cessī	aus dem Leben scheiden, sterben 17
ex eō tempore	seit dieser Zeit 15
ēbrietās, ēbrietātis *f.*	Trunkenheit 38
ēbrius	betrunken 32
ecce	schau; da ist 1
ēducāre	erziehen 27
efficere, efficiō, effēcī, effectum	1. hervorbringen, zustande bringen, bilden 2. machen zu 46
effugere, effugiō, effūgī	(ent)fliehen 19
egēre *mit Abl.*	Mangel haben *an* 27
egō	ich 7
ēgregius	hervorragend, ausgezeichnet 28
emere	kaufen 5

ēmittere, ēmittō, ēmīsī, ēmissum	1. herausschicken 2. freilassen 43
enim *nachgestellt*	denn, nämlich 4
eō modō	auf diese Art und Weise 14
epistula, epistulae *f.*	Brief 3
eques, equitis *m.*	Reiter, Ritter 28
equitāre	reiten 10
equus, equī *m.*	Pferd 19
ergō *Adv.*	folglich, also 32
ērigere, ērigō, ērēxī, ērēctum	aufrichten, errichten 30
ēripere, ēripiō, ēripuī, ēreptum	entreißen 40
errāre	irren 25
error, errōris *m.*	1. Irrtum 2. Irrfahrt 21
ērudīre	unterrichten 47
esse, sum, fuī	sein; existieren, vorhanden sein 4; 14
et	1. und 2. auch 1
et … et	sowohl … als auch 4
etiam	1. auch 2. sogar 1
etiamsī	auch wenn 44
Etrūscus	etruskisch; *Etrurien heißt eine Landschaft nördlich von Rom (heute: Toskana)* 24
etsī	auch wenn 24
ēvenīre; ēvenit, ēvēnit, ēventum est	sich ereignen 49
excēdere, excēdō, excessī, excessum	1. hinausgehen, sich entfernen 2. übersteigen 46
exclāmāre	ausrufen 19
excūsāre	entschuldigen 48
exemplum, exemplī *n.*	Beispiel 34
exercēre	üben
exercitus, exercitūs *m.*	Heer 28
exhaurīre, exhauriō, exhausī, exhaustum	ausschöpfen, leeren 42
exigere, exigō, exēgī, exāctum	1. eintreiben, einfordern 2. ausführen, vollenden 32
exiguus	klein, gering, unbedeutend 42
exilium, exiliī *n.*	Exil, Verbannung 13
exīre, exeō, exiī, exitum	hinausgehen 5; 16; 49
exīstimāre	schätzen, meinen 43
exitium, exitiī *n.*	Untergang 21
expellere, expellō, expulī, expulsum	vertreiben 24
explicāre	erklären, ausführen 42
explōrāre	erforschen, erkunden 11
expūgnāre	erobern 21
exspectāre	erwarten 3
exstinguere, exstinguō, exstīnxī, exstīnctum	(aus)löschen 29
exstruere, exstruō, exstrūxī, exstrūctum	aufbauen, errichten 26

exsultāre	jubeln 26
extrēmus	äußerster, letzter 49
faber, fabrī *m.*	Handwerker 39
facere, faciō, fēcī, factum	machen, tun 16; 25
facile *Adv.*	leicht 48
facilis, facilis, facile	leicht 23
factum, factī *n.*	Tat 23
fallere, fallō, fefellī, dēceptum	täuschen, betrügen 34
falsus	falsch 36
fāma, fāmae *f.*	1. Gerücht 2. Sage 19
fāma fert	die Sage erzählt 19
famēs, famis *f.*	Hunger 24
familia, familiae *f.*	Familie, Hausgemeinschaft 7
familiāris, familiāris, familiāre	zur Familie gehörig, vertraut 47
fānum, fānī *n.*	Heiligtum, Tempel 50
fastīdium, fastīdiī *n.*	Ekel, Überdruss 41
fatīgāre	müde machen, ermüden 10
fātum, fātī *n.*	1. Schicksal 2. Göttersprüch 15
favēre *mit Dat.*	günstig/geneigt sein, begünstigen 11
febris, febris *f.* (*Gen. Pl.* febrium)	Fieber(anfall) 46
fēlīcissimus	glücklichster; sehr glücklich 16
fēlīx, fēlīcis	glücklich 23
fēmina, fēminae *f.*	Frau 15
fenestra, fenestrae *f.*	Fenster 9
fera, ferae *f.*	(wildes) Tier 41
ferē *Adv.*	fast, beinahe 19
fēriae, fēriārum *f. Pl.*	Fest-, Feiertage 32
ferōx, ferōcis	wild, trotzig 23
ferre, ferō, tulī, lātum	1. bringen, tragen 2. ertragen 19; 27
ferrum, ferrī *n.*	1. Eisen 2. Waffe 24
ferus	1. wild 2. grausam 40
fessus	müde 8
fīat	es möge geschehen 32
fībula, fībulae *f.*	Spange 2
fidēs, fideī *f.*	Treue; Vertrauen 34
fidem fallere, fallō, fefellī	sein Wort brechen 34
fīdus	treu, zuverlässig 3
fierī, fīō, factus sum	1. werden 2. geschehen 3. gemacht werden 38
fīlia, fīliae *f.*	Tochter 2
fīlius, fīliī *m.* (*Vokativ Sg.* fīlī)	Sohn 10
fīnīre	beenden 23
fīnis, fīnis *m.*	Grenze, Ende 21
fīnēs, fīnium *m. Pl.*	Gebiet 21
firmāre	stärken, kräftigen 38
firmus	stark, sicher, zuverlässig 39
fit	es geschieht 32
flāgitium, flāgitiī *n.*	Schande, Schandtat 27
flamma, flammae *f.*	Flamme 29
flectere, flectō, flexī	1. beugen, biegen 2. wenden 17
flēre, fleō, flēvī	weinen 2; 17
flōs, flōris *m.*	Blume, Blüte 17
fluere, fluō, flūxī, flūxum	fließen 41
flūmen, flūminis *n.*	Fluss 41
fluvius, fluviī *m.*	Fluss 15
fodere, fodiō	graben, umgraben 4
foedus	hässlich, scheußlich 30
folium, foliī *n.*	Blatt 49
fōns, fontis *m.* (*Gen. Pl.* fontium)	Quelle 17
fōrma, fōrmae *f.*	1. Gestalt, Form 2. Schönheit 48
fōrmāre	formen, bilden 18
fōrmōsus	schön 17
fortasse *Adv.*	vielleicht 10
forte *Adv.*	zufällig 44
fortis, fortis, forte	stark, tapfer 23
fortissimus	1. tapferster; sehr tapfer 2. stärkster; sehr stark 19
fortiter *Adv.*	tapfer 14
fortitūdō, fortitūdinis *f.*	Tapferkeit 42
fortūna, fortūnae *f.*	1. Schicksal 2. Glück 43
forum, forī *n.*	Markt(platz) 3
forum Rōmānum, forī Rōmānī *n.*	*Platz in Rom, Zentrum des geschäftlichen und öffentlichen Lebens* 6
frāter, frātris *m.*	Bruder 11
frīgidus	kalt 32
frūgēs, frūgum *f. Pl.*	(Feld-)Früchte 30
frūmentum, frūmentī *n.*	Getreide 24
frūstrā *Adv.*	vergeblich, umsonst 2
fuga, fugae *f.*	Flucht 13
fugam capere, capiō, cēpī, captum	die Flucht ergreifen 30
fugere, fugiō, fūgī	fliehen 16
fugitīvus	flüchtig, entlaufen 33
fulmen, fulminis *n.*	Blitz 50
fundāmentum, fundāmentī *n.*	Grundlage, Fundament 41
fundāmentum iacere, iaciō, iēcī, iactum	ein/das Fundament legen 41
fundere, fundō, fūdī, fūsum	1. ausgießen 2. zerstreuen 42
fūr, fūris *m.*	Dieb 5
furere, furō	wütend sein 2
furor, furōris *m.*	Wut, Zorn 2
fūrtum, fūrtī *n.*	Diebstahl 34
futūrus	(zu)künftig 10
gaudēre, gaudeō, gāvīsus sum	sich freuen 4; 38

gaudium, gaudiī *n.*	Freude 6
gemere	seufzen 1
gēns, gentis *f.* (*Gen. Pl.* gentium)	Sippe, Volk(sstamm) 21
genus, generis *n.*	1. Geschlecht 2. Art 38
gerere, gerō, gessī, gestum	1. tragen 2. führen, ausführen 4; 46
gladiātor, gladiātōris *m.*	Gladiator 9
gladius, gladiī *m.*	Schwert 9
glōria, glōriae *f.*	Ruhm 40
Graecus, Graecī *m.*	der Grieche, ein Grieche, Grieche 1
grandis, grandis, grande	1. groß 2. großartig, bedeutend 50
grātia, grātiae *f.*	1. Dank 2. Ansehen 3. Beliebtheit 11
grātiam habēre	danken 14
grātiās agere	danken 11
grātuītō *Adv.*	unentgeltlich, ohne Geld 47
grātus	1. dankbar 2. beliebt, willkommen 4
gravis, gravis, grave	1. schwer, gewichtig 2. ernst 23
gravitās, gravitātis *f.*	1. Schwere 2. Ernst, Würde 44
gūstāre	kosten, probieren 41
habēre	haben, halten 2
habitāre	wohnen 13
hēia!	he! 7
herī *Adv.*	gestern 30
hīc *Adv.*	hier 4
hic, haec, hoc	dieser 26
hiems, hiemis *f.*	Winter 50
historia, historiae *f.*	1. Geschichte 2. Geschichtswerk 33
hodiē *Adv.*	heute 1
homō, hominis *m.*	1. Mensch 2. Mann 5
honestus	angesehen, anständig 27
honor, honōris *m.*	Ehre 24
honōrāre	ehren 36
hōra, hōrae *f.*	Stunde 8
horribilis, horribilis, horribile	entsetzlich, grauenhaft 28
hortus, hortī *m.*	Garten 2
hospes, hospitis *m.*	1. Gast 2. Fremder, Ausländer 21
hostis, hostis *m.* (*Gen. Pl.* hostium)	Feind 19
hūmānitās, hūmānitātis *f.*	1. Menschenwürde 2. Menschlichkeit 3. Bildung 40
hūmānus	1. menschlich, freundlich 2. gebildet 4
iacēre	liegen 7
iacere, iaciō, iēcī, iactum	werfen, schleudern 5; 19; 41
iactāre	werfen 39
iam *Adv.*	schon 11
ibī *Adv.*	dort 20
id est	das heißt 35
īdem, eadem, idem	derselbe 38
igitur	also 10
īgnāvia, īgnāviae *f.*	Trägheit 38
īgnis, īgnis *m.* (*Abl. Sg.* īgnī [īgne]; *Gen. Pl.* īgnium)	Feuer 18
īgnōminia, īgnōminiae *f.*	Schande 19
īgnōrāre	nicht kennen, nicht wissen 39
ille, illa, illud	jener 26
illīc *Adv.*	dort 4
illūc *Adv.*	dorthin 14
illūstris, illūstris, illūstre	1. hell, glänzend 2. berühmt 41
imāgō, imāginis *f.*	Bild 17
imbēcillus	schwach 44
imber, imbris *m.* (*Gen. Pl.* imbrium)	Regen(guss) 30
immō *Adv.*	im Gegenteil 49
immoderātus	maßlos 26
immolāre	opfern 16
immortālis, immortālis, immortāle	unsterblich 23
immortālitās, immortālitātis *f.*	Unsterblichkeit 14
imperāre *mit Dat.*	1. befehlen 2. auftragen, auferlegen 14
imperātor, imperātōris *m.*	1. Feldherr, Befehlshaber 2. Kaiser 4
imperium, imperiī *n.*	1. Befehl 2. Herrschaft 3. Reich 21
impetrāre	durchsetzen, erlangen, erreichen 48
implēre, impleō, implēvī, implētum	erfüllen 34
imprīmīs *Adv.*	besonders, hauptsächlich 48
imprūdentia, imprūdentiae *f.*	1. Unwissenheit 2. Unvorsichtigkeit 20
in *mit Abl. (auf die Frage »Wo?«)*	in, auf 5
in *mit Akk. (auf die Frage »Wohin?«)*	in … (hinein), nach 5
in altum salīre	Hochsprung machen 10
in animō habēre	im Sinn haben, vorhaben 21
in fugam sē dare, dō, dedī, datum	die Flucht ergreifen 17
in iūs vocāre	vor Gericht bringen 39
in longum salīre	Weitsprung machen 10
in lūcem vocāre	ans Licht bringen 38
in mātrimōnium dūcere, dūcō, dūxī, ductum	heiraten *(vom Mann aus gesehen)* 11

in vincula conicere, coniciō, coniēcī, coniectum	in Fesseln legen, ins Gefängnis werfen 29
incēdere, incēdō, incessī, incessum	1. einhergehen 2. eindringen 49
incendere, incendō, incendī, incēnsum	anzünden, in Brand stecken 20; 24
incendium, incendiī *n.*	Brand 29
incertus	unsicher 38
incipere, incipiō, **coepī**	anfangen, beginnen 2; 21
incola, incolae ***m. und f.***	Einwohner(in), Bewohner(in) 42
incolere, incolō, incoluī, incultum	wohnen, bewohnen 30
inde *Adv.*	1. von dann 2. von dort 3. daher 33
indīgnus	unwürdig 25
indūcere, indūcō, indūxī, inductum	hineinführen 32
induere, induō, induī	*(ein Kleidungsstück)* anziehen 15
īnfāmia, īnfāmiae *f.*	Schande 13
īnferre, īnferō, intulī, illātum	1. hineintragen 2. zufügen 35
īnficere, īnficiō, īnfēcī	1. benetzen 2. vergiften 15
īnfimus	niedrigster, geringster 35
īnfirmus	schwach, krank 36
īnflammāre	in Brand stecken, anzünden 29
īnflammātus	angezündet; brennend 14
ingenium, ingeniī *n.*	1. Anlage, Begabung 2. Wesen 28
ingēns, ingentis	ungeheuer (groß) 25
inicere, iniciō, iniēcī, iniectum	1. hineinwerfen, auf etwas werfen 2. einjagen, einflößen 14; 50
inimīcus, inimīcī *m.*	Feind, Gegner 36
inīre, ineō, iniī, initum; *Part. der Gleichzeitigkeit/Part. Präs. Akt.*: iniēns, ineuntis	1. hineingehen, betreten 2. anfangen, beginnen 30
initiō *Adv.*	anfangs 18
iniūria, iniūriae *f.*	Unrecht, Ungerechtigkeit 25
iniussū *unveränderlich*	ohne Befehl, ohne Auftrag
innocēns, innocentis	unschuldig 35
inquīrere, inquīrō, inquīsīvī, inquīsītum	1. (auf)suchen 2. untersuchen, prüfen 43
inquit *eingeschoben*	er/sie/es sagt/sagte 19
īnsānia, īnsāniae *f.*	Wahnsinn 20
īnsatiābilis, īnsatiābilis, īnsatiābile	unersättlich 41
īnscrībere, īnscrībō, īnscrīpsī, īnscrīptum	mit einer Inschrift versehen, betiteln 42
īnserere, īnserō, īnsēvī, īnsitum	einpflanzen 43
īnsidiae, īnsidiārum *f. Pl.*	Hinterhalt, Falle 20
īnsidiās parāre	eine Falle stellen 20
īnspicere, īnspiciō, īnspexī, īnspectum	hineinschauen, ansehen 4; 43
īnstruere, īnstruō, īnstrūxī, īnstrūctum	1. aufstellen, ausrüsten 2. unterrichten 47
īnstrūmentum, īnstrūmentī *n.*	Instrument, Werkzeug 36
īnsula, īnsulae *f.*	1. Mietskaserne 2. Insel 8
intellegere, intellegō, intellēxī, intellectum	einsehen, erkennen, verstehen 40
inter *mit Akk.*	unter, zwischen 4
interclūdere, interclūdō, interclūsī, interclūsum	absperren, abtrennen 24
interclūdere frūmentō	vom Nachschub an Getreide abschneiden 24
interdum *Adv.*	manchmal, bisweilen 38
interesse, intersum, interfuī *mit Dat.*	teilnehmen *an* 11; 14
interficere, interficiō, interfēcī, interfectum	töten 16; 28
interitus, interitūs *m.*	Untergang 28
interrogāre	fragen 2
intrāre	eintreten; betreten 2
inūtilis, inūtilis, inūtile	nutzlos 33
invādere, invādō, invāsī	1. eindringen 2. befallen 3. angreifen 15
invenīre, inveniō, invēnī, inventum	finden 5; 15; 34
investīgāre	aufspüren, ausfindig machen 33
invictus	unbesiegt, unbesiegbar 14
invītāre	einladen 8
invītus	unwillig, ungern 50
mē invītō	gegen meinen Willen 50
invocāre	anrufen, anflehen 17
deōs vindicēs invocāre	die Götter als Rächer anrufen 17
iocus, iocī *m.*	Scherz, Spiel 11
ipse, ipsa, ipsum	selbst 27
īra, īrae *f.*	Zorn, Wut 9
īrātus	wütend, zornig 21
īre, eō, iī, itum	gehen 3; 16; 26
is, ea, id	dieser, diese, dies(es); er, sie, es 17
iste, ista, istud	dieser (da); der da 27
ita *Adv.*	1. so 2. so ist es, ja 10
itaque	deshalb 1
iter, itineris *n.*	1. Weg 2. Marsch, Reise 25
iter facere, faciō, fēcī, factum	eine Reise machen 25
iterum *Adv.*	zum zweiten Mal, wieder 6
iterum atque iterum	immer wieder 17
iubēre, iubeō, iussī, iussum	befehlen 7; 14; 26
iūcundē *Adv.*	angenehm 21

iūcundus	angenehm 4
iūdex, iūdicis *m.*	Richter 39
iūdicium, iūdiciī *n.*	1. Urteil 2. Gericht 36
iūmentum, iūmentī *n.*	Zug-, Lasttier 32
iūrāre	schwören 27
iūre *Abl.*	mit Recht 43
iūs, iūris *n.*	Recht 28
iūs dīcere, dīcō, dīxī, dictum	Recht sprechen 28
iussū *mit Gen.*	auf Befehl *von*, im Auftrag *von* 16
iūstitia, iūstitiae *f.*	Gerechtigkeit 28
iūstus	gerecht 44
iuvat	es freut, es macht Spaß 7
iuvenis, iuvenis *m.*	junger Mann 17
lābī, lābor, lāpsus sum	gleiten; fallen 41
labor, labōris *m.*	Arbeit, Mühe 4
labōrāre	arbeiten 4
lacrima, lacrimae *f.*	Träne 16
lacus, lacūs *m.*	See 41
laedere, laedō, laesī	verletzen; beleidigen 16
laetus	froh, fröhlich 21
lāmentārī	(be)jammern 48
lāna, lānae *f.*	Wolle 30
lānam facere, faciō, fēcī, factum	spinnen 30
lapis, lapidis *m.*	Stein 8
latēre	versteckt/verborgen sein 38
lātifundium, lātifundiī *n.*	großes Landgut 25
laudāre	loben 1
laus, laudis *f.*	Lob 48
lavāre, lavō, lāvī, lautum	waschen 28
lavārī, lavor, lautus/lavātus sum	sich waschen, baden 38
lēctiō, lēctiōnis *f.*	Lesen, Lektüre 47
lectus, lectī *m.*	1. Bett 2. Speisesofa 7
lēgātiō, lēgātiōnis *f.*	Gesandtschaft 44
lēgātus, lēgātī *m.*	Gesandter 44
legere, legō, lēgī, lēctum	1. lesen, vorlesen 2. sammeln 33
legiō, legiōnis *f.*	Legion *(römischer Heeresverband, bestehend aus etwa 6000 Mann)* 26
lēgitimus	gesetz-, rechtmäßig 50
lēnīre	besänftigen, lindern 47
lentē *Adv.*	langsam 6
lentus	langsam, träge 7
leō, leōnis *m.*	Löwe 9
levis, levis, leve	leicht 32
lēx, lēgis *f.*	Gesetz 25
libenter *Adv.*	gern 47
līber, lībera, līberum	frei 7
liber, librī *m.*	Buch 4
līberālis, līberālis, līberāle	großzügig, freigebig 26
līberāre	befreien 9
līberātus	befreit 14
līberī, līberōrum *m. Pl.*	Kinder 25
lībertās, lībertātis *f.*	Freiheit 25
lībertus, lībertī *m.*	Freigelassener *(ehemaliger Sklave)* 4
libīdinōsus	zügellos, ausschweifend 27
licēre	erlaubt sein 23
licet	es ist erlaubt 23
līgnum, līgnī *n.*	Holz 20
lingua, linguae *f.*	1. Zunge 2. Sprache 10
litterae, litterārum *f. Pl.*	1. Schrift 2. Brief 3. Wissenschaft(en) 40
litterātus	gebildet 33
lītus, lītoris *n.*	Ufer, Strand 20
locus, locī *m.*	Ort, Stelle 26
longē *Adv.*	weit, bei Weitem 16
longus	lang 3
loquī, loquor, locūtus sum	sprechen 38
lūdere, lūdō, lūsī	spielen 7; 16
lūdus, lūdī *m.*	Spiel 10
luēs, luis *f.* (*Gen. Pl.* luium)	Seuche 35
lūgēre, lūgeō, lūxī	trauern, betrauern 16
lūna, lūnae *f.*	Mond 3
lūx, lūcis *f.*	Licht 38
luxuria, luxuriae *f.*	Genusssucht 41
maestus	traurig 17
magis *Adv.*	mehr 43
magister, magistrī *m.*	Lehrer 1
māgnificentissimus	überaus prächtig 29
māgnitūdō, māgnitūdinis *f.*	Größe 40
māgnus; *Komparativ:* māior, māius; *Superlativ:* maximus	1. groß 2. bedeutend, mächtig 3; 41
māiestās, māiestātis *f.*	Größe, Würde, Majestät 49
māiōrēs, māiōrum *m. Pl.*	Vorfahren 23
male *Adv.*	schlecht 27
male est alicui	jemandem geht es schlecht 32
maledīcere, maledīcō, maledīxī, maledictum *mit Dat.*	*jemanden* schmähen, beleidigen 34
maledictum, maledictī *n.*	Beschimpfung, Schmähung 43
malitia, malitiae *f.*	Bosheit, Boshaftigkeit 44
mālle, mālō, māluī	lieber wollen 39
malum, malī *n.*	Übel 32
malus; *Komparativ:* peīor, pēius; *Superlativ:* pessimus	schlecht, übel 3; 41
māne *Adv.*	(früh) am Morgen 11
manēre, maneō, mānsī; *Part. der Nachzeitigkeit/ Part. Fut. Akt.* mānsūrus	bleiben 5; 16; 30

manus, manūs ***f.***	1. Hand 2. Schar 28
manūs cōnserere, cōnserō, cōnseruī, cōnsertum	handgemein werden, einen Kampf beginnen 28
mare, maris *n.* (*Gen. Pl.* marium)	Meer 13
marītus, marītī *m.*	Ehemann 11
māter, mātris *f.*	Mutter 16
māteria, māteriae *f.*	Baumaterial, (Bau-)Holz 30
mātrimōnium, mātrimōniī *n.*	Ehe 11
maximus	größter; sehr groß 26
mē *Abl.*	*Abl. von* egō 9
mē *Akk.*	mich 7
mēcum (= *cum mē)	mit mir 9
medicus, medicī *m.*	Arzt 38
medius	mittlerer 13
membrum, membrī *n.*	Glied 28
memor, memoris *mit Gen.*	sich erinnernd/denkend *an* 26
mēns, mentis *f.* (*Gen. Pl.* mentium)	Verstand; Geist 8
mēnsa, mēnsae *f.*	Tisch 4
mēnsūra, mēnsūrae *f.*	Maß 46
mercātor, mercātōris *m.*	Kaufmann 2
mercātūra, mercātūrae *f.*	Handel 30
mercātūrās facere, faciō, fēcī, factum	Handel treiben 30
mercēs, mercēdis *f.*	Lohn; Preis 36
merīdiānus	südlich 42
merīdiēs, merīdiēī ***m.***	Mittag 42
merx, mercis *f.* (*Gen. Pl.* mercium)	Ware 6
metuere, metuō, metuī, –	fürchten, sich fürchten 47
metus, metūs *m.*	Furcht 28
meus	mein 15
mihi *Dat.*	mir 11
mīles, mīlitis *m.*	Soldat 10
mīlitāre	als Soldat dienen 28
mīlle; *nur im Pl. deklinierbar:* mīlia, mīlium, mīlibus, mīlia, mīlibus	tausend 46
mīrārī	sich wundern 38
miser, misera, miserum	unglücklich, arm 8
miseria, miseriae *f.*	Elend, Unglück 25
misericordia, misericordiae *f.*	Mitleid, Erbarmen 48
mītis, mītis, mīte	mild, sanft 28
mittere, mittō, mīsī, missum	1. schicken 2. werfen, schießen 14; 33
mōbilis, mōbilis, mōbile	beweglich 38
modestus	bescheiden 33
modo … modo *Adv.*	bald … bald 38
modus, modī *m.*	1. Maß 2. Art, Weise 14
moenia, moenium *n. Pl.*	Stadtmauer(n) 35

molestus	beschwerlich, lästig 19
molestē ferre, ferō, tulī, lātum	schwer ertragen, sich ärgern über 19
monachus, monachī *m.*	Mönch 36
monasterium, monasteriī *n.*	Kloster 36
monēre	1. mahnen 2. warnen 13
mōns, montis *m.* (*Gen. Pl.* montium)	Berg 17
mōnstrāre	zeigen 44
mōnstrum, mōnstrī *n.*	Ungeheuer 13
monumentum, monumentī *n.*	Denkmal, Andenken 40
mora, morae *f.*	Aufschub, Verzögerung 47
morbus, morbī *m.*	Krankheit 33
morī, morior, mortuus sum	sterben 44
mors, mortis *f.* (*Gen. Pl.* mortium)	Tod 9
morte dīgnus	des Todes würdig 9
mortem obīre, obeō, obiī, obitum	sterben 39
mortālis, mortālis, mortāle	sterblich 23
mortuus	tot 16
mōs, mōris *m.*	Sitte; *im Pl.:* Sitten; Charakter 8; 43
movēre, moveō, mōvī, mōtum	bewegen 35
mox *Adv.*	bald 8
mulier, mulieris *f.*	Frau 19
multī, multae, multa; *Komparativ:* plūrēs, plūra (*Gen. Pl.* plūrium); *Superlativ:* plūrimī, plūrimae, plūrima	viele 41
multum *Adv.*	1. viel, sehr 2. oft 48
multus	viel 4
mundus, mundī *m.*	Welt; Weltall 10
mūnītiō, mūnītiōnis *f.*	1. Befestigung 2. Schanzarbeit 26
mūnus gladiātōrium, mūneris gladiātōriī *n.*	Gladiatorenspiel, -kampf 9
mūrus, mūrī *m.*	Mauer 24
mūtāre	(ver)ändern, verwandeln 25
mūtuus	gegenseitig 48
nam	denn, nämlich 3
nancīscī, nancīscor, nactus/nānctus sum	1. antreffen 2. bekommen, erhalten 50
nārrāre	erzählen 20
natāre	schwimmen 5
nātiō, nātiōnis *f.*	Volk(sstamm), Nation 10
nātūra, nātūrae *f.*	Natur 46
naufragium, naufragiī *n.*	Schiffbruch 44
naufragus	schiffbrüchig 21
nauta, nautae ***m.***	Seemann 32

nāvigāre	mit dem Schiff fahren, segeln 21
nāvis, nāvis *f.* (*Gen. Pl.* nāvium)	Schiff 21
-ne *angehängte Fragepartikel*	*entspricht unserem Fragezeichen* 4
nē *mit Konj. (Einleitung eines verneinten Wunsches)*	nicht 32
nē *Subjunktion mit Konj.*	1. dass nicht 2. damit nicht 33
nē *mit Konj. Perf.*	*verneinter Imperativ* 36
nē occīderitis	tötet nicht!, ihr sollt nicht töten 36
-ne *nach einem Verb des Fragens*	ob 34
nebula, nebulae *f.*	Nebel 30
nec	und nicht, auch nicht, aber nicht 34
necāre	töten 9
necessārius	notwendig 25
necesse est	es ist nötig 48
negāre	1. verneinen 2. verweigern 18
neglegere, neglegō, neglēxī, neglēctum	1. nicht beachten, missachten 2. vernachlässigen 25
negōtium, negōtiī *n.*	1. Arbeit, Tätigkeit 2. Aufgabe 4
nēmō, nūllīus, *Dat.* nēminī *m./f.*	niemand 23; 46
nepōs, nepōtis *m.*	Enkel 27
neptis, neptis *f.* (*Gen. Pl.* neptium)	1. Nichte 2. Enkelin 47
neque	und nicht, auch nicht, aber nicht 34
neque … neque	weder … noch 7
nescīre, nesciō, nescīvī, nescītum	nicht wissen 17; 48
nēve *mit Konj.*	und (dass/damit) nicht; und um nicht 44
niger, nigra, nigrum	schwarz 42
nihil	nichts 3; 46
nihil nisī	nichts außer 35
nimis *Adv.*	zu sehr 10
nimius	zu groß 17
nisī	wenn nicht 35
nōbilis, nōbilis, nōbile	1. berühmt 2. vornehm, adlig 24
nōbīs *Abl.*	*Abl. von* nōs 11
nōbīs *Dat.*	uns 11
nōbīscum (= *cum nōbīs)	mit uns 11
nocēns, nocentis	schuldig 35
nocēre	schaden 33
noctū *Adv.*	nachts, bei Nacht 36
nōlī/nōlīte *mit Inf.*	verneinter Imperativ 36
nōlī/nōlīte timēre!	fürchte dich/fürchtet euch nicht! 36
nōlle, nōlō, nōluī	nicht wollen 39
nōmen, nōminis *n.*	Name 15
nōmināre	nennen 47
nōmine	mit Namen 15
nōn *Adv.*	nicht 1
nōn iam *Adv.*	nicht mehr 8
nōn modo … sed etiam *Adv.*	nicht nur … sondern auch 4
nōndum *Adv.*	noch nicht 6
nōnne?	nicht? 6
nōnnūllī, nōnnūllae, nōnnūlla	einige, manche 5
nōs *Akk.*	uns 7
nōs *Nom.*	wir 7
nōscere, nōscō, nōvī, nōtum	kennenlernen 27
noster, nostra, nostrum	unser 10
nōtum est	es ist bekannt 13
nōtus	bekannt 13
novus	neu 4
nox, noctis *f.*	Nacht 8
noxa, noxae *f.*	1. Schaden 2. Schuld 32
nūdus	nackt 36
nūllus, nūlla, nūllum	kein 38; 46
num *nach einem Verb des Fragens*	ob 34
num?	etwa? *(als Antwort wird »nein« erwartet)* 9
numerus, numerī *m.*	Zahl, Anzahl 16
nummus, nummī *m.*	Münze 15
numquam *Adv.*	niemals 8
nunc *Adv.*	nun, jetzt 2
nūntius, nūntiī *m.*	1. Bote 2. Botschaft 19
nūper *Adv.*	neulich 25
nūptiae, nūptiārum *f. Pl.*	Hochzeit 11
nympha, nymphae *f.*	Nymphe 17
ō	oh 7
ob *mit Akk.*	wegen 18
ob eam rem	wegen dieser Sache, deswegen 18
obīre, obeō, obiī, obitum	entgegengehen 39
oboedīre	gehorchen 36
obsecrāre	anflehen 25
observāre	1. beobachten 2. beachten, befolgen 36
obsidēre, obsideō, obsēdī, obsessum	1. belagern 2. beherrschen 24
obsīdere, obsīdō, obsēdī, obsessum	besetzen 26
obsidiō, obsidiōnis *f.*	Belagerung 26
obstringere, obstringō, obstrīnxī, obstrictum	verpflichten 34
obtemperāre	gehorchen 7
occāsiō, occāsiōnis *f.*	Gelegenheit 47

occīdere, occīdō, occīdī, occīsum	töten 9; 36
occultāre	verstecken, verbergen 13
oculus, oculī *m.*	Auge 17
ōdisse, ōdī	hassen 46
odium, odiī *n.*	Hass 18
offerre, offerō, obtulī, oblātum	anbieten 47
officium, officiī *n.*	Pflicht 32
ōlim *Adv.*	einst 44
ōmen, ōminis *n.*	Vorzeichen 23
omnis, omnis, omne	*im Sg.*: jeder; ganz; *im Pl.*: alle 23
onus, oneris *n.*	Last 8
onustus	beladen 6
opīnārī	meinen, vermuten 48
oppidum, oppidī *n.*	(kleinere) Stadt 10
opprimere, opprimō, oppressī, oppressum	1. unterdrücken, bedrängen 2. überfallen 28
opprobrium, opprobriī *n.*	1. Vorwurf 2. Schande 27
oppūgnāre	bestürmen, angreifen 24
optāre	wünschen 33
opus est	es ist nötig 13
opus est *mit Abl.*	*etwas* ist nötig 15
mihi auxiliō opus est	mir ist Hilfe nötig ➜ ich brauche Hilfe 15
opus, operis *n.*	1. Arbeit, Mühe 2. Werk, Bauwerk 30
ōra, ōrae *f.*	Küste 21
ōrāre	bitten; beten 17
ōrātiō, ōrātiōnis *f.*	Rede 33
orbis, orbis *m.* (*Gen. Pl.* orbium)	Kreis 10
orbis terrārum, orbis terrārum *m.*	Erdkreis, Welt 10
ōrdō, ōrdinis *m.*	1. Ordnung 2. Stand, Klasse 3. Orden 36
ōrnāmentum, ōrnāmentī *n.*	Schmuck, Schmuckstück 2
ōrnāre	schmücken 4
ōrnātus	geschmückt 11
ōsculum, ōsculī *n.*	Kuss 17
ostendere, ostendō, ostendī, ostentum	zeigen, entgegenstrecken 48
ōstium, ōstiī *n.*	1. Eingang 2. Mündung *eines Flusses* 41
pābulum, pābulī *n.*	Futter 32
paene *Adv.*	fast 46
palūs, palūdis *f.*	Sumpf 28
pānis, pānis *m.* (*Gen. Pl.* pānium)	Brot 32
parāre	bereiten, zubereiten 4
parātus	bereit 23
parcere, parcō, pepercī; *Part. der Nachzeitigkeit/ Part. Fut. Akt.* parsūrus *mit Dat.*	(ver)schonen 35

parcus	sparsam 33
parentēs, parent(i)um *m. Pl.*	Eltern 11
parere	gehorchen 21
parere, pariō, peperī, partum	hervorbringen; gebären 47
pars, partis *f.* (*Gen. Pl.* partium)	Teil 18
parum *Adv.*	zu wenig 26
parvus; *Komparativ:* minor, minus; *Superlativ:* minimus	klein 4; 41
pāstor, pāstōris *m.*	Hirte 19
pater, patris *m.*	Vater 10
patēre	offen stehen 13
patī, patior, passus sum	erdulden, erleiden 38
patientia, patientiae *f.*	Geduld 36
patria, patriae *f.*	Vaterland, Heimat 13
patricius, patriciī *m.*	Patrizier 25
paucī, paucae, pauca	wenige 16
paulō	(um) ein wenig, etwas 27
paulō post *Adv.*	wenig später 9
pauper, pauperis	arm 35
pavidus	furchtsam, ängstlich 49
pāx, pācis *f.*	Frieden 8
peccāre	einen Fehler machen 1
pecūnia, pecūniae *f.*	Geld 6
pecus, pecoris *n.*	Vieh 8
pēdem referre, referō, rettulī	sich zurückziehen 19
pedes, peditis *m.*	Fußsoldat 28
penna, pennae *f.*	Feder 13
per *mit Akk.*	durch 3
percutere, percutiō, percussī, percussum	1. durchbohren 2. (tot) schlagen 3. erschüttern 50
perficere, perficiō, perfēcī, perfectum	ausführen, vollenden 43
perfidia, perfidiae *f.*	Treulosigkeit 46
pergere	fortsetzen, weitermachen, weiter etwas tun 7
perīculōsus	gefährlich 13
perīculum, perīculī *n.*	Gefahr 21
perīre, pereō, periī; *Part. der Nachzeitigkeit/Part. Fut. Akt.* perītūrus	zugrunde gehen 21; 44
permāgnus	sehr groß, riesig 20
perniciēs, perniciēī *f.*	Verderben, Unheil, Untergang 16
persuādēre, persuādeō, persuāsī, persuāsum	1. *mit* ut: überreden 2. *mit aci:* überzeugen 43
mihi persuāsum est	ich bin überzeugt 43
pertinēre ad *mit Akk.*	sich erstrecken, sich beziehen auf 44
perturbāre	(völlig) verwirren 38
pervenīre, perveniō, pervēnī, perventum	(hin)gelangen 40
pēs, pedis *m.*	Fuß 15

petere, petō, petīvī, petītum	1. erbitten, erstreben 2. *auf etwas/jemanden* losgehen 16; 24
philosophārī	philosophieren 44
philosophia, philosophiae *f.*	Philosophie 44
philosophus, philosophī *m.*	Philosoph 35
piger, pigra, pigrum	faul 10
pila, pilae *f.*	Ball 39
piscis, piscis *m.* (*Gen. Pl.* piscium)	Fisch 41
pius	fromm, gottesfürchtig 23
placēre	gefallen 11
plēbs, plēbis *f.*	(einfaches) Volk 25
plēnus	voll 3
poena, poenae *f.*	Strafe 27
poenās *(mit Gen.)* dare, dō, dedī, datum	büßen *für* 27
poēta, poētae ***m.***	Dichter 4
pollicērī	versprechen 43
pōmum, pōmī *n.*	Apfel 19
pondus, ponderis *n.*	Gewicht 50
pōnere, pōnō, posuī, positum	1. setzen, stellen 2. (ab)legen 5; 20; 39
pontifex, pontificis *m.*	Priester 11
populus, populī *m.*	Volk 10
porrigere, porrigō, porrēxī, porrēctum	1. (dar)reichen 2. ausstrecken 11; 50
porta, portae *f.*	Tür, Tor 20
portāre	tragen 5
posse, possum, potuī	können 8; 15
possessiō, possessiōnis *f.*	Besitz 49
post *Adv.*	danach, später 15
post *mit Akk.*	1. hinter 2. nach 3
posteā *Adv.*	später 5
postquam *mit Ind. Perf.*	nachdem 18
postrēmō *Adv.*	schließlich 14
postrēmus	letzter 32
potentia, potentiae *f.*	Macht 49
potestās, potestātis *f.*	Macht 19
potissimum *Adv.*	hauptsächlich, besonders 40
praebēre	gewähren 26
praeceptor, praeceptōris *m.*	Lehrer 40
praeceptum, praeceptī *n.*	Vorschrift 36
praecipere, praecipiō, praecēpī, praeceptum	1. vorausnehmen 2. vorschreiben 40
praecipuē *Adv.*	besonders 49
praeclārus	bekannt, berühmt 4
praedium, praediī *n.*	Landgut 25
praeesse, praesum, praefuī *mit Dat.*	vorstehen, an der Spitze stehen, leiten 28
praefectus, praefectī *m.*	Vorsteher, Befehlshaber 30
praeferre, praeferō, praetulī, praelātum	vorziehen 44
praemium, praemiī *n.*	Belohnung 1
praesertim *Adv.*	zumal, besonders 43
praesidium, praesidiī *n.*	1. Schutz 2. Besatzung, Posten 20
praestāre, praestō, praestitī, praestitum; *Part. der Nachzeitigkeit/ Part. Fut. Akt.* praestātūrus	1. an den Tag legen, beweisen 2. voranstehen, übertreffen 40
praeter *mit Akk.*	außer 28
praeter quod	außer dass 46
praetereā *Adv.*	außerdem 3
praetor, praetōris *m.*	Prätor *(oberster römischer Justizbeamter)* 28
prētium, prētiī *n.*	Preis, Wert 5
prīdiē *Adv.*	am Tag vorher 11
prīmō *Adv.*	zuerst 5
prīmum *Adv.*	zum ersten Mal 30
prīmus	erster 18
prīnceps, prīncipis *m.*	1. Erster, Anführer 2. Kaiser 27
prius *Adv.*	früher, vorher 32
prīvāre *mit Abl.*	*einer Sache* berauben 25
prīvātus	privat 41
prō *mit Abl.*	1. für 2. vor 3. anstatt 17
probāre	1. untersuchen, prüfen 2. billigen 43
probrum, probrī *n.*	1. Vorwurf 2. Schandtat 43
probus	rechtschaffen, anständig 27
prōcōnsul, prōcōnsulis *m.*	Prokonsul *(ehemaliger Konsul)* 26
procul *Adv.*	von Weitem, aus der Ferne 20
prōdesse, prōsum, prōfuī	nützen 2; 14
profectō *Adv.*	in der Tat, sicherlich, gewiss 34
prohibēre	fernhalten, hindern 49
prōmittere, prōmittō, prōmīsī, prōmissum	versprechen 19; 36
prōmovēre, prōmoveō, prōmōvī	1. vorwärtsbewegen 2. erweitern, ausdehnen 21
prōmptus	bereit, entschlossen 43
properāre	eilen 9
prōpōnere, prōpōnō, prōposuī, prōpositum	1. vorlegen 2. vorschlagen 34
propter *mit Akk.*	wegen 33
prōvincia, prōvinciae *f.*	Provinz; Amtsbereich 34
prōvinciālēs, prōvinciālium *m. Pl.*	Provinzbewohner 40
proximus	nächster 36
prūdēns, prūdentis	klug 40
pūblicus	öffentlich, staatlich 16
puella, puellae *f.*	Mädchen 1
puer, puerī *m.*	Junge 1
pūgnāre	kämpfen 9

pulcher, pulchra, pulchrum	schön 4
pulcherrimus	schönster; sehr schön 19
pūnīre	(be)strafen 34
putāre	glauben, meinen 18
quā dē causā?	aus welchem Grund? 20
quaerere, quaerō, quaesīvī, quaesītum	suchen 2; 25
quam (?)	wie (?) 25
quam *bei Vergleichen*	als 38
quam *mit Superlativ*	möglichst + *Grundstufe des Adjektivs/Adverbs* 41
quam splendidissimus	möglichst glänzend; möglichst prächtig 41
quam celerrimē	möglichst schnell 41
quamquam	obwohl 13
quandō?	wann? 21
quantus (?)	wie groß(?) 26
quārē (?)	warum, weshalb(?) 46
quasi *Adv.*	sozusagen 8
quattuor *unveränderlich*	vier 46
-que *angehängt*	und 4
quī, quae, quod	welcher, welche, welches; der, die, das 20
quī? *alter Abl.*	wie (nun)?, warum? 43
quī?, quae?, quod?	welcher?, welche?, welches? 20
quia	weil 18
quid?	was? 6
quīdam, quaedam, quiddam *substantivisch*	ein gewisser; *Pl.:* einige, manche 20
quīdam, quaedam, quoddam *adjektivisch*	ein gewisser; *Pl.:* einige, manche 20
quidem *Adv.*	jedenfalls, freilich 15
quiēs, quiētis *f.*	Ruhe 8
quiētem capere, capiō, cēpī, captum	Ruhe finden 8
quiēscere, quiēscō, quiēvī, quiētum	1. (sich aus)ruhen 2. Ruhe geben 30
Quirītēs, Quirīt(i)um *m. Pl.*	Bürger von Rom 44
quis?	wer? 2
quisquam, quicquam; *Gen.* cuiusquam, *Dat.* cuiquam *usw.*	jemand, etwas 48
quisque, quaeque, quidque *substantivisch*	jeder 40
quisque, quaeque, quodque *adjektivisch*	jeder 40
quīvīs, quaevīs, quidvīs; *Gen.* cuiusvīs, *Dat.* cuivīs *usw. substantivisch*	jeder beliebige 48
quīvīs, quaevīs, quodvīs; *Gen.* cuiusvīs, *Dat.* cuivīs *usw. adjektivisch*	jeder beliebige 48
quō?	wohin? 9
quod *mit Ind.*	1. weil 2. die Tatsache, dass; dass 16; 46
quod sī	wenn also 48
quoque *Adv.*	auch 41
rādere, rādō, rāsī, rāsum	rasieren 39
rapere, rapiō, rapuī	(weg)reißen; rauben 11; 18
rapidus	reißend 15
rārō *Adv.*	selten 1
ratiō, ratiōnis *f.*	1. Berechnung 2. Art und Weise 3. Vernunft 48
rē vērā *Adv.*	wirklich, tatsächlich 15
rebellāre	rebellieren, sich auflehnen 42
recēdere, recēdō, recessī, recessum	zurückweichen; sich zurückziehen 9; 17; 36
recessus, recessūs *m.*	1. Rückzug 2. Versteck 47
recipere, recipiō, recēpī, receptum	aufnehmen 20; 29
recōgnōscere	wiedererkennen 6
recordārī	zurückdenken *an*, sich erinnern *an* 40
recreāre	wiederherstellen, kräftigen 33
rēctē *Adv.*	richtig 34
reddere, reddō, reddidī, redditum	1. wiedergeben, bringen 2. machen zu 19; 27
redīre, redeō, rediī, reditum	zurückgehen, zurückkehren 13; 16; 26
reditus, reditūs *m.*	Rückkehr 49
redūcere, redūcō, redūxī	zurückführen, zurückbringen 15
refellere, refellō, refellī, –	widerlegen 43
referre, referō, rettulī	1. zurücktragen 2. berichten 19
reficere, reficiō, refēcī, refectum	wiederherstellen 33
regere, regō, rēxī, rēctum	lenken, leiten; verwalten 35
rēgīna, rēgīnae *f.*	Königin 13
regiō, regiōnis *f.*	Gebiet, Gegend 42
rēgnāre	1. König sein 2. herrschen 19
rēgnum, rēgnī *n.*	1. Königreich 2. Herrschaft 19
rēgula, rēgulae *f.*	Regel 36
relēgāre	verbannen 27
religiō, religiōnis *f.*	1. Scheu, Gottesverehrung, Glaube 2. Aberglaube 20
relinquere, relinquō, relīquī, relictum	verlassen, zurücklassen 13; 18; 40
reliquus	übrig, restlich 40
remittere, remittō, remīsī, remissum	zurückschicken 33
repellere, repellō, reppulī, repulsum	zurücktreiben, -schlagen 30
reperīre, reperiō, repperī, repertum	finden, entdecken 49

requiēscere, requiēscō, requiēvī	sich ausruhen 26
requīrere, requīrō, requīsīvī, requīsītum	nachforschen; fragen 46
rēs, reī *f.*	Sache, Ding 16
rēs adversae, rērum adversārum *f. Pl.*	Unglück 16
rēs dīvīna, reī dīvīnae *f.*	Gottesdienst; Opfer 16
rem dīvīnam facere, faciō, fēcī, factum	Opfer bringen, opfern 16
rēs pūblica, reī pūblicae *f.*	Staat 16
rescrībere, rescrībō, rescrīpsī, rescrīptum	zurückschreiben, antworten 35
resistere, resistō, restitī, –	widerstehen, Widerstand leisten 46
respicere, respiciō, respexī	zurückschauen 13; 15
respondēre, respondeō, respondī, respōnsum	antworten, erwidern 27
restituere, restituō, restituī, restitūtum	wiederherstellen, ersetzen 39
revenīre, reveniō, revēnī	zurückkommen 17
reverērī	verehren 40
revertī, revertor, revertī, reversum	zurückkehren 49
rēx, rēgis *m.*	König 13
rīdēre, rīdeō, rīsī	lachen 3; 16
rīpa, rīpae *f.*	Ufer 15
rōbustus	stark, kräftig 46
rogāre	bitten, fragen 33
rogus, rogī *m.*	Scheiterhaufen *zur Feuerbestattung* 50
Rōmā *Abl. sep.*	aus Rom 27
Rōmae *Lokativ*	in Rom 27
Rōmam	nach Rom 25
Rōmānus	römisch 6
Rōmānus, Rōmānī *m.*	Römer 1
ruere, ruō, ruī, rutum	stürzen 29
rūmor, rūmōris *m.*	Gerücht 29
rūrsus *Adv.*	wieder 33
rūsticus	bäuerlich, ländlich 4
sacer, sacra, sacrum	1. heilig 2. verflucht 49
sacerdōs, sacerdōtis *m./f.*	Priester/Priesterin 20
sacrāmentum, sacrāmentī *n.*	Eid 34
sacrificāre	opfern 11
sacrilegus, sacrilegī *m.*	Tempelräuber 50
saeculum, saeculī *n.*	Zeitalter; Jahrhundert 34
saepe *Adv.*	oft 1
saevus	grausam 9
sagitta, sagittae *f.*	Pfeil 14
salīre	springen 10
salūber, salūbris, salūbre	gesund 33
salūs, salūtis *f.*	Wohlergehen, Heil 30
salūtem dīcere, dīcō, dīxī, dictum	grüßen 30
salūtāre	grüßen 4
salvē!	sei gegrüßt!, guten Tag! 8

salvus	gesund, heil, wohlbehalten 49
sānctus	heilig 49
sanguis, sanguinis *m.*	Blut 9
sānus	gesund 8
sapere, sapiō, sapīvī	1. klug/weise sein 2. verstehen, wissen 32
sapiēns, sapientis	weise 23
sapientia, sapientiae *f.*	Weisheit 18
sarcina, sarcinae *f.*	Last, Gepäckstücke 6
satis *Adv.*	ausreichend, genug 15
satis est	es ist genug, es genügt 15
saxum, saxī *n.*	Felsen 14
scelus, sceleris *n.*	Verbrechen 33
schola, scholae *f.*	Schule 1
scīlicet *Adv.*	1. nämlich, das heißt 2. natürlich 49
scīre	wissen 9
scrībere, scrībō, scrīpsī, scrīptum	schreiben 1; 14; 27
scrīptum, scrīptī *n.*	Schrift, Buch 4
sē *Abl.*	*Abl. des Reflexivpronomens* 11
sē *Akk.*	sich 3
sē cōnferre, cōnferō, contulī	sich begeben 19
sē convertere, convertō, convertī, conversum	sich bekehren 46
sē dēdere, dēdō, dēdidī, dēditum	sich ergeben 26
sē exercēre	sich üben, trainieren 5
sē praebēre	sich geben, sich zeigen 26
sē recipere, recipiō, recēpī, receptum	sich zurückziehen 29
sē sapientem aestimāre	sich für weise halten 43
se sapientem exīstimāre	sich für weise halten 43
sēcrētō *Adv.*	insgeheim, heimlich 47
sēcrētus	abgelegen, geheim 47
sēcum (= *cum sē)	mit sich 11
secundum *mit Akk.*	gemäß 18
secundus	1. zweiter; folgend 2. günstig 46
sed	aber; sondern 2
sedēre, sedeō, sēdī	sitzen 19
sēdēs, sēdis *f.* (*Gen. Pl.* sēdum/sēdium)	Sitz; Wohnsitz 25
sēdulus	eifrig, fleißig 4
sella, sellae *f.*	Stuhl, Sessel 39
semel *Adv.*	einmal 38
semper *Adv.*	immer 1
senātor, senātōris *m.*	Senator 3
senātus, senātūs *m.*	Senat 44
senātum habēre	eine Senatsversammlung abhalten 44
senectūs, senectūtis *f.*	(hohes) Alter 38
sententia, sententiae *f.*	1. Meinung 2. Satz, Aussage 35

sentīre, sentiō, sēnsī, sēnsum	1. fühlen 2. merken 46
sēparātiō, sēparātiōnis *f.*	Trennung 47
septem *unveränderlich*	sieben 16
septimus	siebter 46
sequī, sequor, secūtus sum *mit Akk.*	folgen, befolgen 38
serpēns, serpentis *m./f.* (*Gen. Pl.* serpentium)	Schlange 14
servāre	1. retten 2. (auf)bewahren 15
servīre	Sklave sein, dienen 7
servus, servī *m.*	Sklave; Diener 2
sevēritās, sevēritātis *f.*	Strenge 27
sevērus	streng, hart 4
sex *nicht deklinierbar*	sechs 23
sextus	sechster 29
sexus, sexūs *m.*	Geschlecht 49
sī	wenn, falls 15
sī modo	1. wenn nur 2. unter der Bedingung, dass 43
sibi *Dat.*	sich 11
sīc *Adv.*	so 32
sīcut	so wie 32
silentium, silentiī *n.*	Stille, Ruhe 7
silva, silvae *f.*	Wald 28
similis, similis, simile	ähnlich 48
simplex, simplicis	einfach, schlicht 49
simulācrum, simulācrī *n.*	Bild 50
sīn	wenn aber 20
sine *mit Abl.*	ohne 34
singulī, singulae, singula	einzeln, je einer 41
sitis, sitis *f.* (*Akk.* sitim, *Abl.* sitī)	Durst 26
situs *Adv.*	gelegen 26
sōbrius	nüchtern 32
sōl, sōlis *m.*	Sonne 13
solēre, soleō, solitus sum	pflegen, gewohnt sein 28; 38
sōlitūdō, sōlitūdinis *f.*	Einsamkeit 36
sollicitāre	erregen, beunruhigen 44
sōlum *Adv.*	nur 8
sōlus, sōla, sōlum	allein, einzig 17; 46
soror, sorōris *f.*	Schwester 47
spectāre	betrachten 6
spērāre	hoffen 17
spernere, spernō, sprēvī	zurückweisen, verschmähen 17
splendidus	glänzend; prächtig 41
stāre	stehen 6
statim *Adv.*	sofort 15
statiō, statiōnis *f.*	Wachposten 30
statūra, statūrae *f.*	Gestalt, Wuchs 46
studēre, studeō, studuī	sich bemühen 14
studium, studiī *n.*	1. Eifer 2. Studium 3. Begierde 1
stultitia, stultitiae *f.*	Dummheit 44

stultus	dumm 9
stupēre	staunen, verblüfft sein 7
suādēre, suādeō, suāsī, suāsum	raten 46
sub *mit Abl. (auf die Frage »Wo?«)*	unter 14
sub *mit Akk. (auf die Frage »Wohin?«)*	unter 14
subicere, subiciō, subiēcī, subiectum	unterwerfen 42
subīre, subeō, subiī, subitum	auf sich nehmen 4; 16; 26
subitō *Adv.*	plötzlich 2
sūmere, sūmō, sūmpsī, sūmptum	nehmen 18; 38
summus	höchster 20
suō arbitrātū	nach seinem Gutdünken/ Willen 46
superāre	überwinden, besiegen; übertreffen 14
superbia, superbiae *f.*	Stolz; Hochmut 6
superbiā commōtus	von Stolz/Hochmut bewegt ➔ aus Stolz, aus Hochmut 13
superbus	stolz 16
superstitiō, superstitiōnis *f.*	Aberglaube 34
supplicium, suppliciī *n.*	Todesstrafe, Hinrichtung 34
suprēmus	höchster, äußerster 40
surgere, surgō, surrēxī, surrēctum	aufstehen, sich erheben 32
sustinēre, sustineō, sustinuī, sustentum	1. (hoch)halten 2. aushalten, ertragen 18; 50
suus	sein; ihr 3
taberna, tabernae *f.*	1. Laden, Werkstatt 2. Wirtshaus, Kneipe 29
tabula, tabulae *f.*	1. Brett, Tafel 2. Gemälde 44
tacēre	schweigen 2
tālis, tālis, tāle	so beschaffen, solch ein 27
tam *Adv.*	so 7
tamen *Adv.*	dennoch, trotzdem 4
tamquam *Adv.*	gleichwie, gleichsam (als) 34
tandem *Adv.*	endlich, schließlich 25
tangere, tangō, tetigī	berühren 17
tantus	so groß 24
tantus … quantus	so groß … wie (groß) 49
taurus, taurī *m.*	Stier 13
tē *Abl.*	*Abl. von* tū 11
tē *Akk.*	dich 7
tēcum (= *cum tē)	mit dir 11
tegere, tegō, tēxī, tēctum	(be)decken 49
tēlum, tēlī *n.*	Geschoss 26

temeritās, temeritātis *f.*	1. Leichtsinn 2. Verwegenheit 20
temperātus	gemäßigt 42
tempestās, tempestātis *f.*	1. Wetter 2. Unwetter, Sturm 21; 39
templum, templī *n.*	Tempel 29
temptāre	versuchen 11
tempus, temporis *n.*	Zeit 8
tentātiō, tentātiōnis *f.*	Versuchung 32
terra, terrae *f.*	Land; Erde 10
terrēre	erschrecken 2
terror, terrōris *m.*	Schrecken 14
terrōrem inicere, iniciō, iniēcī, iniectum	Schrecken einjagen 14
tertius	dritter 8
testimōnium, testimōniī *n.*	1. Zeugnis 2. Beweis 36
testis, testis *m./f.* (*Gen. Pl.* testium)	Zeuge/Zeugin 44
thēsaurus, thēsaurī *m.*	Schatz 49
tibi *Dat.*	dir 11
timēre *mit Akk.*	fürchten; sich fürchten *vor* 2
timidus	furchtsam, ängstlich 49
timor, timōris *m.*	Furcht, Angst 3
tingere, tingō, tīnxī	benetzen, befeuchten 14
tolerāre	ertragen, erdulden 25
tollere, tollō, sustulī, sublātum	hoch-, aufheben 2; 15; 26
tōnsor, tōnsōris *m.*	Friseur, Barbier 39
tormentum, tormentī *n.*	Folter 34
tot	so viele 41
tōtus	ganz 7; 46
tractāre	behandeln 34
trādere, trādō, trādidī, trāditum	übergeben, überliefern 33
trahere, trahō, trāxī, tractum	ziehen, schleppen 18; 24
trāns *mit Akk.*	jenseits, über … hinaus/hinweg 15
trānsgredī, trānsgredior, trānsgressus sum	überschreiten, übertreten 46
trānsīre, trānseō, trānsiī, trānsitum	überqueren 3; 16; 41
trānsmittere, trānsmittō, trānsmīsī, trānsmissum	1. hinüberschicken 2. überschreiten 47
trēs, trēs, tria; *Gen.* trium; *Dat./Abl.* tribus; *Akk.* trēs, trēs, tria	drei 19; 46
tribuere, tribuō, tribuī	zuteilen, erweisen 18
tribūnus, tribūnī *m.*	Tribun 25
tribūnus plēbis, tribūnī plēbis *m.*	Volkstribun 25
trīgintā *unveränderlich*	dreißig 46
tū	du 7
tum *Adv.*	dann, darauf, da 2
tunc *Adv.*	damals, dann 35
tunica, tunicae *f.*	Tunika, Hemd 5
turba, turbae *f.*	1. Menge 2. Gedränge 6
turbāre	verwirren, trüben 17
turpis, turpis, turpe	schimpflich, schändlich 38
turris, turris *f.* (*Gen. Pl.* turrium)	Turm 13
tūtus	sicher, geschützt 29
tuus	dein 7
tyrannus, tyrannī *m.*	Tyrann 50
ubī *mit Ind.*	sobald 49
ubī prīmum *mit Ind.*	sobald 19
ubī?	wo? 2
ūllus, ūlla, ūllum	irgendein 46
ultimus	letzter 14
umbra, umbrae *f.*	Schatten 3
ūmor, ūmōris *m.*	Feuchtigkeit 42
undique *Adv.*	von allen Seiten 20
ūnus, ūna, ūnum	ein 6; 46
ūnus, ūna, ūnum ex *mit Abl.*	einer von 6
urbs, urbis *f.* (*Gen. Pl.* urbium)	Stadt 10
ūrere, ūrō, ussī, ustum	verbrennen, versengen 42
ūsque ad *mit Akk.*	bis zu 21
ut	wie 19
ut *mit Konj.*	1. dass 2. sodass 3. damit 33
uterque, utraque, utrumque; *Gen.* utrīusque; *Dat.* utrīque *usw.*	jeder von beiden; beide 46
utraque rīpa	beide Ufer 46
ūtī, ūtor, ūsus sum *mit Abl.*	benutzen, gebrauchen 38
ūtilis, ūtilis, ūtile	nützlich 33
ūtilitās, ūtilitātis *f.*	Nutzen 18
utinam *mit Konj.* *(Einleitung eines Wunsches)*	o dass doch, hoffentlich 32
utrum … an	ob … oder 43
uxor, uxōris *f.*	Ehefrau 11
vacāre	Zeit haben 10
vacuus	leer 3
valdē *Adv.*	sehr 2
valēre	1. stark/kräftig sein 2. gesund sein, sich wohlbefinden 30
valē!	leb wohl!, auf Wiedersehen! 7
valēte!	lebt wohl!, auf Wiedersehen! 7
valētūdō, valētūdinis *f.*	Gesundheit(szustand) 46
varius	bunt; verschieden 38
vāstus	1. öde 2. ungeheuer weit/groß 41
vehemēns, vehementis	heftig 29
vehementer *Adv.*	heftig 27
vehere	transportieren 6

vel	oder 10
vel … vel	1. entweder … oder 2. teils … teils 33
velle, volō, voluī	wollen 39
vēnārī	jagen 38
vēnātiō, vēnātiōnis *f.*	Jagd 30
vendere	verkaufen 6
venditor, venditōris *m.*	Verkäufer 5
venēnum, venēnī *n.*	Gift 15
venīre, veniō, vēnī, ventum	kommen 4; 15; 33
venter, ventris *m.* (*Gen. Pl.* ventrium)	(Unter-)Leib, Bauch 41
ventus, ventī *m.*	Wind 29
vēr, vēris *n.*	Frühling 30
verberāre	schlagen 4
verbum, verbī *n.*	Wort 16
vērē *Adv.*	wirklich 2
verērī	1. fürchten 2. verehren 38
vēritās, vēritātis *f.*	Wahrheit 43
vērō *Adv.*	aber, jedoch 35
versārī	sich aufhalten 43
vērus	wahr 34
vesper, vesperī *m.*	Abend 6
vester, vestra, vestrum	euer 8
vestrum est	es ist eure Aufgabe 14
vestīmentum, vestīmentī *n.*	Kleidungsstück 5
vestīre	(be)kleiden 36
vestis, vestis *f.* (*Gen. Pl.* vestium)	Kleid(ungsstück) 29
vestītus	bekleidet 6
vetāre, vetō, vetuī, vetitum	verbieten 35
vetus, veteris	alt 35
vexāre	quälen 7
via, viae *f.*	Weg, Straße 5
vīcīnus, vīcīnī *m.*	Nachbar 8
victōria, victōriae *f.*	Sieg 23
victus	besiegt 16
vīcus, vīcī *m.*	Stadtteil 3
vidēre, videō, vīdī, vīsum	sehen 3; 15; 39
vidērī, videor, vīsus sum	scheinen 38
vigilāre	wachen; wach sein 8

vīlicus, vīlicī *m.*	Verwalter 32
vīlla, vīllae *f.*	Landhaus 4
vīlla rūstica, vīllae rūsticae *f.*	Landgut 4
vincere, vincō, vīcī, victum	siegen, besiegen 15; 24
vinculum, vinculī *n.*	Fessel 29
vindex, vindicis *m.*	Rächer 17
vindicāre	1. beanspruchen 2. befreien 3. bestrafen 32
vīnum, vīnī *n.*	Wein 7
violāre	1. verletzen 2. vergewaltigen 24
vir, virī *m.*	Mann 4
virga, virgae *f.*	Rute, Stock 6
virgō, virginis *f.*	junges Mädchen 11
virtūs, virtūtis *f.*	1. Tapferkeit 2. Tüchtigkeit 9
vīs *f.* (*Akk.* vim; *Abl.* vī; *Pl.* vīrēs, vīrium)	Kraft, Gewalt 42
viscera, viscerum *n. Pl.*	Eingeweide; Leib, Bauch 41
vīsitāre	besuchen 5
vīta, vītae *f.*	Leben 17
vītam agere	(s)ein Leben führen 27
vītāre	(ver)meiden 13
vitium, vitiī *n.*	1. Fehler 2. (das) Laster 18
vituperāre	tadeln; kritisieren 1
vīvere, vīvō, vīxī, vīctum	leben 8; 27
vix *Adv.*	kaum 23
vōbīs *Abl.*	*Abl. von* vōs 10
vōbīs *Dat.*	euch 11
vōbīscum (= *cum vōbīs)	mit euch 10
vocāre	rufen, nennen 23
volāre	fliegen 13
voluntārius	freiwillig 38
voluntās, voluntātis *f.*	Wille 11
voluptās, voluptātis *f.*	Vergnügen, Lust 48
vōs *Akk.*	euch 7
vōs *Nom.*	ihr 7
vōx, vōcis *f.*	Stimme 6
vulnerāre	verwunden 9
vulnus, vulneris *n.*	Wunde 14
vultur, vulturis *m.*	Geier 23

Verzeichnis der Eigennamen

Abaelardus: Petrus, als Pierre Abaillard geboren 1079 in La Pallet bei Nantes, gestorben am 21. April 1142 im Kloster St. Marcel Saône; scholastischer Philosoph und Theologe, der durch seine weitsichtigen und unkonventionellen theologischen Ausführungen mit Bernhard von Clairvaux, dem führenden Theologen seiner Zeit, in Konflikt geriet und Lehrverbot bekam. Berühmt wurde er wegen seiner tragischen Liebesbeziehung zu Heloïsa, der Mutter seines Sohnes Astrolabius, der er trotz schwierigster Umstände ein Leben lang verbunden blieb und mit der er brieflich verkehrte.

Acerronia: Vertraute der Kaiserin Agrippina; sie wurde irrtümlich statt Agrippina von Ruderern erschlagen, nachdem Agrippinas Schiff infolge eines von Nero initiierten Sabotageaktes havariert war.

Actium: Stadt in Westgriechenland, Ort der Entscheidungsschlacht zwischen Octavianus und Marcus Antonius im Jahre 31 v. Chr., die zur Alleinherrschaft des Octavianus führte.

Aelia Capitolina: seit dem Jahre 135 n. Chr. der Name Jerusalems.

Aelius Brocchus: Präfekt in der Garnison Briga am Hadrianswall; Briefpartner des Flavius Cerialis.

Aemilius Papinianus: geboren 142, gestorben 212 n. Chr.; römischer Jurist und Präfekt der Prätorianer unter Kaiser Septimius Severus.

Aesculapius: griech. Asklepios, Sohn des Iuppiter und der Coronis, Gott der Heilkunst; oft dargestellt mit einem Stab, um den sich die Äskulapnatter windet.

Afranius Burrus: Sextus, gestorben 62 n. Chr.; unter Kaiser Claudius und Kaiser Nero Prätorianerpräfekt, führte in den ersten Jahren der Amtszeit Neros gemeinsam mit Seneca die Regierungsgeschäfte. Nach der Ermordung Agrippinas 59 n. Chr. schwand sein politischer Einfluss auf Nero ebenso wie der Senecas.

Agnodike: um 300 v. Chr.; Athenerin, die in Alexandria in Männerkleidung Medizin studierte und später in Athen als Mann verkleidet Frauen behandelte. Als sie deswegen zum Tode verurteilt werden sollte, erreichten die Frauen Athens nicht nur ihren Freispruch, sondern erwirkten gleichzeitig, dass Frauen in der Frauenheilkunde in Athen tätig sein durften, was vorher verboten war.

Agricola: Gnaeus Iulius, geboren am 13. Juli 40 n. Chr. in Forum Iulii, gestorben am 23. August 93 n. Chr.; Schwiegervater des Historikers Tacitus, römischer General, der die römische Grenze bis in den Norden Britanniens ausdehnte und als Erster durch eine Umsegelung nachwies, dass Britannien eine Insel ist.

Agrippina: Iulia Minor, geboren 15 n. Chr. in Oppidum Ubiorum, Schutzpatronin dieser später in Colonia Claudia Ara Agrippinensium (heute Köln) umbenannten Stadt, Mutter des Kaisers Nero und auf dessen Betreiben 59 ermordet; zweite Gattin des Kaisers Claudius.

Akademos: attischer Heros, in dessen heiligem Hain vor den Toren Athens Platon seine berühmte Akademie gründete.

Albis: lateinischer Name der Elbe.

Alesia: Hauptstadt der Mandubier; 52 v. Chr. verschanzte sich Vercingetorix mit den aufständischen Galliern in dieser Stadt. Caesar ließ einen doppelten Belagerungsring um die Stadt bauen und hungerte sie aus. Schließlich ergab sich Vercingetorix. Damit verlor Gallien endgültig seine Eigenständigkeit.

Alexander der Große: geboren 365 v. Chr., gestorben 323 v. Chr.; makedonischer König, der mit seinen Eroberungszügen das Gesicht des östlichen Mittelmeerraumes und Kleinasiens veränderte.

Alexandria: ägyptische Hafenstadt, Regierungssitz der Ptolemäerkönige, in der Antike Zentrum der Wissenschaft und Medizin.

Alkuin: Albinus Flaccus, geboren 735 in der Nähe von York, gestorben am 19. Mai 804; wichtigster Berater Karls des Großen. Begründer der Karolingischen Renaissance und Verbreiter der karolingischen Minuskel.

Ameria: Stadt in Umbrien, ca. 80 km entfernt von Rom an der Via Amerina.

Aquila: Christ aus Rom, der 49 n. Chr. im Rahmen des Verbannungsedikts von Kaiser Claudius mit seiner Frau Priscilla Rom verlassen musste und in Korinth als Zeltmacher arbeitete. Paulus lebte während seines Aufenthaltes in Korinth bei ihm.

Aristophanes: geboren 448 v. Chr in Athen, gestorben um 385 v. Chr.; Komödiendichter, der sich unter anderem auch über Sokrates in der Komödie »Die Wolken« lustig machte.

Aristoteles: geboren 384 v. Chr. in Stageira auf der Halbinsel Chalkidike, gestorben 322 v. Chr. in Chalkis auf der Insel Euboia; griechischer Philosoph, Begründer der Schule des Peripatos, Erzieher Alexanders des Großen.

Arminius: geboren um 17 v. Chr., gestorben um 21 n. Chr.; als Sohn des Cheruskerfürsten Segimer kam er mit seinem Bruder Flavus zur militärischen Ausbildung nach Rom. 9 n. Chr. führte er die Cherusker gegen Quinctilius Varus. In der legendären Varusschlacht wurden drei römische Legionen vernichtet. Die Niederlage der Römer bedeutete das Ende der römischen Bestrebungen, das Herrschaftsgebiet nach Germanien auszudehnen.

Asellina: Thermopoliumbesitzerin in Pompeji, die mit ihren weiblichen Angestellten Wahlkampf für den Bäcker Polybius machte.

Asklepios: vgl. Aesculapius.

Astralabius: Sohn der Heloïsa und des Abaelardus.

Aulus Plautius: Er führte 43 n. Chr. im Auftrag des Kaisers Claudius eine Streitmacht nach Britannien und eroberte die Insel für die Römer; bis 47 n. Chr. Statthalter Britanniens.

Bataver: westgermanischer Volksstamm, der im Gebiet der Rheinmündung siedelte; die Bataver waren treue römische Verbündete. Allerdings kam es 69 n. Chr. zu einem Aufstand gegen die Römer.

Baugulf: seit 779 (?) Abt des von Bonifatius gegründeten Benediktinerklosters Fulda; stand in engem Kontakt zu Karl dem Großen, der ihn 782 in Fulda besuchte und aufforderte, den Bildungsstand der Mönche zu verbessern. Er legte 802 sein Amt als Abt nieder und starb 815.

Beda Venerabilis: geboren um 673 in Northumbria, gestorben 735 im Kloster Jarrow; bedeutender Theologe und Historiker, wichtigster Vertreter der ersten britischen Renaissance.

Belgen: gallischer Stamm im Gebiet zwischen Seine und Rhein.

Benedikt von Nursia: geboren um 480, gestorben 547 in seinem Kloster Monte Cassino; Gründer des Benediktinerordens, der mit seiner Ordensregel auf Jahrhunderte das mittelalterliche Klosterwesen im Westen prägte.

Bithynien: antiker Staat in Kleinasien zwischen Marmarameer und Schwarzem Meer.

Bonifatius (Winfried): geboren 672/675 in der Nähe von Exeter im Südwesten Englands, 754 oder 755 bei Dokkum in Friesland erschlagen; Bonifatius sorgte durch seine zahlreichen benediktinischen Klostergründungen maßgeblich für die Katholisierung des Frankenreiches.

Boudicca: britische Königin der Icener; sie führte in den Jahren 60 und 61 einen Aufstand der Briten gegen die Römer, der aber von den Römern niedergeschlagen wurde.

Brendan: geboren um 480, gestorben 577; irischer Heiliger, berühmt wegen seiner abenteuerlichen Schiffsreise.

Briga: Garnison am Hadrianswall, nur durch Aelius Brocchus bekannt.

Britannicus: Tiberius Claudius Caesar, geboren 41 n. Chr., 55 n. Chr. wahrscheinlich an einer Vergiftung gestorben; leiblicher Sohn des Kaisers Claudius und Halbbruder Neros.

Brutus: Marcus Iunius Brutus Caepio, geboren 85 v. Chr., gestorben 42 v. Chr. nach der Schlacht bei Philippi; einer der Caesarmörder.

Byzanz: Stadt am Bosporus; sie wurde in den Jahren 326–330 n. Chr. von Kaiser Konstantin I. unter dem Namen Konstantinopel zur neuen Hauptstadt des oströmischen Reiches ausgebaut; heute Istanbul.

Caecilia Metella: Caecilia Metella Balearica Maior, Vestalin und Priesterin der Iuno; sie verhalf Sextus Roscius Amerinus zu einem fairen Prozess gegen Chrysogonus.

Caecilius: einer der beiden Gesprächspartner im Dialog »Octavius« des Minucius Felix, vertrat die heidnische Seite.

Caesarea Maritima: Stadt in Palästina, nach der Zerstörung Jerusalems im Jahr 70 n. Chr. Regierungssitz der römischen Statthalter von Judäa.

Caesarion: Ptolemaeus XV. Caesar, geboren 47 v. Chr., 30 v. Chr. auf Initiative Octavians getötet; Sohn Caesars und Kleopatras, seit spätestens 43 v. Chr. Mitregent mit seiner Mutter Kleopatra.

Calgacus: kaledonischer Heerführer, geboren um 55 n. Chr., gestorben um 115 n. Chr.

Caligula (Stiefelchen): Gaius Caesar Augustus Germanicus, geboren 12 n. Chr. in Antium, gestorben 41 in Rom.

Calpurnius Bibulus: Marcus, geboren 103 v. Chr. oder früher, gestorben 48 v. Chr.; Amtskollege Caesars als Ädil, Prätor und Konsul.

Canossa: Burg im Appenin, Ort der Buße Heinrichs IV.

Cassius Dio: Lucius Claudius Cassius Dio Cocceianus, geboren 155 in Nikaia in Bithynien, gestorben nach 235; Politiker und griechisch schreibender Historiker, der vor allem für die Kaiserzeit eine wichtige Quelle darstellt.

Cassius: Gaius Cassius Longinus, gestorben 42 v. Chr.; zusammen mit Brutus Hauptdrahtzieher der Verschwörung gegen Caesar.

Catull: Gaius Valerius Catullus, geboren um 85 v. Chr., gestorben nach 55 v. Chr.; römischer Dichter; er und seine Dichterfreunde kreierten einen neuen Stil: Scheinbar hingeworfene Gedichte, die aber das Ergebnis intensivsten sprachlichen Feilens waren und als sogenannte *nūgae* (Belanglosigkeiten) bezeichnet wurden; nicht überall fanden die Gedichte Anklang, so bezeichnete Cicero diesen Dichterkreis als *neóteroi* (Neutöner). Daraus leitete sich später der Name »Neoteriker« ab. Berühmt wurde Catull wegen seiner in seinen Gedichten verarbeiteten Liebesaffäre mit der berüchtigten Clodia.

Celsus: Aulus Cornelius, geboren um 25 v. Chr., gestorben um 50 n. Chr.; Verfasser einer bedeutenden medizinischen Enzyklopädie, die bis zum Ende des 15. Jahrhunderts als maßgeblich galt, bis sie von den Schriften des Paracelsus abgelöst wurde.

Chairephon: geboren 469 v. Chr., gestorben um 402 v. Chr.; Weggefährte und Freund des Sokrates.

Cherusker: germanischer Stamm im heutigen Niedersachsen.

Chrysogonus: Lucius Cornelius, Freigelassener und Günstling Sullas, der sich die politischen Verhältnisse unter Sulla zunutze machen wollte, um sich an Sextus Roscius Amerinus zu bereichern, von Cicero aber daran gehindert wurde.

Cicero: Quintus Tullius, geboren 102 v. Chr., gestorben 43 v. Chr.; jüngerer Bruder des Marcus Tullius Cicero. Er begleitete Caesar als Legat nach Gallien; wie sein Bruder wurde auch er Opfer der Proskriptionen des sog. Zweiten Triumvirats.

Claudia Severa: Gattin des Aelius Brocchus und Freundin der Claudia Lepidina, bekannt durch die Vindolanda tablets.

Claudius: Tiberius Claudius Caesar Augustus Germanicus (vor seinem Herrschaftsantritt Tiberius Claudius Nero Germanicus), geboren 10 v. Chr. in Lugdunum, gestorben 54 n. Chr., vermutlich durch einen Giftanschlag Locustas, der von Agrippina initiiert worden war; römischer Kaiser von 41–54 n. Chr.; er verbannte die führenden Köpfe der Juden und Christen 49 n. Chr. aus Rom, weil es zu heftigen Streitigkeiten zwischen beiden Gruppen gekommen war.

Clemens VII.: Papst, als Giulio de' Medici geboren 1478 in Florenz, gestorben 1534 in Rom; Karl V. zwang ihn durch den Sacco di Roma, ihn 1530 zum Kaiser zu krönen.

Clodia: geboren um 94 v. Chr., seit 59 v. Chr. Witwe; man verdächtigte sie, ihren Gatten Quintus Metellus Celer mit Gift getötet zu haben; von Cicero deswegen scharf angegangen; vermutlich die in Catulls Gedichten besungene Lesbia.

Crassus: Marcus Licinius Crassus Dives, geboren 115 oder 114 v. Chr., gestorben 53 v. Chr.; einer der reichsten Römer seiner Zeit. Sein Vermögen hatte er vor allem in der Zeit der Proskriptionen Sullas erworben und sich mit mafiösen Methoden später ständig bereichert; unterstützte Caesar finanziell und gehörte zum sog. Ersten Triumvirat.

Diaz: Bartolomeu, geboren um 1450, gestorben am 29. Mai 1500; portugiesischer Seefahrer, der 1487/88 als Erster das Kap der Guten Hoffnung umsegelte.

Diogenes: geboren ca. 400 v. Chr., gestorben 323 v. Chr.; Philosoph, der die Philosophie der Bedürfnislosigkeit lebte und wegen seiner Scharfzüngigkeit berühmt war.

Domitian: Titus Flavius Domitianus, geboren 51 in Rom, gestorben 96 in Rom; römischer Kaiser, der nach Aussage seiner Zeitgenossen ein Terrorregime in Rom führte und den Senat während seiner Amtszeit politisch mundtot machte.

Eadburg: für das Jahr 716 nachgewiesene Äbtissin des ostangelsächsischen Klosters Thanet, Briefpartnerin des Bonifatius.

Einhard: geboren um 770 im Maingau, gestorben 840 im Kloster Seligenstadt; fränkischer Gelehrter und Biograf Karls des Großen. Gleichzeitig leitete er zahlreiche Bauunternehmungen Karls, so den Aachener Dom.

Ekkehard II. Palatinus: Mitte des 10. Jahrhunderts als Junge dem Kloster St. Gallen übergeben; er wurde 973 von der Herzogin Hadwig von Schwaben auf den Hohentwiel berufen, um ihr Latein beizubringen; später Dompropst in Mainz; gestorben 990 in Mainz.

Ekkehard IV. von St. Gallen: geboren um 980, gestorben nach 1057 in St. Gallen; lateinisch schreibender Chronist und Lyriker, Verfasser der *Casus St. Galli (St. Galler Klostergeschichten)*.

Ephesus: heute Efes, in der Antike eine bedeutende Hafenstadt der Ägäis, berühmt durch ihren Artemistempel, der zu den sieben Weltwundern zählte.

Epicharis: griechische Freigelassene, die an der Pisonischen Verschwörung beteiligt war und von Nero deswegen inhaftiert wurde. Auch unter der Folter weigerte sie sich, die Namen der Verschwörer preiszugeben. Um weiteren Folterverhören zu entgehen, nahm sie sich das Leben.

Epikur: geboren um 341 v. Chr., gestorben um 280 v. Chr.; Begründer der epikureischen Philosophie.

Erasistratos: geboren um 305 v. Chr. auf Keos, gestorben um 250 v. Chr.; bedeutender griechischer Anatom und Physiologe in Alexandria. Er untersuchte die Nervenbahnen des Menschen und beschrieb als Erster die Beschaffenheit des menschlichen Gehirns.

Erasmus (Desiderius) von Rotterdam: geboren 1465 oder 1469 in Rotterdam, gestorben 1536 in Basel; der bedeutendste Humanist seiner Zeit, Theologe und Pädagoge; er fertigte 1516 die kritische griechische Ausgabe des Neuen Testaments an, die Martin Luther 1521 auf der Wartburg übersetzte.

Eratosthenes: geboren ca. 276 v. Chr. in Kyrene, gestorben 194 v. Chr. in Alexandria; er postulierte die Kugelform der Erde und berechnete den genauen Erdumfang.

Farynor: Thomas, er verursachte mit seiner Unachtsamkeit 1666 einen verheerenden Brand in London.

Felix: Marcus Antonius, römischer Ritter; in den Jahren 52–60 n. Chr. Prokurator von Judäa. Er nahm den Apostel Paulus für zwei Jahre in Schutzhaft; als Prokurator war er nicht unumstritten.

Ferdinand II. von Aragon: genannt »der Katholische«, geboren 1452, gestorben 1516; er war der Gatte Isabellas von Kastilien und wie sie ein Befürworter der Reconquista (= Vertreibung der Araber aus Spanien).

Flavius Cerialis: Bataver (?) mit römischem Bürgerrecht, Mitglied des Ritterstandes, wahrscheinlich von 97–104 n. Chr. Präfekt der IX. Kohorte in Vindolanda; bekannt durch seinen regen Briefwechsel mit den anderen Garnisonen am Hadrianswall.

Flavus: Bruder des Arminius, wie dieser in Rom erzogen und militärisch ausgebildet.

Florus: römischer Historiker während der Regierungszeit der Kaiser Trajan und Hadrian.

Fulbertus: Onkel der Heloïsa.

Gaius Calpurnius Piso: nahm sich 65 n. Chr. das Leben, als die nach ihm benannte Verschwörung gegen Nero gescheitert war.

Germanicus: Nero Claudius Germanicus, geboren 15 v. Chr., gestorben 19 n. Chr.; er zog im Jahre 16 n. Chr. in das Gebiet der Varusschlacht und ließ die Überreste aller Gefallenen, Römer wie Germanen, bestatten.

Gregor VII.: Papst 1073–1085; er verhängte über Heinrich IV. den Kirchenbann, weil dieser sich angemaßt hatte, als weltlicher Kaiser geistliche Ämter zu vergeben.

Hadrian VI.: als Adriaan Florisz Boeyens 1459 in Utrecht geboren, gestorben 1523; 1522–1523 Papst; er versuchte, durch tief greifende Veränderungen der Kirche der Reformation zu begegnen.

Hadrian: Publius Aelius Hadrianus, geboren 76 in Italica, in der Nähe des heutigen Sevilla, gestorben 138 in der Nähe von Neapel; römischer Kaiser, benannte Jerusalem 135 n. Chr. in Aelia Capitolina um und verbot den Juden das Betreten der Stadt.

Hadwig: Herzogin von Schwaben, geboren um 939, gestorben 994; sie holte sich den Mönch Ekkehard II. aus dem Kloster St. Gallen auf den Hohentwiel, um von ihm Latein zu lernen.

Heinrich IV.: geboren 1050 in Goslar (?), gestorben 1106 in Lüttich; im Streit um die Vergabe geistlicher Ämter wurde er von Papst Gregor VII. mit dem Kirchenbann belegt; der Bann wurde nach Heinrichs Bußgang nach Canossa aufgehoben.

Helena: Flavia Iulia Helena Augusta, als Gastwirtstochter geboren 248/250 in Drepanon in Bithynien, gestorben vermutlich um 330 (329?) in Nikomedia; Mutter Kaiser Konstantins; sie begann 326 mit Grabungen nach Golgotha und soll die Überreste der drei Kreuze und die Kreuzesinschrift Jesu gefunden haben.

Heloïsa: Héloïse, geboren vermutlich 1095 in der Loire-Region; sie war die Ehefrau des Philosophen und Theologen Petrus Abaelardus und spätere Äbtissin des Klosters Le Paraclet in Nogent-sur-Seine, wo sie ca. 1164 gestorben ist.

Herodes I.: der Große, geboren um 73 v. Chr., gestorben 4 v. Chr. in Jerusalem; von den Mitgliedern des sog. Zweiten Triumvirats zum König von Judäa, Samarien, Galiläa und von weiteren Gebieten ernannt. 20 v. Chr. begann er mit dem Ausbau des großen Tempels in Jerusalem.

Herophilos von Chalkedon: geboren ca. 330 v. Chr., gestorben ca. 225 v. Chr.; griechischer Arzt und bedeutender Anatom in Alexandria, unterschied als Erster zwischen Arterien und Venen.

Hiereia: Vorort Konstantinopels auf der kleinasiatischen Seite des Bosporus; 754 kam es auf dem Konzil von Hieraia zur Verurteilung der Bilderverehrung als Häresie durch Konstantin V.

Hippokrates: geboren um 460 v. Chr. in Kos; berühmter Arzt, dessen Eid heute die Ärzte noch schwören und der beinhaltet, dass sie sich für das Wohlergehen ihrer Patienten ohne Ansehen der Person einsetzen.

Humboldt: Friedrich Wilhelm Christian Carl Ferdinand von Humboldt, geboren 1767 in Potsdam, gestorben 1835 in Tegel; wichtigster Bildungsreformer des 19. Jahrhunderts, Gelehrter und Staatsmann in Preußen, Mitbegründer der Universität Berlin.

Icener: keltischer Volksstamm in Britannien zwischen Norfolk und Suffolk.

Innozenz III.: geboren Ende 1160/Anfang 1161, gestorben 1216 in Perugia; bedeutendster Papst des Mittelalters; er bezeichnete sich selber als Statthalter Christi, »geringer als Gott, aber größer als ein Mensch«.

Irene: byzantinische Kaiserin, geboren 752 in Athen, gestorben 803 in der Verbannung.

Iulia: Tochter Caesars, geboren 76 v. Chr. (?), gestorben 54 v. Chr.; Iulia war mit Pompeius verheiratet. Nach ihrem Tod kam es zum Bruch zwischen Caesar und Pompeius.

Iulia: Tochter des Augustus, geboren 39 v. Chr., gestorben 14 n. Chr.; einzige Tochter des Kaisers Augustus, in dritter Ehe mit dem späteren Kaiser Tiberius verheiratet. Augustus verbannte sie später auf die Insel Pandateria, weil er mit ihrem Lebenswandel nicht einverstanden war.

Iustinianus: Petrus Flavius Sabbatius, oströmischer Kaiser, geboren 482 (?), gestorben 565 in Konstantinopel; er kodifizierte das römische Recht als *Corpus Iuris Civilis*, das bis ins hohe Mittelalter in juristischen Fragen bestimmend war.

Jakobus: »der Gerechte«, ältester der vier Brüder Jesu, nach dessen Kreuzigung eine der zentralen Führungspersönlichkeiten der frühen Christen in Jerusalem; auch bei seinen theologischen Gegnern hoch angesehen wegen seiner Frömmigkeit; er wurde 62 gesteinigt.

Jesus von Nazareth: geboren zwischen 7 und 4 v. Chr. (?), gestorben 30 n. Chr. (?) in Jerusalem; jüdischer Schriftgelehrter, der in Konflikt mit der jüdischen Geistlichkeit und der römischen Staatsmacht geriet und deshalb durch Pontius Pilatus zum Tod am Kreuz verurteilt wurde.

Johannes der Täufer: jüdischer Bußprediger, der während der Amtszeit des Pontius Pilatus Menschen am Jordan taufte, darunter auch Jesus von Nazareth; wegen seiner Kritik am herodianischen Königshaus später (36 n. Chr.?) hingerichtet.

Kalkriese: in der Nähe von Osnabrück, mutmaßlicher Ort der Varusschlacht.

Karl V.: geboren 1500 in Gent, gestorben 1558 im Kloster San Jerónimo de Yuste in der spanischen Estremadura; seit 1516 König von Spanien, seit 1519 Karl V.; nach dem Sacco di Roma ließ er sich von Papst Clemens VII. 1530 zum Kaiser des Römischen Reiches krönen. In seiner Amtszeit kam es zur Reformation Martin Luthers.

Karneades: geboren 214/213 v. Chr., gestorben 129/128 v. Chr.; griechischer Philosoph in Athen; er reiste mit einer Gesandtschaft nach Rom; mit seinen Lehren brachte er Cato gegen sich auf, der auf eine schnelle Verabschiedung der Gesandtschaft hinwirkte.

Karthago: Stadt im Norden Afrikas im heutigen Tunesien; lange Zeit Konkurrentin Roms, bis sie 146 v. Chr. von Scipio Aemilianus erobert wurde, der sie bis auf die Grundmauern zerstören ließ.

Kepos: philosophischer Garten des Epikur.

Kleopatra VII. Philopator: geboren 69 v. Chr., gestorben durch Schlangenbiss 30 v. Chr.; letzte ägyptische Pharaonin, die sich selbst als Tochter der Isis verehren ließ; Geliebte Caesars und des Marcus Antonius. Sie beherrschte acht Sprachen und war zunächst gemeinsam mit ihrem Bruder Ptolemaios XIII. Regentin von Ägypten.

Kloster Reichenau: Benediktinerkloster auf der Bodenseeinsel Reichenau, 724 gegründet durch den Missionsbischof Pirminius.

Kloster St. Gallen: Benediktinerkloster, das von dem Mönch Gallus, geboren um 550, gestorben 640 (?), gegründet wurde und in karolingischer Zeit zu großer Bedeutung gelangte. Berühmt ist die St. Galler Klosterbibliothek mit ihren zahlreichen Handschriften. Einzigartige Einblicke in den Alltag eines mittelalterlichen Benediktinerklosters geben die *St. Galler Klostergeschichten*, die von dem Mönch Ekkehard IV. Ende des 10. Jahrhunderts niedergeschrieben wurden.

Kolumbus: Christoph, als Cristoforo Colombo 1451 (?) in Genua geboren und verarmt gestorben 1506 in Valladolid (Spanien). Mit Unterstützung der spanischen Königin Isabella von Kastilien suchte er 1492 über eine westliche Route den Seeweg nach Indien und entdeckte Mittelamerika.

Konstantin der Große: Flavius Valerius Constantinus, geboren zwischen 272 und 285; Sohn der Gastwirtin Helena; von 306–337 (seit 324 allein regierend) römischer Kaiser; er verlegte seinen Amtssitz von Rom nach Byzanz (Konstantinopel); mit der konstantinischen Wende 313 wurde das Christentum allmählich zur staatstragenden Religion; auf dem Konzil von Nizäa 327 wurde das Nizäische Glaubensbekenntnis formuliert, das nun für alle Christen verbindlich war.

Konstantin V.: byzantinischer Kaiser, geboren 718, gestorben 775; er verfolgte die Politik der Bilderfeindlichkeit seines Vaters Kaiser Leon III. weiter und erklärte 754 auf dem Konzil von Hiereia die Bilderverehrung sogar zur Häresie.

Kriton: geboren um 465 v. Chr., gestorben 395 v. Chr.; Freund und Schüler des Sokrates; er wollte Sokrates zur Flucht verhelfen, was dieser aber ablehnte.

Leo III.: gestorben 816, Papst von 795–816; er krönte Karl den Großen zum Kaiser.

Leon III.: oströmischer Kaiser, geboren um 680, gestorben 741; er initiierte den Bilderstreit.

Lepidina: Sulpicia, Gattin des Flavius Cerialis und Freundin der Claudia Severa, bekannt durch die Vindolanda tablets.

Lepidus: Marcus Aemilius, geboren um 90 v. Chr., gestorben 12 v. Chr.; Anhänger Caesars; er bildete mit Octavianus und Marcus Antonius das sog. Zweite Triumvirat.

Livia Drusilla: geboren 58 v. Chr., gestorben 29 n. Chr. in Rom; langjährige Gattin des Augustus; er erzwang mit ihrem Einverständnis die Scheidung von ihrem Mann Claudius Tiberius Nero, obwohl sie im 6. Monat schwanger war, und heiratete sie. Ihr Sohn Tiberius wurde Nachfolger des Kaisers Augustus.

Locusta: Giftmischerin und Serienmörderin, 54 n. Chr. zum ersten Mal verhaftet und verurteilt, vermutlich eine ausgebildete Pharmakologin. Besorgte Agrippina das Gift zur Ermordung des Claudius. Möglicherweise vergiftete sie auch Britannicus, den Bruder Neros. Sie wurde unter Galba, Neros Nachfolger, 68 n. Chr. hingerichtet.

Luther: Martin, geboren am 10. November 1493 in Eisleben, gestorben 1546; mit seinem Thesenanschlag in Wittenberg am 31. Oktober 1517 löste er die Reformation aus.

Marcus Antonius: geboren 83 v. Chr., gestorben 30 v. Chr.; Mitkonsul Caesars im Jahre 44 v. Chr.; er gehörte zunächst zum sog. Zweiten Triumvirat mit Lepidus und Octavianus, dessen erbitterter Gegner er später wurde; Geliebter Kleopatras, mit der er auch Kinder hatte; er wurde in der Schlacht bei Actium 31 v. Chr. von Octavianus besiegt.

Marius: Gaius, geboren 156 v. Chr., gestorben 86 v. Chr.; Anführer der Popularen und größter Gegner Sullas.

Melanchthon: Philipp, eigentlich Philipp Schwarzerdt, geboren 1497 in Bretten, gestorben 1560 in Wittenberg; Humanist und Theologe, wichtigster Mitarbeiter und späterer Nachfolger Luthers in den Anfängen der Reformation.

Michael I.: byzantinischer Kaiser, gestorben 845 n. Chr.; er erkannte 812 offiziell das Kaisertum Karls des Großen an.

Minucius Felix: christlicher Apologet des ausgehenden zweiten bzw. beginnenden dritten Jahrhunderts, nur bekannt durch seinen Dialog »Octavius«.

Monte Cassino: felsiger Hügel zwischen Rom und Neapel; hier gründete Benedikt von Nursia 526 sein erstes Benediktinerkloster. 577 wurde das Kloster von den Langobarden zerstört, aber 711 wieder aufgebaut.

Nepos: Cornelius Nepos, geboren um 100 v. Chr., gestorben 27 v. Chr.; römischer Geschichtsschreiber, Freund Catulls und Ciceros.

Nikephoros: byzantinischer Kaiser 802–811, Nachfolger der Kaiserin Irene.

Nizäa: Stadt in Bithynien unweit von Konstantinopel; auf dem Konzil von Nizäa 325 wurde das für alle Christen verbindliche Nizäische Glaubensbekenntnis formuliert.

Octavius: Titel des von Minucius Felix verfassten Dialogs zwischen einem Christen und einem Nichtchristen.

Octavius Thurinus: Gaius, ursprünglicher Name des Octavianus, der später unter dem Ehrentitel Augustus der erste römische Kaiser wurde.

Onesimus: entlaufener Sklave, der vom Apostel Paulus zu seinem Herrn Philemon zurückgeschickt und möglicherweise später von diesem freigelassen wurde. Er soll später Bischof von Byzanz oder Ephesus geworden sein.

Pandateria: Insel im Tyrrhenischen Meer, in der frühen Kaiserzeit Verbannungsort.

Papinianus: vgl. Aemilius Papinianus.

Paracelsus: Philippus Theophrastus Aureolus Bombastus von Hohenheim, geboren 1493, gestorben 1541; bedeutender Arzt, der die Medizin seiner Zeit revolutionierte und dessen Lehre noch heute hohes Ansehen genießt, auch wenn sie natürlich in vielen Bereichen überholt ist.

Paulus: mit jüdischem Namen Saulus, aus der kleinasiatischen Stadt Tarsus, geboren um die Zeitenwende, gestorben nach 60 n. Chr., wahrscheinlich im Zuge der neronischen Verfolgung; von Beruf Zeltmacher; er stammte aus einer reichen Familie, was ihm erlaubte, in Jerusalem Theologie zu studieren; zunächst Pharisäer, später wichtigster Verkünder der neuen Lehre des Christentums. Er gründete zahlreiche Gemeinden im östlichen Mittelmeerraum und ist bekannt durch seine Briefe und die Apostelgeschichte im Neuen Testament.

Peripatos: übersetzt »Wandelhalle«, Name der philosophischen Schule des Aristoteles.

Phainarete: Mutter des Sokrates, von Beruf Hebamme.

Philemon: Adressat eines Briefes des Apostels Paulus, in dem dieser sich für den geflohenen Sklaven Onesimus einsetzt.

Philippi: antike Stadt in Makedonien, Ort der Entscheidungsschlacht (3. und 23. Oktober 42 v. Chr.) zwischen Marcus Antonius und Octavian auf der einen und den Caesarmördern auf der anderen Seite.

Platon: geboren 427 v. Chr. in Athen, dort auch 347 v. Chr. gestorben; Schüler des Sokrates und Vertreter der Ideenlehre, Gründer der Philosophenschule im Akademoshain, wo seine Schüler eine umfassende Allgemeinbildung erfuhren.

Plinius der Ältere: Gaius Plinius Secundus Maior, geboren um 23 n. Chr. in Novum Comum, gestorben 79 n. Chr. in Stabiae während des Vesuvausbruchs; Flottenkommandant in Misenum, Verfasser einer umfassenden naturwissenschaftlichen Enzyklopädie.

Polybius: Gaius Iulius, Bäcker aus Pompeji, aktiv im Wahlkampf, Kandidat als Duumvir.

Pompeius: Gnaeus Pompeius Magnus, geboren 106 v. Chr., ermordet 48 v. Chr. auf Initiative des Ptolemaeus XIII.; Schwiegersohn, Mittriumvir und späterer Gegner Caesars, von diesem in der Schlacht bei Pharsalus geschlagen; von dort floh Pompeius nach Ägypten, wo er ermordet und sein abgeschlagener Kopf Caesar als »Geschenk« übergeben wurde. Im Jahre 67 v. Chr. hatte er eine erfolgreiche Offensive gegen die Piraten des Mittelmeeres gestartet.

Pompeji: antike Stadt in Kampanien, die am 24. August 79 n. Chr. durch den Ausbruch des Vesuvs zerstört wurde.

Priscilla: gestorben nach 60 n. Chr.; Gattin des Aquila und Zeltmacherin; sie war 49 durch Kaiser Claudius aus Rom vertrieben worden und floh nach Korinth, wo sie mit Paulus zusammentraf, der während seines Aufenthaltes in Korinth bei ihr und Aquila wohnte. Beide folgten Paulus auch nach Ephesus. Sie gilt als einer der wichtigsten Köpfe des frühen Christentums.

Publilius Syrus: 1. Jahrhundert v. Chr.; ehemaliger Slave und Mimendichter von hoher Popularität; berühmt waren seine Lebensweisheiten.

Publius Gavius: römischer Bürger, der durch Verres in Messina widerrechtlich gekreuzigt wurde.

Pythia: Priesterin des Apollo beim Orakel von Delphi.

Quintilius Varus: Publius, geboren 47/46 v. Chr. in Cremona, 9 n. Chr gestorben durch Selbstmord in Germanien während der Varusschlacht, deren verheerende Niederlage er entscheidend zu verantworten hatte und in der mehr als 20 000 Legionäre den Tod fanden.

Sabina Poppaea: geboren ca. 30/32 n. Chr. in Pompeji, gestorben 65 n. Chr. in Rom als Folge eines Fußtritts des Kaisers Nero, dessen eigentlich sehr geliebte zweite Frau sie war; seit 62 n. Chr. war sie römische Kaiserin.

Sacco di Roma: Plünderung Roms am 6. Mai 1527 durch deutsche Landsknechte und spanische Söldner unter Führung Karls V., der so seine Kaiserkrönung durch Papst Clemens VII. erzwang.

Santa Croce in Gerusalemme: Kirche in Rom, die von Kaiserin Helena auf eigens aus Jerusalem transportierter Erde errichtet wurde. Heute findet sich hier das restliche Stück der originalen (?) Kreuzesinschrift Jesu.

Saxones: lateinischer Name der Sachsen.

Scheffel: Joseph Victor von, geboren 1826 in Karlsruhe, gestorben 1886; in wilhelminischer Zeit viel gelesener Schriftsteller und Dichter, heute kaum noch bekannt.

Segestes: Schwiegervater des Arminius, warnte Quinctilius Varus erfolglos vor den Plänen seines Schwiegersohnes, zu dem er ein gespanntes Verhältnis hatte, weil dieser gegen seinen Willen seine Tochter Thusnelda geheiratet hatte.

Sepphoris: antike Stadt in Galiläa, nur wenige Kilometer von Nazareth entfernt, Regierungssitz des Herodes Antipas (20 v. Chr.-39 n. Chr.), des Landesherrn von Jesus.

Sextus Roscius Amerinus: im Jahre 81 v. Chr. von Cicero gegen Sulla und dessen Günstling Chrysogonus erfolgreich verteidigt.

Sokrates: geboren 469 v. Chr. in Athen, 399 v. Chr. zum Tode verurteilt; griechischer Philosoph; man bezichtigte ihn der Gottlosigkeit und Verführung der Jugend. Berühmt wurde seine Verteidigungsrede, die Apologie, die durch seinen Schüler Platon überliefert worden ist. Sokrates hat selbst nichts Schriftliches hinterlassen.

Stabiae: römische Stadt am Fuß des Vesuvs, die durch den Vulkanausbruch 79 n. Chr. zerstört wurde.

Stephan II.: Papst 752–757, der Pippin mit dem Titel »Patricius Romanorum« ehrte und ihn zum König der Franken salbte; im Gegenzug wurden ihm von Pippin weite Teile Norditaliens zur Verwaltung zugesprochen (sog. »Pippinische Schenkung«).

Stoa: griechisch: »Säulenhalle«. Nach einer Stoa am Marktplatz von Athen wurde die Philosophenschule der Stoiker benannt.

Sueben: bedeutender germanischer Volksstamm, der an der Ostsee und in den deutschen Mittelgebirgen lebte.

Sulla: Lucius Cornelius Sulla Felix, geboren um 138/134 v. Chr., gestorben 78 v. Chr.; Feldherr, Gegner des Marius im Bürgerkrieg; er gehörte zur konservativen Partei der Optimaten und ließ sich 82. v. Chr. zum Diktator ernennen; in dieser Zeit führte er ein Schreckensregiment und ließ auf sog. Proskriptionslisten zahlreiche (angebliche) Gegner veröffentlichen und für vogelfrei erklären. Ca. 10 000 Sklaven von Proskribierten gab er die Freiheit und machte sie als Cornelii zu seinen Gefolgsleuten. 80 v. Chr. zog er sich aus der Politik zurück.

Tarsus: in der Antike bedeutende Hafenstadt an der Ägäisküste mit einer einflussreichen und privilegierten jüdischen Gemeinde, Geburtsstadt des Paulus.

Tertullianus: Quintus Septimius Florens, geboren um 150 in Karthago, gestorben um 230 in Rom; christlicher Apologet; seine theologischen Schriften wurden maßgeblich für die spätere christliche Theologie.

Theoderich der Große: geboren um 454 in Pannonien, gestorben am 30. August 526 in Ravenna; König der Ostgoten und Stellvertreter des oströmischen Kaisers in Italien; von Zeitgenossen als gerecht und stark gerühmt, in die germanische Sagenwelt als Dietrich von Bern eingegangen.

Thomas von Aquin: geboren 1224, gestorben 1274; Scholastiker und einer der bedeutendsten Theologen des Mittelalters.

Tiberius Caesar Augustus: geboren 42 v. Chr., gestorben 37 n. Chr. in Misenum; Sohn der Livia Drusilla und Stiefsohn des Augustus, nach seiner Adoption durch Augustus römischer Kaiser 14–37 n. Chr., vorher Tiberius Claudius Nero.

Trajan: Marcus Ulpius Traianus, geboren 53 in Italica, gestorben 117 in Selinus (Kilikien); 98–117 römischer Kaiser. Er gehörte zu den sog. Adoptivkaisern. Seine Regierungszeit gilt mit als die glücklichste der römischen Kaiserzeit. Trajan galt als sehr weitsichtig und gerecht.

Tusculum: kleine Stadt in Latium und bevorzugte Wohnregion für die Landsitze reicher Römer. Auch Cicero besaß hier ein Landgut.

Velleius Paterculus: geboren 19 v. Chr., gestorben 30 n. Chr.; ranghoher römischer Soldat und Historiker, wichtige Quelle für Varus und die Varusschlacht.

Vercingetorix: geboren 82 v. Chr., getötet nach Caesars Triumphzug 46 v. Chr.; gallischer Häuptling und Fürst der Arverner; er vereinigte die gallischen Stämme gegen Caesar im Jahre 52 v. Chr.; der Aufstand wurde von den Römern unter Caesar 52 v. Chr. bei Alesia niedergeschlagen und Gallien verlor damit seine Selbstständigkeit.

Verres: Gaius, geboren 115 v. Chr., gestorben 43 v. Chr.; berüchtigter Statthalter Siziliens, der von Cicero 70 v. Chr. wegen der Ausplünderung Siziliens angeklagt wurde. Verres floh nach Massilia, wo er Opfer der Proskriptionen des Marcus Antonius wurde.

Vindolanda: Auxiliarlager am Hadrianswall, berühmt durch die *tablets*, kleine Holztäfelchen, die sich durch Zufall erhalten haben und einen Einblick in den Alltag von Garnisonen an den Grenzen des Römischen Reiches geben.

Vitruv: Marcus Vitruvius Pollio, römischer Architekt und Ingenieur des 1. Jahrhunderts n. Chr.; ihm verdanken wir unter anderem genaue Kenntnisse über das römische Wasserleitungssystem.

Vulgata: lateinische Bibelausgabe des Alten und Neuen Testaments.

Zacharias: seit 741 n. Chr. Papst, bestätigte das Königtum Pippins des Jüngeren.

Zenon von Kition: geboren um 333 v. Chr. in Kition auf Zypern, gestorben 264 v. Chr.; Begründer der Philosophenschule der Stoa.

Bildnachweis

akg-images / Bildarchiv Steffens: 74, 209 – akg-images / British Library: 105 – akg-images / Erich Lessing: 100, 189, 197 – akg-images / Nimatallah: 166 – akg-images/ Pirozzi: 24 – akg-images / Richard Booth: 48 – akg-images: 35, 73 (l.), 91, 124, 147, 185, 201, 202 – Archäologisches Institut der Universität Göttingen (Stephan Eckardt): 10, 17, 18 – Bildagentur Schapowalow GmbH: 77 – Bildarchiv Preußischer Kulturbesitz, Berlin: 134 – British Museum: 43 – Jan Carls, Göttingen: 118 – Norbert Dennerlein, Seelze: 67 – Ed. Albert René: 153 – Firenze, Biblioteca Medicea Laurenziana, ms. Plut. 74.7, c. 207; mit Genehmigung des »Ministero per i Beni Culturali e Ambientali«; jede Art der Vervielfältigung ohne Zustimmung des Rechteinhabers ist untersagt.: 111 – Glyptothek München (Jutta Schweigert, Göttingen): 40 – Helga Lade Fotoagentur: 143 (3), 177 – Interfoto: 158 – Lotos Film: 150 – Hubert Müller, Sasbach: 210 – Museo Nazionale Romano, Rom: 73 (r.) – Okapia KG 143 (1) – Römisches Freilichtmuseum Hechingen-Stein: 61 – Schöningh Verlagsarchiv: 107 – Jutta Schweigert, Göttingen: 50, 56, 62, 127, 149 – Wolf Spitzer, Speyer (Rainer Bickel, Speyer): 192 – Kurt Steinicke, Stadthagen: 165 – Varusschlacht im Osnabrücker Land GmbH – Museum und Park Kalkriese: 27 – www.BilderBox.com (Erwin Wodicka): 93